信息与文献领域国家标准应用指南丛书

GB/T 3792.6—2005 《测绘制图资料著录规则》应用指南

苏品红　白鸿叶　吴碧华　编著

国家图书馆出版社
National Library of China Publishing House

图书在版编目(CIP)数据

GB/T 3792.6—2005《测绘制图资料著录规则》应用指南/苏品红,白鸿叶,吴碧华编著. --北京 : 国家图书馆出版社, 2013.12
(信息与文献领域国家标准应用指南丛书)
ISBN 978-7-5013-5212-8

Ⅰ.①G… Ⅱ.①苏… ②白… ③吴… Ⅲ.①测绘—制图—图书著录—著录规则—中国 Ⅳ.①G254.31-65

中国版本图书馆CIP数据核字(2013)第258762号

书 名 GB/T 3792.6—2005《测绘制图资料著录规则》应用指南
著 者 苏品红 白鸿叶 吴碧华 编著
丛 书 名 信息与文献领域国家标准应用指南丛书
责任编辑 高 爽 杨晓利

出 版 国家图书馆出版社(100034 北京市西城区文津街7号)
(原书目文献出版社 北京图书馆出版社)
发 行 010-66114536 66126153 66151313 66175620
66121706(传真),66126156(门市部)
E-mail btsfxb@nlc.gov.cn(邮购)
Website www.nlcpress.com ——→投稿中心
经 销 新华书店
印 装 北京科信印刷有限公司
版 次 2013年12月第1版 2013年12月第1次印刷

开 本 787×1092(毫米) 1/16
印 张 13
字 数 300千字

书 号 ISBN 978-7-5013-5212-8
定 价 50.00元

《信息与文献领域国家标准应用指南丛书》编委会

序

我们正面临一个信息资源高速增长而获取所需信息资源愈来愈困难的环境，如何描述、识别、检索及选择信息资源，更好地为用户提供服务，成为当前信息与文献领域中的一个重要课题。近年来，该领域的新概念、新理论、新技术、新标准应运而生，为适应这一变化，紧跟国际业界的发展步伐，全国信息与文献标准化技术委员会识别与描述分技术委员会（SAC/TC4/SC5）组织业内专家，在深入分析国际相关标准与广泛调研国内图书馆信息单位实际需求的基础上，制订或修订了《文献著录总则》《索引编制规则（总则）》《文献主题标引规则》等10多项信息与文献领域的国家标准。标准制修订工作坚持了继承性、一致性、实用性、可操作性、协调性的原则，并且均等效或非等效采纳了相关的最新国际标准。为了配合国家标准的宣传贯彻工作，便于相关从业人员理解和实际使用各项标准，我们组织编纂了这套《信息与文献领域国家标准应用指南丛书》。

该丛书以宣传推广标准为目的，以标准条文讲解与如何使用为内容，以分册的方式分别介绍这些标准的目的、作用、制修订背景和基本原则，对标准的新旧版本进行比较分析并说明其主要变化以及国家标准与相关的国际标准的异同，并围绕标准中的主要条款进行解读，特别是结合图书馆工作的实践，通过大量的实例对标准文本中各条款的规定和使用进行详细说明，力求解决实际工作中的常见问题和疑难问题。许多分册还选编了不少完整样例，并辅以图示、表格等，便于实际使用人员理解、掌握并在处理同一类问题时共同遵守。

该丛书由全国信息与文献标准化技术委员会识别与描述分技术委员会统筹策划，丛书各分册均由相关标准的起草者或修订者负责撰稿，我与刘小玲同志对各分册书稿作了一些体例、结构与整体内容的审核。丛书中的每个分册均以某项国家标准为主要内容进行论述与行文，力图重点突出，说明清晰，行文精练，具有较强的可操作性。既可作为各图书馆、文献信息机构工作人员的业务指导用书，也可作为高等院校图书馆学、情报学、信息管理等专业的学习参考用书。

该丛书从筹划到撰稿得到了编委会各位成员以及参与各分册撰写人员的积极支持与密切配合，在此我们深表谢意。由于丛书各分册由不同的人编写，未能有足够的时间做认真细致的统稿工作，行文风格以及论述详简程度存在差异，同时还可能存在对标准条款解释不完全到位或文字表述累赘之处，恳请大家批评指正。

汪东波

2011 年 4 月 16 日

前　　言

“测绘制图资料”是一个近现代概念，为了适应测绘制图资料的新发展，2005年全国信息与文献标准化技术委员会组织有关单位和人员对GB/T 3792.6—1986《地图资料著录规则》国家标准进行修订，并与国际标准尽求一致，将标准的名称更名为GB/T 3792.6—2005《测绘制图资料著录规则》。

与其他文献资料相比，测绘制图资料有许多独有的特征，文献著录的要求也有别于其他文献资料，为了更好地推广和利用该国家标准，特编写《GB/T 3792.6—2005〈测绘制图资料著录规则〉应用指南》一书。

本书阐述了GB/T 3792.6国家标准制定的目的、意义、修订背景和修订基本原则，并从结构和内容两大方面对GB/T 3792.6—1986《地图资料著录规则》与GB/T 3792.6—2005《测绘制图资料著录规则》标准的著录项目、单元及术语名称等方面的差异进行了分析比较。依照图名与责任说明项、版本项、数学数据项、出版发行项、载体形态项、丛编项、附注项、标准书号及获得方式项等八大项，详细阐述了测绘制图资料的著录问题和方法。

本书包括十章和两个附录。在附录一中，本书依据GB/T 3792.6—2005《测绘制图资料著录规则》，从含交替图名信息、含并列图名信息、含其他图名信息、图名信息不完整或无图名信息、版本信息、数学数据信息、出版信息、载体形态信息、丛编信息、标准书号及获得方式信息、多卷册分散著录、多卷册综合著录（多层次著录）等十二个方面提供了200多个书本式、卡片式和CNMARC格式三种格式的著录样例。

苏品红同志负责第一至二章的撰写，并负责全书统筹、修改、统稿工作；白鸿叶同志负责第三至六章的撰写；吴碧华同志负责第七至十章的撰写，并负责附录一的采集编制。

本书的编写有赖于中国国家图书馆汪东波研究馆员的统一筹划，以及刘小玲研究馆员和鲍国强副研究馆员的大力指导和帮助；同时，也得到了国家图书馆出版社的大力支持。在此，对以上同仁和单位一并表示衷心的感谢。

限于时间和水平，本指南难免有不尽完善之处，敬请读者和专家批评指正。

编著者
2012 年 12 月

目　录

第一章　概述

第一节　制订《测绘制图资料著录规则》(GB/T 3792.6)的目的、意义

一、GB/T 3792.6 名称问题

“测绘制图资料”是一个近现代概念,是指按照一定的数学原理,用形象化的符号(或影像),经过科学综合,显示地球(或其他星球)表面现象的信息载体。它反映各种自然和社会现象的空间分布、组合、联系及其在时间中的变化和发展。

与测绘制图资料概念很接近、在国内更广为人知的还有两个概念,一个是“舆图”,一个是“地图”。

“舆图”也称“舆地图”,是“地图”在古代的别称,至今古籍界仍在沿用,国家图书馆管理地图的机构即为舆图组。

“地图”是从古至今一直在广泛应用的一个概念,按照 1982 年版的《辞海》定义,地图是指“按一定法则,显示地表面自然和社会现象的图。概括地反映它们的地理分布、相互联系和相互制约的关系”。而 1989 年版的《辞海》则修改为“运用数学法则和符号系统并经过制图综合将地表的自然地理和社会经济诸要素表现在平面上,以表达它们的地理分布及其空间与时间上的相互制约、内在联系和发展动态的图形”。表面看,修改后的概念在表达上更严谨、更具科学性,但实际上只是针对现代地图下的定义,而 1982 年版的定义外延更广,可以囊括非测绘地图(非测绘地图在我国古代地图中为数不少),更符合地图的实际存在情况。

根据以上所述,可以认为,“舆图”与“地图”基本是等同的,“测绘制图资料”则将地图的范围规范在科学领域内,即比“地图”和“舆图”的范围窄。也就是说,用“地图”概念才能更好地满足这一大类文献的编目需要;但是,考虑国际相关编目标准(ISBD系列)及机读目录标准均使用“测绘制图资料”,为了与这些标准一致,2005 年版的GB/T 3792.6名称更改为《测绘制图资料著录规则》。

二、制订 GB/T 3792.6 的必要性

测绘制图资料与普通图书相比,在文献的性质上既有同一性,比如,都是记载自然和人类社会的活动,都有纸质和非纸质的介质,地图也有书籍形式,等等;同时也有特殊性,即测绘制图资料所具有的独特的文献特征。这些特征有的属于载体形态的表象特征,如单幅地图、地球仪、立体模型图,布、绢等织物上绘制的地图;有的特征则是反映在表现方法和手段上,比如,它有自己独特的综合归纳地理事物的方法,有独特的、系统的制图符号和表现形式以及技术手段,对自然和人类社会活动有独特的研究视角,等等。

正因为如此,从古到今,从国内到国外,测绘制图资料这类文献在不同程度上独立于一般文献之外。中国古代各朝代均设置有专门管理地图的部门。现代世界,稍大一点的图书馆或

其他文献收藏机构就设有地图专藏或地图馆。如:国家图书馆设舆图组收藏有古今中外地图20余万件,并以每年约2000种的中文地图入藏量增加;国家测绘档案资料馆,截至目前的馆藏,包括地形图14.6万幅、专题图12 000余幅、地图集2500余件、古旧地图约12万件;美国国会图书馆的地图馆,截至2011财年,地图藏量5 446 673件;英国的大英图书馆的地图专藏,截至2012年3月,地图藏量4 570 018件。由此可见,地图资料是一大类独特文献。

作为揭示文献的编目工作必须与所揭示的文献本身的特性紧密相连。对于存藏量如此巨大的地图资料而言,在对其编目整理时,需要有能揭示其文献特性的专门著录规则。从另一个角度而言,制订地图资料相关著录标准,能满足各文献收藏单位对地图资料整理编目的需要,具有广泛使用价值。

国际编目界充分认识到这一必要性。自国际图联在1969年提出"国际标准书目著录(ISBD)"概念后,1977年,在国际标准书目著录总标准[ISBD(G)]出版的同一年,测绘制图资料的著录规则[ISBD(CM)]也正式出版。十年后,该标准再次修订出版。我国则是在1983年制订了《文献著录总则》(GB 3792.1—83),《地图资料著录规则》(GB 3792.6—86)就是依据该总则,参照《国际标准书目著录(测绘制图资料)》[ISBD(CM)],结合我国收藏地图资料的特点制订的。

第二节　修订《测绘制图资料著录规则》的背景

国际上,在国际标准书目著录概念下,《国际标准书目著录(单行出版物)》于1971年首先推出,随后,一系列国际书目著录标准陆续出台。在国内,随着改革开放,国际标准书目著录的概念很快被接受,并付诸本地化的实施。1983—1987年期间,GB 3792系列国家标准陆续颁布,一时间形成了制订、推广GB 3792系列国家标准的热潮。其中之一的《地图资料著录规则》也是在这个热潮下,于1986年推出。但我们还是没能紧跟国际步伐。就在《地图资料著录规则》推出的第二年,国际标准开始推出修订版,《国际标准书目著录(测绘制图资料)》[ISBD(CM)]在1987年出版了修订版。

20世纪八九十年代的中国编目界,可能更多地将关注点放在了编目手段的转变上,机读目录格式成为计算机技术人员和编目工作者共同关注的热点,编目规则也处于与机读格式相结合的问题中。待到21世纪开始,西方国家已开始考虑将FRBR概念引入国际标准书目著录中的问题。我国编目界及时跟踪这一新动向,并开始审视已使用20年左右的国家著录标准。

根据国际编目界的新动向和原有国家标准在新的出版物形势下的不适应情况,起草《地图资料著录规则》的陆希泰先生在全国信息与文献标准化技术委员会相关专家的提示和帮助下,率先开始了修订工作,于2005年3月由相关机构发布了GB/T 3792.6—2005《测绘制图资料著录规则》。这是国内新一轮国家书目著录标准修订工作的开始。2008年,国家标准化管理委员会提出了国家标准修订计划,此后,包括总则在内的系列国家标准进入新的修订工作中,并陆续被发布。也是在各相关著录规则修订版发布后,国家图书馆为了更好地推广和规范使用这些标准,专门组织了这个系列国家标准应用指南的撰写工作。

第三节　制修订《测绘制图资料著录规则》的基本原则

一、一致性原则

在制订《测绘制图资料著录规则》时，尽可能保持了与《文献著录总则》(GB 3792.1—83)的一致性。修订该规则时，尽管《文献著录　第1部分：总则》(GB/T 3792.1—2009)还未正式颁布，但此总则的修订工作也在其间启动，其修订原则、指导思想等基本确定，《测绘制图资料著录规则》在修订过程中也不断与总则的修订工作协调，尽量保持与总则一致。同时，《测绘制图资料著录规则》在制、修订过程中也考虑了与《普通图书著录规则》等相关国家标准的协调一致性。此外，《国际标准书目著录(测绘制图资料)》[ISBD(CM)]以及《国际标准书目著录(总则)》[ISBD(G)]等国际标准也是《测绘制图资料著录规则》制、修订的主要参照对象，其目的是尽可能与国际标准接轨，最大程度保持与相关国际标准的一致性。

二、继承性原则

GB/T 3792.6—2005《测绘制图资料著录规则》完全基于GB 3792.6—86《地图资料著录规则》修订。尽管中文名称有变化，但英文名称未变，均为 Bibliographical description for cartographic materials，这也是沿用《国际标准书目著录(测绘制图资料)》英文名称的结果。

三、实用性原则

制修订《测绘制图资料著录规则》一直是基于国家图书馆舆图组及相关地图收藏单位的工作实践开展的。继1986年该标准第一版颁布实施后，经过近20年，地图资料的出版情况发生了很大变化，原有的一些规则不能满足新情况的编目需要，因此对该标准进行修订。由此可见，《测绘制图资料著录规则》的制订和修订都是从地图资料的编目实际需要出发的，自然坚持了实用性原则，具有较强的可操作性。

第四节　新旧《测绘制图资料著录规则》的比较

新旧《测绘制图资料著录规则》相比，主要变化体现在下列几方面。

一、结构方面

1. 修订版将初版的11章合并为8章，编排更加紧凑。其中，第五章“款目及其著录格式”、第六章“著录详简级次”、第八章“文献类型标识”取消，将相关内容融入其他章节中，著录格式列入附录中。

2. 修订版增加了前言，对修订情况及相关问题进行了说明；增加了“规范性引用文件”一章。这些是遵照 GB/T 1.1—2000《标准化工作导则　第1部分：标准的结构和编写规则》的相关要求增加的。同时，依据 GB/T 1.1—2000，修订版对文本的格式及编排顺序等也进行了调整。

3. 修订版将“多卷(册、幅)地图、丛编地图著录方法”一章从标准的正文部分抽出,改作资料性附录:“多层次著录”,并对内容进行提炼,使其更加简明。

4. 取消初版的“标目”和“实例”两个附录,规范地将“多层次著录”和“著录格式”列为两个资料性附录。“标目”是编目工作的另一个环节,不属于著录范畴,为保持标准的严谨和紧凑性,修订版取消了这个附录。同样为了内容紧凑、方便理解规则条款,修订版将附录“实例”取消,在相关条款中增加实例。

表1 新旧标准结构比较

修订版	初版
目录	目录
前言	
1 范围	1 引言
2 规范性引用文件	2 名词、术语
3 术语和定义	3 著录项目
4 著录项目	4 著录项目标识符和著录内容识别符
5 著录用标识符	5 款目及其著录格式
6 著录用文字	6 著录详简级次
7 著录信息源	7 著录用文字
8 著录项目细则	8 文献类型标识
附录A(资料性附录)多层次著录	9 著录来源
附录B(资料性附录)著录格式	10 著录项目细则
B.1 书本格式	11 多卷(册、幅)地图、丛编地图著录方法
B.2 卡片格式	附录A 标目
	附录B 实例

二、内容方面

1. 相关名称的变更。参照相关国际编目标准,不仅将本标准的名称从《地图资料著录规则》改为《测绘制图资料著录规则》,而且也修改了一些章节、著录项目、著录单元及术语名称。

(1)章节名称:“引言”改为“范围”,“名词、术语”改为“术语和定义”,“著录项目标识符和著录内容标识符”改为“著录用标识符”,“著录来源”改为“著录信息源”。

(2)项目名称:“图名与责任者项”改为“图名与责任说明项”,“数学基础项”改为“数学数据项”,“标准书号及有关记载项”改为“标准书号及获得方式项”,取消“提要项”和“排检项”。

(3)单元名称:“文献类型标识符”改为“一般文献类型标识”,“副图名和说明图名文字”改为“其他图名信息”,“版次或其他版本形式”改为“版本说明”,“地图比例尺”改为“比例”,“地图投影”改为“投影”,“二分点和历元”改为“二分点和年份”,“出版年、月或发行年、月”改为“出版年或发行年”,“数量和制图资料类型”改为“数量和制图资料类型标识”,“尺寸或开本”改为“尺寸”,“正丛编图名”改为“丛编正图名”,“并列丛编图名”改为“丛编并列图名”,“副丛编图名和说明丛编图名文字”改为“丛编其他图名信息”,“丛编责任者”分为“丛编第一责任说明”和“丛编其他责任说明”,“标准书号”原含 ISBN 和国内书号,修订版改为“国际标准书号(ISBN)”,“装订”改为“装帧”,“获得方式”改为“获得方式和/或价格”。新增单元有:“并列版本说明”、“附加版本说明”、“附加版本说明的责任说明”、“发行者职能说明”、“限定说明”。

(4)术语:术语和定义由初版的 27 条精简为 23 条,将“著录项目”、“款目”、“单纯图名”、“多卷地图”、“版次”、“附件”等 6 个术语删除,并将“副图名”与“说明图名文字”合并为“其他图名信息”,增加“丛编编号”、“多层次著录”、“二分点”3 个术语。同时,按照GB/T 1.1—2000 的要求,增加了术语的英文名称。另外,对有些术语名称也有所修改,如:“集合图名”改为“无总图名制图资料”,“总图名”改为“共同图名”,等等。

表 2　新旧标准相关名称比较

标准名称	
《测绘制图资料著录规则》(GB/T 3792.6—2005) Bibliographical description for cartographic materials	《地图资料著录规则》(GB 3792.6—86) Bibliographical description for cartographic materials
章节名称	
范围	引言
术语和定义	名词、术语
著录用标识符	著录项目标识符和著录内容标识符
著录信息源	著录来源
项目名称	
图名与责任说明项	图名与责任者项
数学数据项	数学基础项
标准书号及获得方式项	标准书号及有关记载项
	提要项
	排检项
单元名称	
一般文献类型标识	文献类型标识符
其他图名信息	副图名和说明图名文字
版本说明	版次或其他版本形式
并列版本说明	
附加版本说明	
附加版本说明的责任说明	
比例	地图比例尺
投影	地图投影

续表

二分点和年份	二分点和历元
出版年或发行年	出版年、月或发行年、月
发行者职能说明	
数量和制图资料类型标识	数量和制图资料类型
尺寸	尺寸或开本
从编正图名	正从编图名
从编并列图名	并列从编图名
从编其他图名信息	副从编图名和说明从编图名文字
从编第一责任说明	从编责任者
从编其他责任说明	
国际标准书号(ISBN)	标准书号[国际标准书号(ISBN)、国内书号]
装帧	装订
获得方式和/或价格	获得方式
限定说明	
术语	
无总图名制图资料	集合图名
共同图名	总图名

2. 其他:上述章节、著录项目、著录单元及术语名称的修改,很大一部分是实质内容修改的需要,也就是说,修订版在相关部分的具体内容上均有程度不同的修改,包括在著录单元中增加“选用”提示和相关条款,在标识符及其使用方面有一些新规定,等等。这些详细变化情况,需要通过修订版的文本了解。

第二章　测绘制图资料著录基本问题

第一节　关于适用范围

GB/T 3792.6—2005 在第一章就开宗明义从以下四个方面阐明了《测绘制图资料著录规则》适用的范围：

第一，明确了标准自身内容的范围："本标准规定了测绘制图资料著录项目及其排列顺序、著录用标识符、著录用文字、著录信息源和著录项目细则等。"并通过两个资料性附录，阐明了著录格式和多层次著录的相关规定。

第二，明确了标准适用的对象："本标准是著录测绘制图资料的依据。"标准在"术语和定义"一章中对测绘制图资料作了如下定义："按照一定的数学原理，用形象化的符号（或影像），经过科学综合，显示地球（或其他星球）表面现象的信息载体。它反映各种自然和社会现象的空间分布、组合、联系及其在时间中的变化和发展。测绘制图资料包括平面图和地形图；航空图、海图、星空图和行星图；航空、卫星或空间影像图；鸟瞰图；地（天）球仪；剖面图、地形模型；地图集等等。"这一定义，将测绘产生的其他资料，如建筑物测绘图等，排除在外，圈定出了一个大地图概念的范围作为本标准的适用对象。

第三，明确了标准使用的场合："本标准适用于编制国家书目及各类型目录。"

第四，从标准不涉及的内容角度，进一步明确了标准的范围："本标准不涉及测绘制图资料目录组织规则。"

第二节　关于规范性引用文件

按照 GB/T 1.1—2000 的相关规定，标准中要引用的规范性文件应该列出清单，并说明相关使用规定。为此，GB/T 3792.6—2005《测绘制图资料著录规则》在第二章列出了两个国家标准："GB/T 3469—1983　文献类型与文献载体代码"和"GB/T 12406—1996　表示货币和资金的代码（idt ISO 4217:1990）"。前一个标准是在"图名与责任说明项"中的"一般文献类型标识"单元中被引用；后一个标准是在"标准书号及获得方式项"中的"获得方式和/或价格"单元中被引用。

同时，本标准还规定，这两个国家标准中的条款"通过本标准的引用而成为本标准的条款"，并且"鼓励根据本标准达成协议的各方研究是否可使用这些文件的最新版本"。因此，目前最新的 2008 年版《表示货币和资金的代码》是本标准鼓励大家在协同一致的基础上采纳的标准。

《国际标准书目著录（CM）》没有列入本标准的规范性引用文件中，是因为该国际标准只是本标准制订过程中的参照文件，按照GB/T 1.1—2000 对规范性引用文件的规定，"文件清单不应包含……标准编制过程中参考过的文件”,可根据需要列入参考文献中。

GB 3792. 1—83《文献著录总则》是制订本标准的依据,即其相关条款被复用,属于规范性引用文件。但修订本标准时,GB/T 3792. 1—2009《文献著录　第 1 部分:总则》还未正式颁布,因此不能作为规范性引用文件列入。但由于本标准是 GB/T 3792 系列标准中各类文献著录标准之一,本应符合“总则”的要求,因此,GB/T 3792. 1—2009《文献著录　第 1 部分:总则》实际上应是规范性引用文件之一。

第三节　关于著录项目

根据 GB/T 3792. 1—2009《文献著录　第 1 部分:总则》的定义,著录项目是指“用以揭示文献形式特征和内容特征的记录事项……各个项目又包括对其特定内容的说明”,这些特定内容,根据需要,又可能分成若干单元,即著录单元。各图书馆的业务注记,如索书号、登录号、排检项等,不属于文献形式和内容特征范畴,因此不包括在著录项目或著录单元中。GB/T 3792. 6—2005《测绘制图资料著录规则》规定了 8 个著录项目和 36 个著录单元(见表 3)。这 8 个著录项目与GB/T 3792. 1—2009《文献著录　第 1 部分:总则》完全对应,只是“总则”中的“文献特殊细节项”在本标准中具体体现为适宜测绘制图资料的“数学数据项”,而“题名”等相关名称在本标准中具体化为“图名”。至于著录单元,则是在“总则”的大框架下,根据测绘制图资料的特性,进行了相应调整。

本标准在第四章罗列了著录项目及著录单元,并对选用项目进行了标识。详情见表 3。

表 3　著录项目与著录单元

著录项目	著录单元
1. 图名与责任说明项	正图名
	一般文献类型标识(选用)
	并列图名
	其他图名信息
	第一责任说明
	其他责任说明
2. 版本项	版本说明
	并列版本说明(选用)
	与本版有关的责任说明
	附加版本说明
	附加版本说明的责任说明
3. 数学数据项	比例
	投影
	图廓坐标(选用)
	二分点和年份

续表

著录项目	著录单元
4. 出版发行项	出版地或发行地
	出版者或发行者
	发行者职能说明(选用)
	出版年或发行年
	印制地、印制者、印制年(选用)
5. 载体形态项	数量和制图资料类型标识
	其他形态细节
	尺寸
	附件
6. 丛编项	丛编正图名
	丛编并列图名
	丛编其他图名信息(选用)
	丛编第一责任说明
	丛编其他责任说明
	国际标准连续出版物号(ISSN)
	丛编编号
	附属丛编图名
7. 附注项(选用)	
8. 标准书号及获得方式项	国际标准书号(ISBN)
	装帧(选用)
	获得方式和/或价格(选用)
	限定说明(选用)

第四节 关于著录用标识符

一、什么是著录用标识符

著录所用标识符是利用常用标点符号，采用前置方式，标识著录项目或著录单元，其目的是为了使各编目机构和各类文献的书目著录具有共同识别性，从而方便书目数据的交流和交换，增强对书目的管理能力，尤其在传统书目与机读书目记录转换中可以发挥重要作用。

既然是为了识别著录项目或著录单元，且要满足书目交流、交换需要，因此，各类文献的著录用标识符都是按《文献著录总则》的规定协同一致的，即使是特殊著录项目或著录单元，其标识符也是按照统一原则设置。

二、测绘制图资料著录用标识符

GB/T 3792. 6—2005《测绘制图资料著录规则》在第五章对著录用标识符进行了规定。各著录项目和著录单元的标识符见表4。

表4　著录项目、著录单元、著录用标识符

著录项目	标识符	著录单元
1　图名与责任说明项		1.1　正图名
	[ ]	1.2　一般文献类型标识(选用)
	=	1.3　并列图名
	:	1.4　其他图名信息
	/	1.5　第一责任说明
	;	1.6　其他责任说明
2　版本项	. —	2.1　版本说明
	=	2.2　并列版本说明(选用)
	/	2.3　与本版有关的责任说明
	,	2.4　附加版本说明
	/	2.5　附加版本说明的责任说明
3　数学数据项	. —	3.1　比例
	;	3.2　投影
	(	3.3　图廓坐标(选用)
	;)	3.4　二分点和年份
4　出版发行项	. —	4.1　出版地或发行地
	:	4.2　出版者或发行者
	[ ]	4.3　发行者职能说明(选用)
	,	4.4　出版年或发行年
	(:,)	4.5　印刷地、印制者、印制年(选用)
5　载体形态项	. —	5.1　数量和制图资料类型标识
	:	5.2　其他形态细节
	;	5.3　尺寸
	+	5.4　附件
6　从编项	(. —	6.1　从编正图名
	=	6.2　从编并列图名
	:	6.3　从编其他图名信息(选用)

续表

著录项目	标识符	著录单元
	/ ; , ; .)	6.4　从编第一责任说明 6.5　从编其他责任说明 6.6　国际标准连续出版物号(ISSN) 6.7　从编编号 6.8　附属丛编图名
7　附注项(选用)	. --	
8　标准书号及获得方式项	. -- ( ) : ( )	8.1　国际标准书号(ISBN) 8.2　装帧(选用) 8.3　获得方式或价格(选用) 8.4　限定说明(选用)

三、标识符的使用

根据上表,各种标识符使用情况可归纳如下:

(1). --　标识符书写为句点、空格、短横、短横、空格。置于除“图名与责任说明项”以外的各著录项目之前。

(2) =　置于并列图名、并列版本说明、从编并列图名之前。

(3):　置于其他图名信息、出版者或发行者、印制者、其他形态细节、从编其他图名信息、获得方式或价格之前。在多层次著录中的第二及其以后各层次的分辑标识与图名之间也置此标识符。

(4)/　置于第一责任说明、与本版有关的责任说明、附加版本说明的责任说明、从编第一责任说明之前。

(5),　置于附加版本说明、出版年或发行年、印制年、有分辑标识的分辑图名、相同责任方式的其他责任说明、分段页码、ISSN之前。

(6);　置于不同责任方式的其他责任说明、投影、二分点和年份、第二出版地或发行地、尺寸、从编其他责任说明、从编编号之前,或相同责任说明的无总图名的各个图名之间。

(7).　置于分辑标识、无分辑标识的分辑图名、附属从编图名之前,或不同责任说明的无总图名的各个图名之间。

(8) +　置于附件之前。

(9)[ ]　置于一般文献类型标识、发行者职能说明、规定信息源以外的著录信息、自拟著录内容之外。

(10)( )　置于中国责任者时代、外籍责任者国别及姓名原文、图廓坐标与二分点和年份、印制事项、附件的附加说明、从编项、装帧和/或限定说明之外。

标识符在使用时还有以下规定:

(1)除逗号“,”和句点“.”只在后面空一个字符外,其他标识符的前后均需各空一个字符位。

(2)著录项目标识符“. —”在另起段落著录时,可省略该标识符,换项移行时可省略该标识符,或在前项结尾处加句点“.”。款目若分段著录,如卡片目录,分段时的项目标识符照此处理。

(3)用于著录单元的标识符,在著录单元移行时,可视情况,或赘于前一单元之尾,或置于后一单元之首。

(4)无论项目或单元是否为重复著录,其前均应有相应标识符。

(5)只要是新的著录项目,无论是第几单元处于项目之首位,其前的标识符均应改为项目标识符“. —”。同样,不著录的项目或单元,其标识符随之省略。

(6)当前一个项目或单元末尾是句点“.”,而后一个项目或单元的标识符也以句点开始,则只著录一个句点。

(7)前后均需空格的标识符连续著录时,其间只空一格。

除著录项目、著录单元有规定的标识符外,著录内容中也有一些用标点符号明确的内容方面的识别符号:

(1)?　用于推测附注、不能确定的年代或地点。一般与“[ ]”配合使用。

(2)-　用于表示起讫时间、起讫经纬度、起讫页码等。

(3)…　用于表示省略的著录内容。

示例1:

二十世纪中外大地图[舆图]/(清)周世棠,(清)孙海环编. — 上海 : 新学会社, 清光绪三十二年[1906]. — 1册 : 彩色 ; 36×25cm

内有世界地文图4幅,中国及分省图25幅,世界各洲及各国图41幅。图前附世界主要国家国旗。是清末比较优秀的世界地图集。

示例2:

二十世纪中外大地图[舆图]/(清)周世棠,(清)孙海环编. — 影印本. — 北京 : 中华书局, 1975. — [280页] : 彩色 ; 图廓不等

据清光绪三十二年上海新学会社藏版影印。

示例3:

武汉历史地图集[舆图] = The Historical Atlas of Wuhan / 武汉历史地图集编纂委员会编辑. — 北京 : 中国地图出版社, 1998.5. — 143页 : 彩色 ; 38×27cm

收录了宋以来至今武汉地区古旧新地图百余幅,清晰地展示了武汉城市区域发展的历史。

ISBN 7-5031-1847-4:CNY 500.00

示例4:

中国历史地图集[舆图] : 古代部分 / 顾颉刚, 章巽编 ; 谭其骧校订. — 上海 : 地图出版社,1956.11. — 44页 : 彩色 ; 41×28cm

本图共31幅,附图16幅,从原始社会时代开始,迄于鸦片战争。

精装:CNY 3.90

第五节　关于著录用文字

测绘制图资料有中外文各种文字,有的是单一的一种文字,如纯中文地图或纯英文地图,有的是两种及以上同时并存的,如中英对照地图或中英日并存的地图;中文中,有的是纯汉文或某一少数民族语文地图,有的可能是汉文与某一种或多种少数民族语文并存的地图;汉文中,有的是繁体字地图,有的是简体字地图,等等。总之,测绘制图资料本身的文字是多种多样的。因此,为了确保著录在文字的使用上统一、规范,满足目录的多重功能的需要,GB/T 3792.6—2005《测绘制图资料著录规则》在第六章对著录用文字做了如下规定:

(1)图名与责任说明项、版本项、数学数据项、出版发行项和丛编项一般用被著录制图资料本身的文字著录,其书写应遵循该文字的习惯和规则。现有设备无法转录的图形及符号等可由编目人员改用其他形式表示,但需用方括号"[ ]"括起。

(2)一般文献类型标识、发行者职能说明、载体形态项、附注项、标准书号与获得方式项可采取编目机构所选定的文字著录(引文除外)。

(3)各著录项目中选录的数字,除另有规定者外,一律用阿拉伯数字著录。

(4)著录源中的文字如有错漏,仍须照录,但应将考证所得的正确文字著录于后,外加"[ ]";如确知有误,又难以考证者,可在其后注记"[原文如此]"。此外也可在附注项内说明。

从以上四条规定可以看出:

第一,著录用文字总体上遵循客观著录原则,对主要著录项目都要求用被著录资料本身的文字。但同时,编目机构在一定著录项目范围对著录文字有选择权,这个范围包括一般文献类型标识、发行者职能说明、载体形态项、附注项、标准书号与获得方式项。旧版标准中不仅没有明确规定编目机构的这个选择权,只是含糊其辞地说"……可用被著录地图本身的文字或汉字著录",而且范围仅限于附注项和提要项。新版标准的这一变化,是更偏于测绘制图资料著录的实操性的结果,提出了一个更加灵活、更加本地化的处理策略,对客观著录的大原则影响不大。

第二,为了规范数字的使用,甚至方便某些统计、适应数据交流等需要,规定对数字的著录一般使用阿拉伯数字。

第六节　关于著录信息源

著录信息源是指著录文献时内容的来源依据,包括被著录文献本身及有关参考文献。著录信息源可能很多,为了著录的统一规范,对著录信息源的选取需要有一定原则,因此著录标准都会规定本文献类型的主要信息源和规定信息源。主要信息源是指优先选用的信息来源;规定信息源是对各著录项目、单元规定的信息选取来源及各来源的先后顺序。通过对主要信息源和规定信息源的规定,可以在很大程度上确保文献著录依据的正确性和一致性。

GB/T 3792.6—2005《测绘制图资料著录规则》对著录信息源规定如下:

1. 制图资料著录的信息来源是著录对象本身，如本身信息不足时可参考其他有关材料。但取自著录对象本身之外的著录信息，应置于“[ ]”内或著录于附注项。

2. 图名与责任说明项、版本项、数学数据项、出版发行项、丛编项的主要信息源为图廓内外、图名页、版权页、封面、书脊、序言、题跋、出版说明等。

3. 载体形态项的信息源为包括附件在内的整部制图资料。

4. 附注项、标准书号与获得方式项可取自任何信息源。

5. 信息源有多处并出现差异时，应在附注项内说明。

第一条是对测绘制图资料著录信息源的总体表述，在第二版《中国文献编目规则》中，测绘制图资料的著录信息源被进一步明确为：“测绘制图资料的著录信息源是测绘制图资料本身，包括盛装测绘制图资料的图袋、图盒、图夹等包装品。测绘制图资料本身信息不足，可参考其他信息源。”而测绘制图资料的主要信息源则仅限于测绘制图资料本身，不含图袋、图盒、图夹等包装品。

第二至第四条是对具体著录项目所依据的信息源的规定，第五条规定了信息源之间有差异时的处理办法。第二至第五条是新版标准新增的条款，进一步明确了规定信息源。

测绘制图资料的出版形式和装帧形式复杂多样，如，有单幅地图，也有由多张拼接而成的地图；有单册地图，也有多册、丛编地图；有的有图名页，有的有版权栏，有的只有地图内容；等等。不同情况，主要信息源的选择也会有所不同，大致可以分成以下情况选定主要信息源。

1. 单卷制图资料，主要信息源是所编制图资料专用的图名页。对一复印本，应是附有复印说明的图名页。

2. 多部分制图资料的各部分均有一个图名页时，主要信息源应选择第一部分的图名页。

3. 当没有适用于整个制图资料的图名页，但其包含的每种制图资料均有其自己的图名页时，这些图名页，可以共同作为一个信息源。

4. 制图资料没有图名页时，选择代用信息源作为代图名页。将信息源定为代图名页时，要选择信息最详尽的来源，制图资料组成部分的来源应优先于制图资料以外的来源。

5. 非罗马文字的制图资料，版权页提供有最完整的书目信息时，在以下情况下，图名页位置和有正图名的页，不认为是图名页：

（1）该页只有半图名页形式的正图名；

（2）该页有书法形式的正图名，有或无其他书目信息。（版权页中有最完整的书目信息，使用现代中文、日文和朝文印刷中的一般汉字形式）；

（3）该页只有西方语言的图名和/或出版信息。

对以上各种情况下，应首先选择版权页为代图名页。

根据测绘制图资料的特点，各著录项目的规定信息源可按表 5 所示的信息源及排序选择。

表 5　测绘制图资料规定信息源

著录项目	规定信息源
1. 图名与责任说明项	图名页（或代图名页）/图廓内外、封面/折页封面、书脊、版权页/版权栏、序言、题跋、正文卷端、后记、出版说明、说明书、索引、图夹/图袋/图盒等

续表

著录项目	规定信息源
2. 版本项	版权页/版权栏、图名页(或代图名页)/图廓内外、封面/折页封面、出版说明、序言、题跋、后记、说明书等,或测绘制图资料的版本类型特征,或任何信息源
3. 数学数据项	测绘制图资料本身
4. 出版、发行项	版权页/版权栏、图名页(或代图名页)/图廓内外、封面/折页封面、出版说明、序言、题跋、后记、说明书等
5. 载体形态项	测绘制图资料本身
6. 丛编项	图名页、版权页、封面、书脊、封底图廓内外、图名页、版权页、封面、书脊、序言、题跋、出版说明等(标准)
7. 附注项	任何信息源
8. 标准编号及获得方式项	版权页、制图资料其余部分任何信息源(标准)

著作为多件或著录信息源有两个以上时,可按如下办法处理:

1. 依第一卷(册)著录;若第一卷(册)未入藏,应查明其他各卷(册)情况,并在附注项注明“据×卷(册)著录”;无法确定时,应根据最充分者著录。

2. 以纸本为主的多载体著作应作为一个整体著录,所含其余载体应作为附件著录。

3. 多个信息源上的信息不同时,应按主要信息源选定。

第七节　关于著录格式

著录是指编制文献目录时对文献的形式特征和内容特征进行分析、选择和记录的过程,又称目录著录、书目著录,简称著录。其结果是产生款目,进而组成目录。它是文献编目的基础工作,也是决定其质量的关键。

著录格式是指构成款目的各个项目的排列顺序及其标识符号的表现形式。著录格式可分为基本著录格式和多层次著录格式。

一、基本著录

基本著录是对一种文献的形式特征和内容特征进行全面的描述,以编制通用款目的方法,是编目工作的首要步骤。基本著录所产生的通用款目是编制各种款目的基础。

基本著录有传统著录法和标准化著录法之分。

传统著录法是先确定一个主要标目,继而对文献特征进行描述,所编款目称为主要款目(也称基本款目)。中文文献著录习惯以题名为主要标目,西文文献著录一般以著者为主要标目,因此各自所编主要款目分别为题名款目和著者款目。

标准化著录法的第一步是对文献特征进行客观描述(从题名开始著录),然后再确定拟制作各种款目及提供检索途径的项目,并集中记载在排检项内,这种款目称为通用款目。在通用款目上添加某个标目,即可制成为某种款目,如加上著者标目即成为著者款目。通用款目由各种著录项目组成。著录项目就是揭示文献形式和内容特征的项目，因文献类型的不同而有所差异。《测绘制图资料著录规则》(GB/T 3792.6—2005)所规定的著录项目有 8 项，即①题名和责任者项，包括正题名、并列题名、其他图名信息、文献类型标识、第一责任者、其他责任者；②版本项，包括版次及其他版本形式、与版本有关的责任者；③数学数据项，包括比例、投影、图廓坐标、二分点和年份；④出版发行项，包括出版地或发行地、出版者或发行者、出版日期或发行日期、印刷地、印刷者、印刷日期；⑤载体形态项，包括数量及其单位、图及其他形态、尺寸或开本、附件；⑥丛编项，包括丛编正图名、丛编并列图名、分丛编图名、丛编其他图名信息、丛编责任者、国际标准连续出版物号(ISSN)、丛编编号、附属丛编；⑦附注项；⑧标准书号及获得方式项，包括国际标准文献编号、装帧、价格及限定说明。

根据目录载体的不同，基本著录的格式可分为卡片式、书本式和机读式。书本式是为出版书本目录方便而采取的一种著录项目不分段的形式，标识符号也按照连续不分段的方式表达。卡片式是按照传统卡片目录的分段著录方式著录各项目，并按照相关规定使用标识符。机读式是按照数据库结构著录各项目要素，并通过内部设置，按规定使用标识符，根据需要显示、输出书本式或卡片式目录。

GB/T 3792.6—2005《测绘制图资料著录规则》将著录格式作为资料性附录列出，附录 B.1 为书本式格式，附录 B.2 为卡片式格式。

1. 卡片式

卡片式目录是将文献的各种特征记录在卡片上(目录卡片的国际标准规格为 7.5 厘米 × 12.5 厘米)，再将它们按照一定规则组织而成的目录。卡片式目录的优点有：①可随编、随排、随时利用，具有流水作业的性质；②可依照读者的需要灵活组织，及时更新，而且整个目录不受影响。其主要缺点是：①体积庞大，需占用大量空间；②一张卡片款目只能提供一个检索途径；③不能供远离图书馆的读者使用。

卡片式目录的历史可追溯到一百多年以前。1861 年，美国哈佛大学图书馆卡片式目录正式向读者开放。19 世纪末，西方许多图书馆建立了卡片式目录，作为对书本式目录的补充。到 20 世纪初，卡片式目录已成为图书馆主要的目录形式，80 年代以后，在一些自动化程度较高、已经建立起机读目录的图书馆，卡片式目录已逐步被机读目录、计算机输出缩微胶片目录及书本式目录所取代。例如，美国国会图书馆从 1982 年起已经“冻结”卡片式目录(即新书已不再制作卡片排入卡片目录中)，而用其他形式目录取代之。

卡片式著录格式如下：

> 正图名 [一般文献类型标识] = 并列图名 : 其他图名信息 / 第一责任说明 ; 其他责任说明. -- 版本说明 / 与本版有关的责任说明. -- 比例尺 ; 投影(图廓坐标 ; 二分点和年份). -- 出版地 : 出版者, 出版年(印制地 : 印制者, 印制年)
>
> 数量和制图资料类型 : 其他形态细节 ; 尺寸 + 附件. --(丛编正图名 / 责任说明, 国际连续出版物号 ; 丛编编号. 附属丛编图名)
>
> 附注
>
> 国际标准书号 : 获得方式或价格(限定说明)

这种格式可称为 4 段标识符号式，即把 8 个著录项目分为 4 个著录段落，前四项为第一段，5、6 项为第二段，后两项各为一段。每个段落单独起行，回行时均向前突出一个字。同一个段落内，除起头项目外，各个项目前都冠以一定的标识符号。

示例1：

中国生态地理区域图［舆图］ = Ecological Geographical Regions Map of China / 廖克主编 ；中国科学院地理科学与资源研究所主编. -- 1∶6000000 . -- 北京 ：中国地图出版社，2007. 5

1 幅 ：彩色 ；69 ×101cm. --（中国自然环境系列地图）

ISBN 978 -7 -5031 -4285 -7 ：CNY 28. 00

示例2：

南京市影像地图集 ：主城篇［舆图］/ 李勇主编 ；南京市测绘勘察研究院有限公司编制. -- 北京 ：中国地图出版社 ；上海 ：中华地图学社，2010. 9

1 册 ：彩色 ；30 ×21cm

有索引。

ISBN 978 -7 -80031 -612 -8 ：CNY 160. 00

2. 书本式

书本式目录是将文献的各种特征按照一定的规则和格式记录在本册上而形成的目录。

书本式目录的优点是：①可以一次编成，大量印制，广泛传播；②体积小、易于携带，便于远离图书馆的读者和各馆间的交流利用。其主要缺点有：①不能随时反映最新文献，需编制补充目录，如补充目录过多，会造成查阅不便；②内容陈旧的文献，无法及时从目录中剔除。

书本式目录历史悠久，中国古代的各种藏书目录大都是书本式目录。西方现存最早的图书馆书本式目录，是1885年由柏克在德国波恩编辑出版的。20世纪初以前，世界各国的图书馆目录均以书本式目录为主。20世纪后半叶，伴随着机读目录的出现，书本式目录又开始在图书馆受到重视，因为计算机利用机读目录磁带既可以打印出卡片款目，又可以快速生产书本式目录，并可大量印刷，及时更新，加之体积小、成本低等因素，因而得到了广泛地利用。

书本式目录是为了节省纸张，著录项目排列紧凑，因此把8个著录项目合为一段，并在各著录项目前加标识符“. -- ”。书本式著录格式如下：

正图名［一般文献类型标识］ = 并列图名 ：其他图名信息 / 第一责任说明 ；其他责任说明. -- 版本说明 / 与本版有关的责任说明. -- 比例尺 ；投影（图廓坐标；二分点和年份）. -- 出版地 ：出版者，出版年（印制地：印制者，印制年）. -- 数量和制图资料类型 ：其他形态细节 ；尺寸 + 附件. --（丛编正图名 / 责任说明，国际连续出版物号 ；丛编编号. 附属丛编图名）. -- 附注. -- 国际标准书号 ：获得方式或价格（限定说明）

示例1：

中国生态地理区域图［舆图］ = Ecological Geographical Regions Map of China / 廖克主编 ；中国科学院地理科学与资源研究所主编. -- 1∶6000000. -- 北京 ：中国地图出版社，2007. 5. -- 1 幅 ：彩色 ；69 ×101cm. --（中国自然环境系列地图）. -- ISBN 978 -7 -5031 -4285 -7 ：CNY 28. 00

示例2：

南京市影像地图集 ：主城篇［舆图］/ 李勇主编 ；南京市测绘勘察研究院有限公司编制. -- 北京 ：中国地图出版社 ；上海 ：中华地图学社，2010. 9 . -- 1 册 ：彩色 ；30 ×21cm. -- 有索引. -- ISBN 978 -7 -80031 -612 -8 ：CNY 160. 00

3. 机读式

机读式目录是以编码形式和特定的结构记录在计算机存贮载体上,可以由计算机自动控制、处理和编辑输出的目录。

机读目录(MARC)即机器可读目录的简称,来自英文 Machine-Readable Cataloging,是利用计算机识读和处理的目录。1963 年,美国 G. W. 金等人发表关于美国国会图书馆书目系统自动化的报告。1966 年 1 月,美国国会图书馆开始实施 MARC 试验计划,制订了 MARC Ⅰ格式,试编了机读目录,同年 9 月,生产出机读目录试验磁带。1977 年国际图书馆协会和机构联合会主持制定了《国际机读目录格式》(UNIMARC)。1987 年,中国国家图书馆开始了中国机读目录(CNMARC)的开发工作,1991 年 1 月正式发行机读目录。

机读记录分为若干个功能块。测绘制图资料机读目录著录已设定的功能块有:

0 -- 标识块:标识记录或测绘制图资料上的相关号码。

1 -- 编码信息块:用编码描述记录或测绘制图资料上各方面特征的固定长数据。

2 -- 著录信息块:记录 ISBD(CM)所规定的著录项目("附注项"和"标准书号与获得方式项"除外)。

3 -- 附注块:用自由行文的形式补充说明记录或测绘制图资料的相关信息。

4 -- 连接款目块:揭示该记录与其他书目记录之间的关系。

5 -- 相关题名块:记录测绘制图资料正图名以外的其他图名。

6 -- 主题分析块:揭示测绘制图资料主题内容的主题数据。

7 -- 知识责任块:记录测绘制图资料知识责任的个人或团体名称。

8 -- 国际使用块:记录 0 -- 至 7 -- 功能块不宜记入的国际统一使用的处理数据。

9 -- 国内使用块:中国国内使用,是在 UNIMARC 基础上追加的功能块。另外,其他功能块中的 -9 -、-- 9 等字段或$9子字段也属于国内使用字段和子字段。

机读目录是描述文献著录项目的国际标准格式,是实现计算机处理书目信息及资源共享的基础。机读目录是图书馆书目数据处理自动化的基础。它可以用来辅助图书馆的文献采集、编目、流通等工作;编制和生产目录卡片、联合目录、新书通报及其他目录索引;开展书目信息检索和参考咨询服务;还可以进行地区间和国际间的书目信息交换,实现资源共享。

示例 1:

010##$a978 -7 -5031 -4285 -7$dCNY28.00

2001#$a中国生态地理区域图$b舆图$dEcological Geographical Regions Map of China$f廖克主编$g中国科学院地理科学与资源研究所主编

206##$a1:6000000

210##$a北京$c中国地图出版社$d2007.5

215##$a1幅$c彩色$d69 ×101cm

2252#$a中国自然环境系列地图

示例 2:

010##$a978 -7 -80031 -612 -8$dCNY160.00

2001#$a南京市影像地图集$i主城篇$b舆图$f李勇主编$g南京市测绘勘察研究院有限公司编制

210##$a北京$c中国地图出版社$a上海$c中华地图学社$d2010.9

215##$a1册 $c彩色$d 30×21cm
2252#$a中国自然环境系列地图
300##$a有索引。

二、多层次著录

在一个款目中,也有对测绘制图资料多个层次进行综合描述的著录形式,即所谓综合著录。进行多层次著录的目的是对由多部分组成的测绘制图资料的整体及各个部分的情况进行系统的描述。当多部分测绘制图资料的组成部分具有独立识别的特征与单独使用的价值时,可以采用此种著录法。应用多层次著录法编制的款目为多层次著录款目。

多层次著录是在一个款目(记录)中,按照测绘制图资料固有的层次关系,将著录项目分为两个或多个层次,每一个层次为一个段落,同一段落中的各个著录项目与著录单元均用标识符标识,以便系统地描述由多部分组成的测绘制图资料的整体及其各个部分的情况。

第一层次著录测绘制图资料整体的共同书目信息,第二层次及其余各层次分别著录有关的各部分书目信息。每一层次中,各著录单元与单一出版物的著录顺序和标识符均相同。各层次相互重复的某些著录内容可以省略。当一个组成部分的题名前冠有分辑标识时,二者之间用冒号“ :”分隔。著录层次的多少,按测绘制图资料本身的组成情况决定,较低层次的著录隶属于较高层次的著录。

新版标准对多层次著录问题通过附录 A 进行了说明和结构描述。多层次著录格式如下:

正图名[一般文献类型标识] = 并列图名 : 其他图名信息 / 第一责任说明 ; 其他责任说明—版本说明 / 与本版有关的责任说明. -- 比例尺 ; 投影(图廓坐标;二分点和年份). -- 出版地 : 出版者, 出版年(印制地 : 印制者, 印制年). -- 数量和制图资料类型 : 其他形态细节; 尺寸 + 附件. -- 附注. -- 国际标准书号 : 获得方式或价格(限定说明)

子目:

第二层次分辑标识 : 第二层次正图名 = 并列图名 : 其他图名信息 / 第一责任说明 ; 其他责任说明—版本说明 / 与本版有关的责任说明. -- 比例尺 ; 投影(图廓坐标 ; 二分点和年份). -- 出版地 : 出版者, 出版年(印制地 : 印制者, 印制年). -- 数量和制图资料类型 : 其他形态细节 ; 尺寸 + 附件. -- 附注. -- 国际标准书号 : 获得方式或价格(限定说明)

第三层次分辑标识 : 第三层次正图名 = 并列图名 : 其他图名信息 / 第一责任说明 ; 其他责任说明—版本说明 / 与本版有关的责任说明. -- 比例尺 ; 投影(图廓坐标 ; 二分点和年份). -- 出版地 : 出版者, 出版年(印制地 : 印制者, 印制年). -- 数量和制图资料类型 : 其他形态细节 ; 尺寸 + 附件. -- 附注. -- 国际标准书号 : 获得方式或价格(限定说明)

示例1:

中国历史地图集[舆图] / 谭其骧主编. -- [比例不等]. -- 北京 : 地图出版社, 1982(上海 : 上海中华印刷厂). -- 8册 : 素图 ; 27×20cm. -- 精装

第一册 : 原始社会・夏・商・西周・春秋・战国时期. -- 46面地图, 17页索引. -- CNY 5.75

第二册 : 秦・西汉・东汉时期. -- 67面地图, 21页索引. -- CNY 6.25

示例2:

中国西部开发战略图解[舆图] / 陈述彭, 周成虎, 李宝林主编. -- 1:5000000. -- 北

京：中国地图出版社，2001．-- 5 幅：彩色；每幅 90×120cm + 说明书 1 册(16 页；26×18cm)．-- ISBN 7-5031-2605-1：CNY 80.00

中国西部初级生产力与环境人口负荷评估图．-- 1 幅

中国西部水资源保障图．-- 1 幅

中国西部生态景观区划图．-- 1 幅

中国西部自然环境垂直结构图．-- 1 幅

中国西部城镇化与经济发展评价图．-- 1 幅

第三章　图名与责任说明项著录

图名与责任说明项是所有文献著录的首要项目，是一个款目存在的根本基础，也是读者检索、选择文献的首要依据。图名与责任说明项包含图名、一般文献类型标识及责任说明等三部分内容。

图名与责任说明项因图名的复杂性，加之本项还包含其他图名信息和责任说明等内容，因此，该项的结构形式变化多端，不胜枚举。下列结构形式是常见的主要形式。

正图名［一般文献类型标识］

正图名［一般文献类型标识］／责任说明

正图名［一般文献类型标识］／第一责任说明 ；其他责任说明

正图名［一般文献类型标识］：其他图名信息／责任说明

正图名［一般文献类型标识］ = 并列图名／责任说明

正图名［一般文献类型标识］ = 并列图名 ：其他图名信息／责任说明

正图名［一般文献类型标识］：其他图名信息 = 并列图名 ：并列其他图名信息／责任说明

正图名［一般文献类型标识］／责任说明 = 并列图名／并列责任说明

无总图名制图资料的第一图名［一般文献类型标识］；第二图名／责任说明

无总图名制图资料的第一图名［一般文献类型标识］／责任说明．第二图名／责任说明

共同图名．分辑标识，分辑图名［一般文献类型标识］／责任说明

共同图名．分辑图名［一般文献类型标识］／责任说明

第一节　图名

一、概念

图名即测绘制图资料的名称，也即其他文献所谓的题名。根据图名的性质、位置等状况不同，可分为正图名、交替图名、并列图名、共同图名、分辑图名等。

正图名是测绘制图资料的主要题名，也即主要信息源所载图名。正图名包括交替图名，不含并列图名和其他图名信息。

交替图名是规定信息源中出现的测绘制图资料的另一个主要题名，常有“又名”、“原名”、“一名”、“或”等连接词与前一部分正图名连接。

并列图名是与正图名对应的其他语言/文字的图名。与汉字对应的、用汉语拼音拼写的图名不视为并列图名。丛编项中的正图名也可有并列图名。

共同图名是指一组相关测绘制图资料所共有的图名。共同图名用于表达一组测绘制图资料之间的关系，并与分辑图名一起成为识别测绘制图资料的主要标识。

分辑图名是一组测绘制图资料的各个组成部分的名称，即多卷、多册、多幅及丛编的分卷、

分册、分幅、分丛编的图名。在分散著录或分析著录测绘制图资料时，分辑图名独立作为正图名著录。

此外，也有无共同图名的测绘制图资料，我们将这种由多部分组成的、主要信息源出现多个图名而无共同图名的测绘制图资料称为“无总图名制图资料”。

二、正图名

GB/T 3792.6—2005《测绘制图资料著录规则》通过14项条款对正图名的信息源、图名内容及文字取舍各种正图名的处理等进行了规定。

第一，本标准规定：正图名是图名与责任者项的第一著录单元。即使主要信息源中责任说明、版本说明、丛编说明、出版事项或其他非题名信息位于正图名之前，正图名仍然是第一著录单元。也就是说，任何一个款目，首先著录的是正图名。这是不言而喻的，但为了标准的严肃性和系统性，这一前提也有必要明确。

第二，本标准规定了正图名的信息源：幅图以图廓内、外所题图名为准；地图集以图名页上所题为准；地图集无图名页时，可依据封面、书脊、版权页、序言、题跋、正文卷端、出版说明等处所题著录；折叠式幅图的图廓内、外不反映图名时，可根据折叠封面所题图名著录；其他信息源出现的有异于主要信息源的图名，可在附注项内注明。

事实上，图上题图名的地方很多，情况比较复杂，不胜枚举。因此，严格遵循本标准规定的正图名的信息源及其选取顺序的原则，对于规范统一著录测绘制图资料意义重大。

示例1：

原　题：折叠式幅图封面图名为：深圳市城区图
一面图廓内图名为：深圳市地图
另一面图廓内图名为：深圳中心城区图

著录为：深圳市城区图
附注项：有说明，有深圳市各区地图，深圳市与周边地区图等，附赠深圳市实用信息速查手册。

示例2：

原　题：题名中“枣庄市”与“图”之间空4个字位置
图廓右上角题“专业规划用图”

著录为：枣庄市图
附注项：此图为需进一步加工的底图，是专业规划用图。附枣庄市区简图。

示例3：

原　题：正面题名“湘潭市商业发展图”为手写，其下有6个图表：“社会商品零售总额”、“社会农副产品收购总值”、“国营商业、供销购销总值”、“主要农产品收购量”、“我市商业区划的设想”和“本世纪末机构、人员和零售额发展预测”。图表中大小标题为打字纸剪贴；第一至四图表数码为橡皮戳钤印，各色线条为手绘；第五图底图为墨印的湘潭市略图，加手工着色；第六图为剪贴的打字油印统计表。右上角钤有“湘潭市农业区划办公室图件资料”朱章。背面为湘潭市全境图，无图名，即为供进一步加工的底图。即《湘潭市商业发展图》是在底图背面绘制的，但地图部分面积不占多数。

据此，可以认为：利用底图背面空白处绘制的《湘潭市商业发展图》是作为测绘制图资料的主要内容，应按地图编目；6 个图表是“发展图”的进一步说明，可在附注项说明；主要内容及图名是用彩色铅笔和水彩笔绘制的，此图应著录为“彩绘本”。

著录为：湘潭市商业发展图

附注项：附 6 个图表：“社会商品零售总额”、“社会农副产品收购总值”、“国营商业、供销购销总值”、“主要农产品收购量”、“我市商业区划的设想”和“本世纪末机构、人员和零售额发展预测”。图表中大小标题为打字纸剪贴；第一至四图表数码为橡皮戳钤印，各色线条为手绘；第五图底图为墨印的湘潭市略图，加手工着色；第六图为剪贴的打字油印统计表，图名及线条为水彩笔绘制；第五图用彩色铅笔着色。

第三，在正图名著录中客观照录原则的体现。本标准规定：正图名原则上应按主要信息源上的文字转录，但大写不一定照录；图名中的标点、符号、数字、比例、外文字母等一律照录，书写时起语法标点作用的空格应予保留；凡图名前冠有责任者或出版发行者名称时，无论字体大小，均视为正图名的组成部分一并照录；凡图名前冠有“实测”、“新编”、“新撰”、“最新”、“袖珍”、“甲乙种”、“两用”、“修订”、“钦订”、“笺注”、“精密”、“详校”、“实用”等字样时，一律依原题著录。

本标准中对无法照录的图形或符号没有明确规定，对图名中出现方括号“[ ]”如何处理也无明确规定。对此，《中国文献编目规则（第二版）》在 6.1.1.2 中给予了补充，规定：“无法照录的符号或图形可用相应符号或文字代替，并置于方括号内；题名中如有方括号应著录为圆括号，以区别于编目员自拟或取自规定信息源以外的信息。”为了更充分体现照录原则，《中国文献编目规则（第二版）》还在 6.1.1.10 中规定了“规定信息源所载题名有误，应原样照录，同时在附注项说明”。

示例 1：

原　题：甘肃省、青海省、宁夏回族自治区公路里程地图册

著录为：甘肃省、青海省、宁夏回族自治区公路里程地图册

示例 2：

原　题：中国及其毗邻海域航空磁力 △T 异常图

著录为：中国及其毗邻海域航空磁力 △T 异常图

示例 3：

原　题：中国 1:100 万土地资源图

著录为：中国 1:100 万土地资源图

示例 4：

原　题：十万分之一台湾地图全集

著录为：十万分之一台湾地图全集

示例 5：

原　题：东方中华新地图

原　名：标准中华新地图

著录为：东方中华新地图，原名，标准中华新地图

示例6：
原　题:实测北京内外城地图
著录为:实测北京内外城地图
示例7：
原　题:新编贵州省公路里程地图册
著录为:新编贵州省公路里程地图册
示例8：
原　题:新撰朝鲜地舆全图
著录为:新撰朝鲜地舆全图
示例9：
原　题:最新实用中国地图册
著录为:最新实用中国地图册
示例10：
原　题:袖珍中华人民共和国分省新地图
著录为:袖珍中华人民共和国分省新地图
示例11：
原　题:表解说明中华析类分省图
著录为:表解说明中华析类分省图
示例12：
原　题:两用北京新地图
著录为:两用北京新地图
示例13：
原　题:精密世界大地图
著录为:精密世界大地图
示例14：
原　题:详校首善全图
著录为:详校首善全图
示例15：
原　题:实用广东省地图册
著录为:实用广东省地图册
示例16：
原　题:[嘉庆]大内总图
著录为:(嘉庆)大内总图
示例17：
原　题:罗珊公社地名图
著录为:[寻乌县]罗珊公社地名图

附注项:图名有误,应为“罗塘公社地名图”。

示例18：
原　题:西鹅、太阳村公社地名图

著录为：[柳州市]西鹅、太阳村公社地名图

第四，对多种文字的测绘制图资料的正图名的选取原则。本标准规定：图名用多种文字对照，正文使用一种文字时，应选取与正文文种相一致的图名为正图名；图名与正文均用多种文字对照时，一般可根据版式或顺序选取最突出的或第一个图名为正图名；其余图名作并列图名处理。

1986 年版的标准中对多种文字对照的测绘制图资料，规定正图名的选取要优先考虑汉语文字。由此可见，新版标准在正图名的选取上，更多地考虑了客观著录原则，也是书目国际化需要的一种体现。

示例 1：

原　题：图说城市文脉——广州古今地图集
ILLUSTRATING THE CITY'S OF CULTURAL CONTEXT-PAST AND CURRENT ATLAS OF GUANGZHOU

著录为：图说城市文脉——广州古今地图集[舆图] = Illustrating the City's of Cultural Context-Past and Current Atlas of Guangzhou

示例 2：

原　题：泰晤士世界历史地图集
The Times Atlas of World History

著录为：泰晤士世界历史地图集 = The Times Atlas of World History

第五，对交替图名的处理。本标准规定：交替图名依原题顺序著录，中间用“，又名，”连接，总体构成正图名。

有些古旧地图在其流传过程中出现过俗称或业界认可的习惯称谓，这些图名不属于交替图名，应在附注项中著录。

示例 1：

原　题：最新世界现势地图
又名，世界平方图

著录为：最新世界现势地图，又名，世界平方图

示例 2：

原　题：清乾隆内府舆图

著录为：清乾隆内府舆图，原名，皇舆全图，又名，乾隆十三排
附注项：北平故宫博物院据清内府藏乾隆二十五年(1760)铜版重印时改今名。内容与乾隆“皇舆全图”完全一致，仅增朱希祖、翁文灏的考订和序文。

第六，对无总图名制图资料的处理。本标准规定了三种不同情况的处理方法：责任者相同时，依次著录各作品图名，图名间用“ ; ”(空格、分号、空格)隔开；责任者不同时，将图名与对应的责任者归纳著录，第二个及其以后的图名前用“. ”(句点、空格)标识；无总图名制图资料由三个以上作品组成时，可只著录前三个作品的图名与责任者，其后用“ … ”(空格、省略号、空格)；或自拟一个可概括整部制图资料内容的图名著录，外加方括号“[ ]”。未著录的图名和责任者著录于附注项。

“无总图名制图资料”是 1986 年版标准的“集合图名”的替代名。新版标准不仅修改了名称，也调整了著录规定，即将作为无总图名测绘制图资料的作品数量从原来的两种提高到三

种,而且增加了三种以上用省略号“ … ”的处理方法。

实践中,一般不使用三种以上采用省略号的处理方法,因此,在《中国文献编目规则(第二版)》中没有这种处理方法。而且,考虑到无总图名的著录涉及责任者著录位置问题,《中国文献编目规则(第二版)》将此条款放在责任说明之后,专列一节。

测绘制图资料中还有一种无总图名的情况是:非合订的、内容上相互关联的多幅图,但各图图名不完整或不能独立,甚至都无图名。本标准中“无总图名制图资料”的定义是“有多部作品合订出版,主要信息源出现多个图名而无总图名的制图资料”,因此,严格考量,非合订的这种无总图名的情况被排除在外,图名的完整性和独立性也没有更细的表述。这就给图名著录的选择策略增加了自由度:可以仍然在此条款下处理,或增加应用部分自拟图名的规定,形成完整、独立的正图名;或按照本标准的 8. 1. 1. 14 款处理,即“著录无图名的制图资料时,可自拟简明并能概括其内容的图名,外用‘[ ]’括起”。

对于这种情况,《中国文献编目规则(第二版)》则将其作为“无总图名制图资料”的第二种情况进行处理,规定“由编目员自拟总题名作为正题名著录,各图题名在附注项以子目形式列出”。这样,这种无总图名制图资料的处理就具有了唯一性,更利于著录的统一一致,是本标准相关条款的进一步明确,或者说是一种补充和完善。

示例 1:

原　题:本图包括南昌、井冈山、景德镇旅游示意图,无总图名。

著录为:[江西省各地风景图]

示例 2:

原　题:4 幅非合订的地图:惠远城距额鲁特营图、特克额到苍玛河图、俄哈布号特口至第一排图、伊犁河一带马上测图,同一责任者,图幅大小不完全一致,有 3 幅图有图说。

著录方案 1:[额古特南北中三段迅速图]

子目:

1. 惠远城距额鲁特营图 ; 98 ×365cm + 附图说 1 张
2. 特克额到苍玛河图 ; 98 ×365cm + 附图说 1 张
3. 俄哈布号特口至第一排图 ; 98 ×365cm + 附图说 1 张
4. 伊犁河一带马上测图 ; 97 ×460cm

著录方案 2:惠远城距额鲁特营图 [舆图] ; 特克额到苍玛河图 ; 俄哈布号特口至第一排图 / (清) 刘宗关等绘制

另有《伊犁河一带马上测图》1 幅。3 幅图均各附图说 1 张。

著录方案 3:[额古特南北中三段迅速图]

此图系在马上速测所绘,较精细。地形用等高线表示。包括惠远城距额鲁特营图(98 ×365cm,附图说一张)、特克额到苍玛河图(98 ×365cm,附图说一张)、俄哈布号特口至第一排图(98 ×365cm,附图说一张)、伊犁河一带马上测图(97 ×460cm)。

示例 3:

原　题:共有 31 幅均据清会典馆颁布之图式绘制的奉天省各地舆图,无总图名。

著录为：[奉天省舆地图]

各图均据清会典馆颁布之图式绘制，省图画方与经纬网并存。厅、州、县图仅有画方。各图附说。为清末官绘地图的代表作。

子目：

奉天全省总图；义州舆地图；海城县舆地图；安东县舆地图；宁远州舆地图；盖平县舆地图；岫岩州舆地图；昌图府属三县全图；复州舆地图；兴京厅二属州县全图；昌图府舆地图；金州厅舆地图；兴京厅舆地图；康平县舆地图；铁岭县舆地图；怀仁县舆地图；奉化县舆地图；开原县舆地图；奉天府属九厅州县全图；通化县舆地图；怀德县舆地图；锦州府属四厅州县全图；承德京县会地图；海龙厅舆地图；凤凰厅属三州县全图；锦县舆地图；新民厅舆地图；凤凰厅舆地图；广宁县舆地图；辽阳州舆地图；宽甸县舆地图

第七，对有共同图名的测绘制图资料的处理。本标准规定：当正图名由共同图名与分辑标识和（或）分辑图名构成时，应先著录共同图名，再著录分辑标识和（或）分辑图名，分辑标识前用句点“. ”（句点、空格），分辑图名前用逗号“, ”（逗号、空格）；若只有分辑图名时，其前则用句点。同时，本标准还规定：分辑图名能与共同图名分开独立，正图名只取分辑图名，而将共同图名著录于丛编项。此条规定意味着将这类有共同图名的测绘制图资料按照丛编对待，且是分散或分析著录时的处理方法。

本标准对共同图名的这两项规定是1986年版没有的，是对原标准的补充完善。《中国文献编目规则（第二版）》在相应的条款中则将“分辑”改为“从属”，著录原则未变，但在6.1.1.7条中增加了有共同图名的另一种情况，即“一种测绘制图资料中有多个地图，且有共同题名，则著录总题名，各分题名可以子目形式著录在附注项”。实际上这是指在一张地图上出现的多幅地图的情况，对于多卷、多册、多幅及丛编而言，此条不适合。也正因为如此，《中国文献编目规则（第二版）》才将“分辑”改为“从属”，扩大了条款涵盖范围，也为处理这种测绘制图资料提出了明确规定。

示例1：

原　题：历代舆地沿革险要图

　　第四册

　　嬴秦郡县图

著录为：历代舆地沿革险要图. 第四册, 嬴秦郡县图 [舆图]

示例2：

原　题：世界历史地理教学图

　　第一辑

　　中古历史挂图

著录为：世界历史地理教学图. 第一辑, 中古历史挂图 [舆图]

示例3：

原　题：北京游览全图

　　北京皇城全图

　　内城一览图

外城一览图

4 幅图印刷于 4 张纸上

著录为:［北京游览地图］［舆图］

. -- 子目 : 北京游览全图 ; 北京皇城全图 ; 内城一览图 ; 外城一览图

第八,对于冗长图名的处理。本标准规定:图名冗长,著录时可作节略,但不能改变图名含义或造成语法错误,图名起首文字不得删节。节略部分由省略号“ ... ”(空格、省略号、空格)取代。

现代技术环境下的著录已不同于手工著录和卡片目录组织的编目条件,多长的图名理论上都能很方便处理和利用。因此,《中国文献编目规则(第二版)》取消了这一条款。对此情况的处理可根据编目机构的编目策略取舍。

示例 1:

原　题:浙江江海塘工统塘柴埽石塘篓坦盘头口头各工形势字号丈尺里堡地名全图

著录为:浙江江海塘...地名全图

示例 2:

原　题:宝汜永高甘五汛东西两岸河道闸坝涵洞砖石土埽及本年应修各工程段落长丈一切事宜全图

著录为:宝汜永高甘五汛东西两岸河道...一切事宜全图

第九,对于无图名测绘制图资料的处理。本标准规定:著录无总图名的制图资料时,可自拟简明并能概括其内容的图名,外用“［ ］”括起。自拟图名应采用与制图资料正文一致的语言文字。

实际上,测绘制图资料中也有一些图名表意不够完整的地图,如,规定信息源上可作为图名的仅仅是一个地名,从图名无法判断是哪类地图,在各种文献类型混合的书目数据库里更无法判别是否为地图,针对这种情况,最好能补充完善,补充部分按自拟图名处理。《中国文献编目规则(第二版)》的 6. 1. 1. 9 款对此补充了相关规定。

示例 1:

原　题:北京

著录为:北京［交通图］

示例 2:

原　题:北京东路商业网点示意图

著录为:［上海市黄浦区］北京东路商业网点示意图

三、并列图名

并列图名是与正图名对应的其他语言文字的图名。本标准规定:依次著录主要题名处对照正图名的并列图名,并列图名前用“ = ”(空格、等号、空格);并列图名原则上应按规定信息源上的文字转录,但大写不一定照录;与汉字对照的汉语拼音图名,不属并列图名,不予著录。主要图名页以外出现的对应正图名的其他文种图名(多见于翻译作品)应著录于附注项。

在有关并列图名的四项条款中,本标准界定了并列图名的范围,规定了并列图名的标识符、选取位置、著录顺序。在实际工作中,对于多个并列图名,不一定均著录在并列图名的位置，可选择第一个作为并列图名著录，其余的可在附注项中反映。在这个问题上，编目机构可根据自身情况确定处理策略。

示例 1：

原　题：中国旅行略图

Sketch Tourist Map of China

著录为：中国旅行略图 = Sketch Tourist Map of China

示例 2：

原　题：国际地图集

The International Atlas

Der International Atlas

著录为：国际地图集 = The International Atlas = Der International Atlas

示例 3：

原　题：Peking 1∶15000, Verkehrsplan

Pékin 1∶15000, transports publics

Beijing 1∶15000, public transport map

Pechino 1∶15000, trasporto pubblici

著录为：Peking 1∶15000, Verkehrsplan = Pékin 1∶15000, transports publics = Beijing 1∶15000, public transport map = Pechino 1∶15000, trasporto pubblici

第二节　其他图名信息

按照 GB/T 3792.6—2005《测绘制图资料著录规则》的定义，其他图名信息是“与正图名、并列图名、丛编图名相连，限定、解释、补充或说明这些相关图名的副图名及图名信息”。

本标准对其他图名信息有以下五条规定。

第一，其他图名信息著录于与其关联的正图名或并列图名之后，其前用“ ：”（空格、冒号、空格）标识；若有多个其他图名信息，其前均用“ ：”标识。

示例 1：

原　题：中国近代工业分布图

十九世纪六十年代—九十年代

著录为：中国近代工业分布图 ：十九世纪六十年代—九十年代

示例 2：

原　题：东北区

地形

著录为：东北区 ：地形

示例 3：

原　题：济南向导图

衣、食、住、行、游、娱乐服务指南

著录为：济南向导图 ：衣、食、住、行、游、娱乐服务指南示例 4：

原　题：北京地区震害图

1976 年 7 月 28 日

著录为：北京地区震害图 ：1976 年 7 月 28 日

示例 5：

原　题：近海水化学要素

溶解氧

夏

著录为：近海水化学要素 ：溶解氧 ：夏

第二，其他图名信息原则上应按信息源上的文字转录，但大写不一定照录。

示例 1：

原　题：渤海、黄海、东海海洋图集

Marine atlas of Bohai Sea，Yellow Sea，East China Sea

地质、地球物理

Geology and geophysics

著录为：渤海、黄海、东海海洋图集［舆图］：地质、地球物理 = Marine atlas of Bohai Sea，Yellow Sea，East China Sea ：Geology and geophysics

示例 2：

原　题：中国城市地图集　上下册

Atlas of Cities of China

著录为：中国城市地图集［舆图］ = Atlas of Cities of China ：上下册 / 邹时萌，苏则民主编 ；于德明等编辑

第三，综合说明制图资料的卷（册、幅）总数的信息应作为其他图名信息著录。

示例 1：

原　题：今古舆地图

著录为：今古舆地图［舆图］：三卷

示例 2：

原　题：上海市行号路图录（下册）

著录为：上海市行号路图录［舆图］：下册

示例 3：

原　题：全国城市交通及工商企业分布图

昆山幅

著录为：全国城市交通及工商企业分布图［舆图］：昆山幅

第四，正图名含义不清时，可根据被著录制图资料的内容自拟简括字句对正图名作必要的解释或说明，并用“［ ］”括起。

示例 1：

原　题：驾驶员必备交通图

著录为：驾驶员必备交通图［舆图］：［山东省］

示例2：
原　题：中学教师地图集
著录为：中学教师地图集［舆图］：［世界地图分册］

第五，若主要信息源中有多语种并列图名及其他图名信息，各个语种的其他图名信息应著录于相应语种的并列图名之后；只有一个语种的其他图名信息时，应将其著录于全部并列图名之后。

示例1：
原　题：俄国历史地图解说
　　　　一千一百年来俄国疆界的变动
　　　　An atlas of Russian history：Eleven centuries of changing borders
著录为：俄国历史地图解说［舆图］：一千一百年来俄国疆界的变动 = An atlas of Russian history：Eleven centuries of changing borders

示例2：
原　题：中国土地利用图
　　　　Land-use map of China
著录为：中国土地利用图［舆图］ = Land-use map of China：海南岛

第三节　一般文献类型标识

一般文献类型标识是用概括性术语说明文献所属的资料类型，以便在综合目录体系中分辨文献类型。若测绘制图资料的目录自成一体，也可不著录此单元。若使用本单元，GB/T 3792.6—2005《测绘制图资料著录规则》则规定用"测绘制图资料"，并总是著录于正图名之后，外用方括号"［ ］"。

本标准是参照1987年版的国际标准制订的，当时的文献类型远不及现在这样多样、复杂，因此，在考虑一般文献类型标识的著录方面还比较简单。在本标准颁布之时，即2005年，文献类型已是错综复杂，同时，伴随目录体系在现代技术环境下的统和趋势，文献类型的识别需求日显突出。2005年出版的《中国文献编目规则（第二版）》已考虑了电子资源等其他介质的测绘制图资料在一般文献类型标识的著录问题，规定：由纸质或其他非电子介质的测绘制图资料转换而成的电子资源，或著录对象本身就是电子资源，则著录为"［电子资源］"。该《规则》甚至考虑了纸质地图配光盘的状况下，文献类型的取舍问题。尽管如此，面对如今文献内容和载体类型的日益多样性和复杂性，以及开放获取环境下目录的交换需求，这些补充条款也显得无济于事。

ISBD评估组认为现在的文献类型的相关术语反映了文献的物理格式、资料类别、载体形式以及符号体系之间的混乱，因此，在《国际标准书目著录（2011年统一版）》新增了0项"内容形式和媒介类型项"以取代"一般文献类型标识"这个单元，通过内容形式和媒介类型的分离，更准确、充分地揭示文献类型，满足各方面需求。

《中国文献编目规则（第二版）》对测绘制图资料的文献标识推荐使用"地图"，主要考虑了本国的习惯和文字的简短问题，但国家图书馆在编制地图目录时，采用了传统的"舆图"这一名词。对此,编目机构可根据具体情况选取,或用更长远的眼光审视、定夺一般文献类型的标识著录问题。

第四节　责任说明

按照GB/T 3792. 6—2005《测绘制图资料著录规则》的定义,责任说明是“对制图资料的知识性或艺术性内容的创造或完成负有责任或作出贡献的个人或团体及其责任方式”;第一责任说明是“一图具有几个不同责任说明时,其列居首位的责任说明”;与本版有关的责任说明是“与被著录制图资料本版次(不含初版)工作相关的个人或团体及其责任方式,不是指与该图所有版次有关的个人或团体及其责任方式”。

本标准对责任说明的著录有以下几方面的规定:

第一,关于著录顺序和标识符。责任说明包括测绘制图资料的责任者名称及责任方式,除另有规定外,均依原题顺序著录。责任者前用“ / ”(空格、斜线、空格)标识,相同责任方式的责任者之间用“, ”(逗号、空格)分隔,不同责任方式之间用“ ; ”(空格、分号、空格)分隔。

本标准在1986年版10. 1. 5. 9中规定:“团体编制的地图著作,团体名称下若题有个人姓名时,一般以个人姓名著录。”2005年新版删除了这一规定,没有直接提及团体与个人责任者同时出现时的处理规定,实际上是要求无论团体还是个人责任者,均按照规定信息源上原题的顺序著录。

示例1:二十世纪中外大地图［舆图］/（清）周世棠,（清）孙海环编辑

示例2:世界形势一览图［舆图］/ 童世亨编制 ; 陈镐基修订

示例3:中国物理气候图集［舆图］/ 高国栋, 陆渝蓉主编 ; 南京大学气象系编辑

示例4:浙江省城市地图册［舆图］/ 浙江省测绘局综合测绘大队编 ; 盛秋［等］审校

示例5:中华人民共和国人口环境与可持续发展地图集［舆图］/ 中国科学院地理研究所, 中国社会学会人口与环境专业委员会, 中国环境监测总站主编 ; 刘岳, 万本太主编

第二,关于责任者。责任者作为正图名的组成部分,已在正图名项中反映,责任者项可以省去;相同责任方式的责任者在三个及三个以上者,只著录第一个,其后用“[...等]”字;责任者的学位、职位、头衔等,如果不是识别该责任者所必需,则均不著录;中国清代及其以前的责任者姓名前应加著朝代名称,并用“( )”括起;责任者系外籍人员时,除著录中译姓名外,若载明国籍,其前尚须著录国籍,若题有姓名原文,其后还应著出原文,国籍与姓名原文均用“( )”括起。

在计算机技术条件下,机读目录对责任者数量可以不加限制,因此,具体著录数量可由编目机构根据需要自行规定。

对僧人责任者,参照其他文献类型的著录方法,其法名照录,法名前冠“释”字并置于圆括号“( )”内。如果僧人是清代及其以前的人,则朝代著录在前,“释”著录在后,置于圆括号内。

标准对省略的责任者采取用“[...等]”形式表示。按照一般习惯,用“[等]”表示即可,《中国文献编目规则(第二版)》也是这样规定的。

示例1:

原　题:杨子器题跋的舆地图,图上无图名。

著录为:[杨子器跋舆地图][舆图]. -- 绘本

注:责任者只有杨子器可著录,但因已是正图名的组成部分,因此不再著录。

示例2:

原 题:《武汉历史地图集》编纂委员会编辑

著录为:武汉历史地图集[舆图] = The Historical Atlas of Wuhan /《武汉历史地图集》编纂委员会编辑

示例3:

原 题:《全国城市交通及工商企业分布图》编委会编

著录为:全国城市交通及工商企业分布图[舆图]:无锡市、江阴市 /《全国城市交通及工商企业分布图》编委会编

示例4:

原 题:曹婉如 郑锡煌 黄盛璋 钮仲勋 任金城 鞠德源编

著录为:中国古代地图集[舆图] = An Atlas of Ancient Maps in China / 曹婉如[等]编

示例5:

原 题:吴学俨 朱绍本 朱国达 朱国干编

著录为:地图综要[舆图]:三卷 / (明)吴学俨[等]编

示例6:

原 题:金擎宇 凌大厦 金竹安编

著录为:中华人民共和国分省地图[舆图] / 金擎宇[等]编

示例7:

原 题:经署将军户部侍郎岐元绘图

著录为:[奉天大围山开垦图][舆图] / (清)岐元绘图

示例8:

原 题:魏源著

著录为:海国图志 :六十卷[舆图] / (清)魏源著

示例9:

原 题:利玛窦(Matteo Ricei)绘制

著录为:坤舆万国全图[舆图] / (意)利玛窦(Matteo Ricei)绘制

第三,关于责任方式。由于形成测绘制图资料的环节很多,尤其是随着测量和绘制技术的发展变化,其责任方式也就更加多样,常见的有:编、主编、纂、编纂、著、编著、制、编制、绘、测绘、绘制、编绘、摹绘、制图、雕刻、辑、编辑、辑制、数据处理、译、编译、摄、拍摄、摄影、校、校订、修订、增订,等等。

本标准规定,不同责任方式的责任者,著录时,一般不宜超过四种;凡重绘、摹制、改编、修订、汇编的制图资料,首先著录原责任者,再著录重绘者、摹制者、改编者等;凡制图资料上同时题有主编者和编辑者时,只著录主编者;凡译著,首先著录原责任者,再著录译者;题词、献言、赞助、获奖等一类的说明原则上不视为责任说明,如认为必要,可著录于附注项。

如果规定信息源没有原著责任者,应以翻译者为第一责任者。有些译著是通过中间文字转译的,责任者只著录原著者和被著录对象的翻译者,其他中间文字的翻译者可在附注项说明。

示例1:

原　题:沈源,唐岱原绘

　　　　刘海东创意,刘春华等题识,隋其昌制作

著录为:(清)沈源,(清)唐岱原绘 ; 刘海东创意 ; 刘春华等题识 ; 隋其昌制作

示例2:

原　题:陈兆桐原绘　李节斋重绘

著录为:(清)陈兆桐原绘 ; 李节斋重绘

示例3:

原　题:欧阳续主编

著录为:欧阳续主编

示例4:

原　题:(美)鲁道夫马德利原著

　　　　詹宣国,丁会恒编译

　　　　张隆治,蒋兆龙绘图

著录为:(美)鲁道夫马德利原著 ; 詹宣国, 丁会恒编译 ; 张隆治, 蒋兆龙绘图

示例5:

原　题:地图出版社编制

　　　　内蒙古教育出版社翻译

著录为:地图出版社编制 ; 内蒙古教育出版社翻译

示例6

原　题:(法)宝脱勒依制

　　　　胡惟德译绘

著录为:(法)宝脱勒依制;(清)胡惟德译绘

第四,关于在有并列图名时责任说明项的位置。被著录制图资料带有并列图名,但责任者只使用与正图名一致的一种语言文字时,责任者著录于所有并列图名之后;带有并列图名,而责任者也使用相应的几种语言文字时,责任者应分别著录在文种相一致的图名之后。

示例1:山东省人口经济地图集[舆图] = Atlas of Population and Economy of Shandong Province / 周文昌,翟焕波主编

示例2:加拿大地图册[舆图] / 中国地图出版社编制 = Canada Atlas / Compiled by China Cartographic Publishing House

第五,关于无责任者。图中未载明责任者时,应尽量考证著录,考证责任者用“[ ]”括起;当责任者无从考证时,可不著录,但原题“佚名”者,仍须照录。

示例1:北京地图[舆图] / [中国地图出版社编]

示例2:山东省地图[舆图] / 佚名编

第六,其他。原题责任者属于使用别名、非全称、汉语拼音、夫姓、传说名称、误名或非规范译名者,除照录外,一般还应将考证所得名称著录于附注项;若被著录制图资料上载有关于附录、补编等的责任说明,可将其作为责任说明的一部分著录,亦可著录于附注项;丛编的单独作品作分散著录时,整套丛编的主编者不著录于此,应著录于丛编项。

本标准对规定信息源上标注的“本社编”等类似责任者没有明确著录规定,对信息源所载

责任说明有误的情况也无明确说明。但是,根据照录原则,这些情况均应照录。对责任说明有误的,除了照录外,还应在附注项说明情况。

示例1:

原　题:黄证孙

著录为:黄证孙

黄千人,浙江余姚人,字证孙。

示例2:

原　题:北京地图集

本社编

地质出版社出版

著录为:北京地图集[舆图]/本社编

该图集由地质出版社编。

第四章　版本项著录

版本项是描述测绘制图资料的版次、版本类型以及与版本有关的责任说明的著录项目。测绘制图资料的版本变化就标识着其内容的更新变化，因此，版本项是读者确认、选择测绘制图资料的重要因素。版本项包括版本说明和与版本有关的责任说明，常见的结构形式如下：

. -- 版本说明

. -- 版本说明 = 并列版本说明

. -- 版本说明 / 与本版有关的责任说明

. -- 版本说明 / 与本版有关的第一责任说明 ; 与本版有关的其他责任说明

. -- 版本说明，附加版本说明 / 与本版有关的第一责任说明 ; 与本版有关的其他责任说明

. -- 版本说明 / 与本版有关的责任说明，附加版本说明 / 责任说明

第一节　版本说明

随着社会的发展，测绘制图资料的版本表现形式越来越多样化，描述版本的不仅有用序数词表示的版次，如初版或第一版、再版或第二版、第三版等；也有按版本演进特征附加说明版次的文字，如修订本、增订本等；还有按照版本印制特点区分的版本类型，如刻本、绘本、石印本等；此外，用文字表示内容特征的版本说明性文字也日渐丰富，如通俗本、沿海版、综合版等。对于这些不同体系范畴定义的版本说明，本标准有以下著录规定。

第一，关于版次和标识符。初版或第一版不予著录，以后版次照录，但可省略“第”字，版次数一律使用阿拉伯数字，即“2 版”、“3 版”……其前用“. -- ”（句点、空格、短横、短横、空格）标识。

版本说明一般按规定信息源所载形式著录，但所涉及的数字（一般是版次），一般用阿拉伯数字著录。原题为“再版”者并非都是第二版之意，有些是某一版本的再版，因此，如原题为“再版”，则照录，具体情况可在附注项说明。

示例 1：（此处版本项无著录）

注：此为武汉市勘测设计研究院编著的《新编武汉实用地图册》，2006 年 6 月第 1 版。

示例 2：. -- 7 版

注：此为西安地图出版社编著的《中国分省公路地图册》，2005 年 1 月第 7 版。

示例 3：. -- 3 版

注：此为 1926 年苏甲荣编《新制中华教课地图》第 3 版。

示例 4：. -- 6 版

注：此为民国十五年九月上海商务印书馆编制的《湖北省明细全图》第 6 版。

示例 5：. -- 再版

注：此为 1937 年上海亚东图书馆申报馆《中国分省新图》第 3 版之再版。

第二,关于版次的附加说明。图上载有版次,又载有补充解释版次的附加版本说明,这类说明应著录于版次之后,其前用“, ”(逗号、空格)分隔。

本标准对表示内容特征的说明性文字规定为:“表示被著录制图资料内容特征的通俗本、节(译)本、校点本、初级本、甲种本、乙种本、工商版、工交版、沿海版、综合版等说明性文字,均视为版本说明,著录于版本项。”

但这些文字常常是题名的组成部分,因此,《中国文献编目规则(第二版)》认为,如果这类说明文字仍在版本项中著录,一是与题名与责任者项存在很大重复性,二是版本说明过于繁杂,不利识别。该规则在第六章测绘制图资料的6.2.1.3条款中规定:“版本说明属于题名或其他著录项目的组成部分,并按有关规定著录后,本项不再重复著录。如通俗本、点校本、工商本、沿海本、初级本、海外版、世纪版等与题名相关、反映内容特征的版本说明文字应视为其他题名信息,著录在题名与责任者项。若版权页/版权栏有明确的版权说明,应在此著录。”

对两个标准的矛盾之处,各编目单位可根据藏品实际情况和自身需求确定取舍。

示例1:

原　题:湖北省明细全图

　　　　第4版, 修订本

著录为:湖北省明细全图 [舆图]. -- 4版, 修订本

示例2:

原　题:修订浙江全省舆图并水陆道里记

　　　　石印本

著录为:修订浙江全省舆图并水陆道里记 [舆图]. -- 石印本, 修订本

示例3:

原　题:详校首善全图

　　　　宣统年改良五彩铜版

著录为:详校首善全图. -- 刻本, 宣统年改良五彩铜版

示例4:

原　题:最新世界大地图

　　　　乙种版

著录为:最新世界大地图 [舆图]. -- 乙种版

示例5:

原　题:无锡工商交通经纬图

　　　　工交版

著录为:无锡工商交通经纬图 [舆图] : 工交版

第三,关于版本类别。除铅印或胶印本外,其他制版类型(如石印本、油印本、晒蓝本、绢绘本、绘本、刻本、拓印本、影印本、静电本、照相本等)无论图中载明与否,均应如实著录。

测绘制图资料在规定信息源常常没有明确的版本类别,这需要根据规定信息源的相关信息判别后,再按规范术语如实著录版本说明。

示例1:. -- 石印本

　　注:此为《皇朝直省地舆全图》的版本说明。

示例2:. -- 油印本

注:此为《山东省昌潍地区水文图》的版本说明。

示例3:. -- 晒印本

注:此为《黄州市总体规划图册》的版本说明。

示例4:. -- 静电复印本

注:此为《伊犁府图》的版本说明,是据清光绪年间墨绘本图复制。

示例5:. -- 复制本

注:本图根据民国三十六年四月《北平市城郊地图》复制。

示例6:. -- 拓印本

注:此图据宋代碑刻《平江图》拓印。

示例7:. -- 摄影本

注:民国年间据馆藏清内阁大库绢底彩绘本《直隶全省道里总图》摄制。

示例8:. -- 绘本

注:此为[长江名胜图]的版本说明。

示例9:. -- 刻本

注:本图册系据清会典馆颁发之图式编绘的“奉天省舆地图”缩绘本,集图表图说于一书。

示例10:鲁国之图 / 孙笑堃摹绘. -- 绘本

注:此为孙笑堃摹绘《鲁国之图》的版本说明。

示例11:鄂省州县驿传全图. -- 刻本,朱墨套印

注:此为《鄂省州县驿传全图》朱墨套印本的版本说明。

示例12:清乾隆内府舆图. -- 铜版重印本

注:此为铜版重印本《清乾隆内府舆图》的版本说明。

第四,关于一图多类型。一图包括多种制版类型时,可选其中主要的两种著录。

这种情况多出现在刻本、影印本等有缺失部分,用其他制版形式补配缺失部分,也有一些无总图名测绘制图资料本身就存在不同制版类型。对于超过两种的版本类型,第三个及其以后者,可在附注项说明。

示例1:. -- 刻印与抄本

示例2:. -- 影印本与晒印本

同样,若规定信息源的版本说明有误,应如实著录,并在附注项说明。

第二节 并列版本说明及与本版有关的责任说明

并列版本说明,即用其他语言或文字描述的版本说明。本标准规定:并列版本说明著录于版本说明之后,其前冠以空格、等号、空格“ = ”。

对于翻译测绘制图资料,规定信息源上所载该资料原版的版本说明不著录在此,而应该在附注项说明。

示例:. -- 2 版 = 2nd ed.

按照本标准的术语和定义,与本版有关的责任说明是指“与被著录制图资料本版次(不含初版)工作相关的个人或团体及其责任者方式,不是指与该图所有版次相关的个人或团体及

其责任方式。”

与本版有关的责任说明著录于版本说明或并列版本说明之后,其前用“ / ”(空格、斜线、空格)标识。本标准规定,其著录原则和标识符均按照 8.1.5 责任说明的条款执行。

示例 1:. -- 缩印本 / 苏州市城建局缩绘

示例 2:. -- 增订本 / 曾世英, 方俊增订

示例 3:. -- 3 版, 增订本 / 邹新垓增订

示例 4:. -- 石印本,修订本 / 徐则恂修订

第五章　数学数据项

数学数据项是测绘制图资料的特有著录项目，包括比例、投影、图廓坐标、二分点和年份等相关数据。本标准的1986年版称为"数学基础项"，《中国文献编目规则（第二版）》称为"制图数学数据项"，相关的著录单元名称也各有不同，如比例，也有称"比例尺"、"地图比例尺"的。无论名称如何变化，其核心内容是一致的。

数学数据项是揭示测绘制图资料的关键指标，是读者查询和选择测绘制图资料非常重要的因素，尤其是比例。

数学数据项常见的结构形式如下：

. -- 比例

. -- 比例 ；投影

. -- 比例 ；投影（图廓坐标）

. -- 比例（图廓坐标）

. -- 比例（图廓坐标 ；二分点和年份）

. -- 比例 ；投影（图廓坐标 ；二分点和年份）

第一节　比例

本标准对比例的定义是："制图资料上的距离与它们所代表的实际距离之比。"比例赋予了测绘制图资料可度量的性质，为其使用者提供了明确的空间尺度概念，同时，也间接反映了测绘制图资料的精度和详细程度。因此，标准规定"不得省略。即使正图名中已含比例，亦要重录于此。"

比例在测绘制图资料上通常有三种表示方法：一种是文字式，直接用文字说明，如"一百万分之一"、"一厘米代表一公里"、"五里方"等；一种是数字式，即分数式，如"1/1000000"、"1:1000000"；第三种是线段式，又称直线比例尺，可以直接用直线比例尺上线段的长度在测绘制图资料上进行量算。

本标准对比例著录有以下规定：

第一，关于著录形式。应尽量采用分数式比例著录；若图上仅提供线段式比例，应推算成分数式比例，并将其著录于"[ ]"内；中国古地图资料用计里画方的方法表示比例时，一律照录；经过考证所得的比例，亦著录在"[ ]"中。

示例1：山东五万分一胶济、津浦两路地形图 [舆图] / 山东省陆地测量局制

. -- 1:50000

示例2：秦皇岛市北戴河区五千分之一地形图 [舆图] / 河北省城市建设局编制

. -- 1:5000

示例3：. -- 1:2560000

注:《山西省全图》上比例形式为文字、线段和分数式相结合,如图

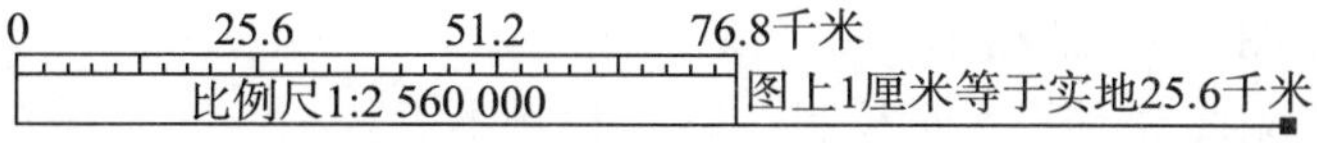

示例4:. -- [1:100000]

注:原题1厘米代表1公里或1厘米=1公里。

示例5:山东全图[舆图]/(清)叶圭缓制. -- 五里方

示例6:禹迹图[舆图]. -- 百里方

示例7:. -- [1:100000]

注:此比例为考证所得。

示例8:. -- 1:6000000

示例9:. -- 每方一百里

示例10:. -- 十里方

第二,关于多个比例。一种制图资料采用两种比例时,应照录,之间用" ; "(空格、分号、空格)隔开。

本标准没有规定两个以上比例的著录方法。事实上,地图集或成套的多幅地图常有多个不同比例尺,甚至在一张地图上,也会有几幅比例不等的地图。据此,《中国文献编目规则(第二版)》在6.3.1.5条款中规定:两个以上的比例尺,著录最大和最小的,大者在前,小者在后,其间用" - "(空格、连字符、空格)连接;如果无法或不必要判断比例尺大小,则可著录为"比例尺不等"、"画方计里不等",并置于方括号"[ ]"内。对于一张多幅比例不等的地图,一般选择著录主图的比例尺,其他分图或附图的比例尺可在附注项说明。

示例1:. -- 1:50000 ; 1:100000

注:一种多幅地图,其上有两个比例尺。

示例2:. -- 1:750000-1:2000000

注:一种地图集,其上有多个比例尺。

示例3:. -- [比例尺不等]

注:一种地图集,其上比例尺太大,一时无法辨别大小。

示例4:. -- [画方计里不等]

注:一套画方计里地图,各自比例不同。

示例5:. -- 1:100000

注:一张有两个附图的地图,附图的比例没有太大的检索和选择意义,只著录主图的比例尺。

第三,关于比例的种类和部位。若比例仅与图中特定部位相关时,应予以说明;地形模型、断面图等除具有水平比例外,还具有垂直比例,著录时一律首先著录水平比例,再著录垂直比例,之间用", "(逗号、空格)隔开;星空图的比例,以毫米度形成的角比例表示。

示例1:. -- 赤道比例1:3982200

示例2:. -- 1:744080,垂直比例1:96000

第四,其他。凡制图资料上未注比例,或比例不等时,应著"未注比例"或"比例不等"字样,并置于方括号"[ ]"内。

对于画方但不计里的地图,应具体著录为"[画方不计里]"。

对于难以准确换算的线段比例尺,为了如实反映图上有比例尺的事实,可著录为"有比例尺",并置于方括号"[ ]"内。

同样，根据照录原则，规定信息源的比例尺明显有误的，应照录，同时在附注项说明。

示例 1：山东省黄河全图．— 清绘本．—［未注比例］

示例 2：参谋旅行记事附图 / 陆军大学校制．—［比例不等］

示例 3：．— 1：100000

注：附注项中说明：该图比例尺应为 1：1000000。

第二节　投影、图廓坐标、二分点和年份

一、投影

本标准在术语和定义中对投影的定义是："运用数学原理，将弧形的球体表面相应地转换到平面上的一种方法。"投影在地图上最直观的体现是经、纬线转换到平面上的状况。但是，至今为止，地图投影种类很多，有些地图还不止有一种投影，地图集或成套的地图，采用的投影方法可能更多，如果测绘制图资料上没有载明是哪种投影，仅靠编目人员识别，除了单一的、特点突出的投影方法外，很难准确判断。

因此，本标准对投影的著录只规定了一条："图上载明投影法时，应予著录，其前用'；'标识。一些辅助说明投影法的文字，如经纬网、军事坐标网等，实属必要时，可加著于后。"当然，如果专业水平高，或有考证依据，可按照考证结果著录，并置于方括号"[ ]"内。

为了提高更加准确的信息，除投影种类的说明外，规定信息源有时会有相关辅助说明性文字，对此，也应该紧随投影后面照录，并用"，"（逗号、空格）标识。

示例 1：．— 1：500000；双标准纬线等角圆锥投影

示例 2：．— 1：2500000；正轴等角圆锥投影

示例 3：．— 1：7500000；亚尔勃斯投影

示例 4：．— 1：1000000；等角正割圆锥投影

注：此为《陕甘宁青地图》的投影。

示例 5：；摩尔维特等积投影

注：此为《坤舆万国全图》的投影。

示例 6：；梯形投影

注：此为《清代一统地图》的投影。

示例 7：；墨卡托投影

注：此为《中国沿海主要港口图集》的投影。

示例 8：；正轴双标准纬线等角圆锥投影

注：此为《贵州国土资源地图集》的投影。

示例 9：．—［1：4000000］；等积圆锥投影

示例 10：；圆柱投影，以通过北京的子午线为中经线

示例 11：．— 1：6000000；正轴双标准纬线等角圆锥投影，标准纬线 N25°、N47°

示例 12：；等角割圆锥投影

注：此为《内蒙古自治区水文地质图》上所载投影，但文字有误，在附注项著录："应为等角割圆锥投影。"

二、图廓坐标

本标准对图廓的定义是："制图区域四周所加的范围线。不仅是艺术装饰，更主要是为了注明经纬度或坐标数值，以便在制图资料上决定点的地理位置。一般分为外廓、分廓（经纬廓）和内廓。除图形外，图廓内外通常还载有图例、比例尺、投影法、补充性质的剖面图，以及图名、责任者、出版事项等，亦被视为主要信息源。"可见图廓的绘制和使用在测绘制图资料中的重要作用。

数学数据项中的图廓坐标单元的著录是为了明确测绘制图资料的最大区域限度，以利使用者初步了解资料的空间范围。

本标准规定：图廓坐标著录于"（ ）"中；以经度表示图最西边到最东边的限度，以纬度表示图最北边到最南边的限度；对于星空图来说，将东西赤经范围和南北赤纬范围作为坐标著录。

标准还规定了经纬度的具体著录方法：经纬度以六十进制体系（周圈 360 度）的度（°）、分（′）、秒（″）来表示。著录时在度、分、秒前加上代表北（N）、南（S）、东（E）、西（W）的英文大写字母。两组经纬度彼此用斜线符号" / "（空格、斜线、空格）隔开。每边的经度或纬度与其相对应边的经度或纬度用起讫符" - "（空格、短横、空格）隔开。

标准规定的赤经纬的具体著录方法是：赤经用"RA"表示，其后以 24 小时时钟的时（hr）、分（min）、秒（sec）标识。赤纬用"Decl"表示，其后以六十进制体系（周圈 360 度）的度（°）、分（′）、秒（″）标记。北天球用正号（+），南天球用负号（-）；赤经之间或赤纬之间用"to"相连；赤经与赤纬之间用" / "（空格、斜线、空格）隔开。

对于赤经纬之间用"to"连接的规定，在中文测绘制图资料编目中使用显得有点别扭。因此，为了保持与经纬度范围著录一致，同时也符合通用法则，建议仍使用起讫符。

另外，中国古代地图中很多没有标注经纬度，本标准没有对这种情况规定著录方法。为了给使用者提供图幅的初步空间概念，建议使用四至或地名来代替。

示例 1：（E79° - E86° / N20° - N12°）

示例 2：（W74°50′ - W74°40′ / N45°05′ - N45°00′）

示例 3：（El5°00′00″ - E17°30′45″ / N1°30′12″ - S2°30′35″）

示例 4：（RA 16hr. 30min. to 19hr. 30min / Decl. -16°to 49°）

示例 5：（RA 2hr / Decl. +30°）

示例 6：. — 1：25000000（W65° - W130° / N20° -N50°）

三、二分点和年份

二分点即春分、秋分的时间点，是黄道和天赤道相交的两个点，一个在每年的 3 月 21 日左右，这个交点就是春分；另一个在每年的 9 月 22 日左右，这个交点称为秋分。对二分点和年份进行描述，主要是为了反映星空图的空间状况。

本标准规定：二分点和年份著录在图廓坐标之后，之间用" ; "（空格、分号、空格）隔开，外用圆括号"（ ）"括起。二分点（eq.）应著录在年份（epoch）之前。

示例 1：（RA 2hr. 00min. to 2hr. 30min. / Decl. -30° to 45° ; eq. 1950）

示例 2：（RA 16hr. 30min. to 19hr. 30min. / Decl. 16° to 49° ; eq. 1950 ; epoch1948）

第六章　出版发行项著录

出版发行项是反映测绘制图资料出版或制作的时间、地点及责任者情况的项目，有必要，还可记录发行、印制情况。这些信息也是用户检索、选择文献的要素之一。出版发行项包括出版发行地、出版发行者、出版发行日期、印制地、印制者以及印制日期。

出版发行项常见结构形式如下：

. -- 出版地 : 出版者, 出版年

. -- 出版地 ; 出版地 : 出版者, 出版年

. -- 出版地 : 出版者 : 出版者, 出版年

. -- 出版地 : 出版者 ; 出版地 : 出版者, 出版年

. -- 发行地 : 发行者[发行者职能说明], 发行年

. -- 出版地 : 出版者, 出版年(印制地 : 印制者, 印制年)

第一节　出版发行地

出版地是指规定信息源所载出版者所在的城市名称，其后不著录“市”字。本标准规定：出版地一般以出版者所在城镇名称著录，前置“. --”（句点、空格、短横、短横、空格）。如图上只提供非城镇政区名称时，亦可将其作为出版地著录；如有识别需要，可将国名、省(州)名等限定词加注于出版地之后，如限定词取自规定信息源时，可用“( )”(圆括号)括起，如取自其他信息源时，则用“[ ]”(方括号)括起；原题出版地为旧称，除照录外，还应在其后加著现称，并用“[ ]”(方括号)括起。

标准中所言“如有识别需要”，是指那些鲜为人知或重名的城镇名称。

示例1:. -- 广州 : 广东省测绘局, 1981

示例2:. -- 奉天[沈阳] : 奉天民政司疆理科

对多个出版地的著录，本标准规定：信息源中一家出版社有两个出版地时，应一并著录，中间用“ ; ”(空格、分号、空格)隔开；有三个及三个以上出版地时，只选择最突出或排列最前的出版地著录，余者用“[等]”字取代；一种制图资料由多家出版社出版，出版地相同时，应将出版地著录在所有出版者之前；出版地不同时，应将出版地著录在相应的出版者之前，出版者前用“ : ”(空格、冒号、空格)标识，而各组出版事项之间用“ ; ”(空格、分号、空格)隔开。

示例1:. -- 北京 ; 上海 : 中华地图学社

示例2:. -- 北京 : 中国地图出版社 ; 上海 : 中华地图学社

对出版地与发行地关系的处理，本标准规定：无出版地而有发行事项时，应著录发行地；既无出版地，又无发行地时，应考证著录，将考证所得出版地置于“[ ]”(方括号)中；如考证存疑，可在存疑地名后加“?”，一并著录于“[ ]”中；出版地无从考证时，则著录“[出版地不详]”。

本条款的规定，还有一层隐含的意思，那就是，如果规定信息源同时载有出版地和发行地，

只著录出版地,不著录发行地。

示例1:. -- [北京?] ;

示例2:. -- [出版地不详] ;

对出版者名称中含出版地名称的情况,本标准规定:出版地单元仍需著录。对影印本、复制本制图资料,本标准规定:应著录影印或复制出版地(出版者、出版年),原出版地(出版者、出版年)著录于附注项。

示例1:. -- 北京 : 北京出版社

示例2:. -- 东兰县 : 东兰县人民政府地名办公室

注:此为《广西壮族自治区东兰县地图册》。

示例3:. -- 影印本. -- 北平 : 禹贡学会, 1936

附注项:禹贡学会据明万历三十年(1602)张文焘过纸木刻本影印。

示例4:. -- 北京 : 中国地图出版社, 2008

附注项:本图根据民国十年十二月《新北京内外城全图》复制。

本标准没有涉及多文种出版发行地的著录问题,理论上会有这种情况出现。《中国文献编目规则(第二版)》在6.4.1.7中规定:"规定信息源所载出版地或发行地有多种文字,应著录与正题名文种相同的出版地或发行地。若这一规定不适用,则按规定信息源所载版式或顺序著录最显著或第一个出版地或发行地。"

同样,按照照录原则,若规定信息源所载出版地或发行地有误时,应原样照录,同时在附注项说明。

第二节 出版发行者

出版发行者是指出版或发行的责任人。此著录单元前用" : "(空格、冒号、空格)标识。本标准规定:一般只著录出版机构,与出版机构同时出现的代理人不予著录;除国内外知名而又易于识别的出版机构可简称著录外,其他均以全称著录,表示其职能的"出版"等字样可以省略;出版者即责任者时,可用责任方式加"者"字替代著录。

有的测绘制图资料在规定信息源所载出版者即为"编绘者"等类似字样,无论按照著录原则,还是本标准的"出版者即责任者时,可用责任方式加'者'字替代著录"规定,都应该著录为"编绘者"等类似字样,而不是重复责任者。这样著录的结果是,从出版者角度检索的测绘制图资料就不能查全。在机读目录的条件下,建议出版者仍按全称著录,《中国文献编目规则(第二版)》在6.4.2.6条中也是这样规定。

示例1:

原 题:成都市旅游交通图

成都地图出版社编制,编者出版

著录为:成都市旅游交通图 / 成都地图出版社编制. -- 成都 : 编制者, 1990.6

示例2:

原 题:中国近代工业分布图

地图出版社编制

地图出版社出版

著录为:中国近代工业分布图［舆图］：十九世纪六十—九十年代 / 地图出版社编制. — 北京 : 编制者

对多个出版者,本标准规定:同时载有两个出版者时,应依次著录,并重复使用相同的标识符;载有三个及三个以上出版者时,只著录最突出或排列于前的出版者,后加"[等]"字。

按照出版发行地著录单元的相关规定,对于两个出版发行地的两个出版发行者,应著录在各自出版地或发行地之后,如果两个出版者或发行者的所在地相同,则只在第一个出版者前著录出版地,两个出版者或发行者前均用" : "(空格、冒号、空格)标识。对于未在出版发行项著录的出版者,可视情况在附注项说明。

示例1:. — 北京 : 中国地图出版社[等]

示例2:. — 北京 ; 上海 : 中华地图学社

示例3:. — 北京 : 中国地图出版社 ; 上海 : 中华地图学社

对无出版者的处理,本标准规定:图上未载明出版者时,可用发行者或经销者替代,但应在其后注明"[发行]"、"[经销]"字样;出版发行者不明,又无从考证时,以"[出版者不详]"字样著录。

这个规定同样表明,若规定信息源既有出版者,也有发行者,仍然只著录出版者,而不著录发行者。

示例1:. — 迁安县 : 河北省迁安县地名办公室[发行], 1984. 10

示例2:. — [出版者不详]

与出版发行地一样,本标准也没有涉及多文种出版者或发行者的著录问题。《中国文献编目规则(第二版)》在6. 4. 2. 3中规定:"出版者或发行者有多种文字,应著录与正题名文种相同者。若这一规定不适用,应根据规定信息源所载版式或顺序著录最显著或第一个出版者或发行者。"

《中国文献编目规则(第二版)》还在6. 4. 2. 7中规定:"刻印和拓印测绘制图资料的刻版者和刻石者可视为出版者著录。"

同样,按照照录原则,若规定信息源所载出版者或发行者有误时,应原样照录,同时在附注项说明。

示例1:. — 镇江 : 俞篪, 宋绍兴十二年[1142]

注:此为拓本《禹迹图》的出版项。

示例2:. — 山西 : 李宝甫, 清乾隆五十九年[1794]

注:此为拓本《晋省舆地全图》的出版项。

示例3:. — 贾铉, 清康熙三十九年[1700]

注:此为拓本《太白全图》的出版项。

第三节　出版发行年

出版年或发行年著录于出版发行者单元之后,其前用", "(逗号、空格)标识。出版年是著录出版或制作(包括绘制、印刷)的日期。没有出版年的情况下,可著录发行年。年代有年号纪年和公元纪年之别,本标准规定:一般以公元纪年著录,"年"可省略;公元纪年一律使用阿拉伯数字;原题为非公元纪年者,照录,但需在其后加著公元纪年,外用“[ ]”(方括号)括起。

中国年号前应加中国朝代名简称,如“清”、“明”。中国周边国家如日本、朝鲜等年号前应加国别名。可参见万国鼎《中国历史纪年表》和郑鹤声《近世中西史日对照表》。

如果需要将日期具体到月,在年和月之中用“. ”(句点、空格)分隔。

示例1:. -- 北京 : 中国地图出版社, 1995

示例2:. -- 明崇祯十六年[1643]

示例3:. -- 清光绪三十年[1904]

示例4:. -- 民国十八年[1929]

示例5:. -- 东京 : 东亚公司, 日本明治三十九年五月[1906. 5]

示例6:. -- 成都 : 成都地图出版社, 2000. 1

对于连续出版的测绘制图资料,本标准规定:凡卷(册、幅)已出版齐全,须著录出版起讫年,中间用“ - ”(空格、短横、空格)衔接;若卷(册、幅)尚未出版齐全,一般著录整部文献中最先出版的卷(册、幅)的出版年,后跟“ - ”,并留出适当空格,待著最终出版年。

示例1:. -- 天津 : 中国航海出版社, 1986. 6 -

示例2:. -- 成都 : 成都地图出版社, 2000 -2008

对于无出版发行年者,本标准规定:无出版发行年时,可著录版权年、序言年等,但需将说明年份性质的文字著录于前(版权年可用“c”表示);既无出版发行年,又无版权年、序言年等,应考证著录,可以确定者,著录于“[ ]”(方括号)之中,难于确定者,可取一大致年代,后加问号“?”,一并著录于“[ ]”中;绘本制图资料以成图年代作为出版年著录。

《中国文献编目规则(第二版)》还在6.4.3.6条中补充了对拓本地图和刻印地图出版年的著录规定:“拓本地图以刻石年代为出版年著录。刻印地图以刻版年代为出版年。”

示例1:, 版权年1971(c1971)

示例2:, [1936]

示例3:, [1981?]

示例4:, [192 -?]

示例5:拓本. -- 宋绍定二年[1229]刻石

本标准规定:原题出版年有误,亦照录,但应将正确年代加著于后,并用“[ ]”括起。

对此条规定,《中国文献编目规则(第二版)》在6.4.3.7条中提出了不同规定:“规定信息源所载出版年或发行年有误,依原样照录,并在附注项说明正确出版年。”这样处理更符合标准的总体原则,也可避免与推测年代等混淆。因此,建议采取《中国文献编目规则(第二版)》的处理规定。

示例:. -- 北京 : 中国出版社, 2008. 11

附注项:出版项有误,应该是2009. 11出版。

第四节　印制地、印制者、印制年

印制地、印制者、印制年等印制事项一般情况下不需著录,本标准规定:图上未题载出版发行事项或出版发行事项不全时,可在与出版发行事项相对应的位置上著录印制地、印制者及印制年,并使用对应的标识符,外用“( )”(圆括号)括起;出版发行事项齐全,又另有印制事项,如属必要,可将印制事项著录于出版发行年之后,外用“( )”括起。

示例1:. -- 太原 : 山西人民出版社(1958 印)

示例2:. -- 北京 : 地图出版社, 1980(西安 : 陕西人民印刷厂印刷, 1981)

《中国文献编目规则(第二版)》在 6.4.4.3 条对拓本地图的印制时间进行了补充规定:“拓本地图的拓印时间可作为印制日期著录。”建议采纳。

示例:. -- 苏州 : 苏州市地名委员会, 1982.4

注:此为苏州市地名委员会拓印宋绍定二年[1229]刻石的《平江图》的著录。

第七章　载体形态项著录

载体形态项是反映测绘制图资料载体物质形态特征的项目，可提供有关测绘制图资料的数量、物质形态与制作特点。载体形态项的信息源为包括附件在内的整部制图资料，包括测绘制图资料数量及特定文献类型标识、其他形态特征细节、尺寸大小以及附属于资料主体的附件等信息。载体形态项有四个著录单元：数量和制图资料类型标识、其他形态细节、尺寸、附件。

载体形态项的常见结构形式如下：

. -- 数量和制图资料类型标识 ; 尺寸

. -- 数量和制图资料类型标识 : 其他形态细节 ; 尺寸

. -- 数量和制图资料类型标识 ; 尺寸或开本 + 附件

. -- 数量和制图资料类型标识 : 其他形态细节 ; 尺寸 + 附件

第一节　数量和制图资料类型标识与其他形态细节

一、数量和制图资料类型标识

数量和制图资料类型标识记录测绘制图资料的数量和数量单位及相关标识，如图幅数、页码、卷（册）数等内容。本标准规定：资料的数量用阿拉伯数字著录，其单位应视制图资料类型而定。

制图资料类型包括幅图（含单幅图和多幅图）、图集（含装订成册的图集和活页图集）以及地球仪、天球仪、模型等多种物理形态。

本标准对不同物理形态的测绘制图资料的数量和制图资料类型标识规定如下：

第一，关于幅图。幅图按实际幅数著录；一幅分切数张者，加著分切张数。

以单张形式存在的测绘制图资料就是幅图。如果一张纸上印制的是一个独立、完整的图幅，或一张纸上印制的是一幅主图带几幅幅图，则应以“幅”为单位著录；如果一张纸上印制多个不分主次的独立图幅，则应以“张”为单位著录，并可依据测绘制图资料国际标准书目著录[ISBD(CM)]，在需要的时候，将图幅数著录在“张”之后；如果是多张纸上印制拼接成一个完整图幅的，则在“幅”之后加著分切张数。

示例1：. -- 1幅

示例2：. -- 5幅

示例3：. -- 1张2幅

示例4：. -- 2张8幅

示例5：. -- 1幅分切2张

示例6：. -- 3幅各分切4张

示例7：. -- 5幅共分切18张

第二，关于图集。图集有单本（册）图集、多卷（册）图集、活页图集等形式，本标准对不同形式分别进行了著录规定。

单本图集是指以单本形式存在的测绘制图资料，著录用数量单位为“页”。本标准规定：单本图集按图集最后标记页码著录。正文与正文前后其他材料的页数各自编码时，凡正文前后材料的内容不甚重要，或页数甚少者，可略而不著；反之，则分段依次著录，之间用“，”（逗号、空格）分隔；图集的页数只标注在单面上时，应著录版面数。

版面数的数量单位为“面”或“叶”，“叶”主要用于古代地图中。

示例 1：. -- 107 页

示例 2：. -- 8，154，54 页

示例 3：. -- 205 页

注：该图集另有目录 2 页，前言 2 页，省略不著。

示例 4：. -- 47 面

示例 5：. -- 135 叶

多卷（册）图集是指以多卷或多册形式存在的测绘制图资料，著录用数量单位用“册”和“页/面/叶”。对综合著录的多卷（册）图集，本标准规定：各卷（册）连续编码时，先著录卷（册）数，再著录总页数，页数用“（ ）”（圆括号）括起；各卷（册）单独编码时，则只著录总卷（册）数。

对于分散著录的多卷（册）图集，本标准规定：如分卷（册）是单独页码，则著录单独页码；如系连续编码的一段，则著录本段起讫页码。

示例 1：. -- 3 册（350 页）

示例 2：. -- 5 册（1210 页）

示例 3：. -- 20 册

示例 4：. -- 320 页

示例 5：. -- 410 - 753 页

活页图集是指未装订的散页（或叶）制图资料，一般用函（盒）盛装在一起。对于活页图集，“函”或“盒”等也是著录用数量单位。本标准规定：除著录页（或叶）数外，还应将函（盒）数注明于后，用“[ ]”括起。

示例 1：. -- 27 面[1 盒]

示例 2：. -- 252 页[2 盒]

示例 3：. -- 89 叶[1 函]

图集中的其他情况。有的图集无页码标注，本标准规定：一般应点清著录，外加“[ ]”（方括号）；难以统计页数者，可只著录册数；图集页数标注有误，应著录更正后的页数，并用“[ ]”括起。

示例 1：. -- [18 面]

示例 2：. -- [93 页]

示例 3：. -- 1 册

示例 4：. -- [93]页

附注项：图集上标注 92 页。

第三，关于地球仪等立体形态的测绘制图资料。这类资料诸如地球仪、天球仪、地形模型等，用“张”、“幅”、“册”、“函”等计数单位都不恰当，本标准规定，可将测绘制图资料的类型标

识与相关计数单位合并使用，著录于数值之后。

示例1：. -- 1架地球仪

示例2：. -- 1架天球仪

示例3：. -- 1件模型

实际编目工作中还会有测绘制图资料因实施修复或保护措施而造成形态等方面改变的情况，对此，应按原有形态著录，变化后的形态状况在附注项予以说明。

示例：. -- 1幅分切6张

附注项：该图现已装裱为1张。

二、其他形态细节

其他形态细节记录测绘制图资料的数量和尺寸之外的其他物理形态细节，如测绘制图资料中的插图、色彩、表格和制图材料的质地等信息，著录于数量和制图资料类型标识之后，其前用“ : ”（空格、冒号、空格）标识，各项形态细节之间用“, ”（逗号、空格）隔开。

《中国文献著录规则（第二版）》在6.5.2.2条对其他形态细节的著录进行了更详细的规定：当规定信息源的色彩为黑白时，省略不著录；为黑白之外的两色或三色，著录为“二色”或“三色”；三种色彩以上的著录为“彩色”；墨印或晒蓝着色的，著录为“墨印着色”或“晒蓝着色”。同时还规定：载体材料为纸质时，省略不著录；载体材料由多种物质组成，著录主要材料，如以石膏为主要材料制成的地球仪，只著录石膏。这些规定都有助于测绘制图资料著录的实操。

此外，在色彩方面，地图集中还存在只有部分彩色的情况，对此，应该如实说明，著录为“部分彩色”。在幅图中，存在大量双面绘制的地图，对此，最好也在其他形态细节中予以说明，著录为“双面”，以便用户更好地了解测绘制图资料的状况。

示例1：. -- 189页 : 彩色

示例2：. -- 1幅 : 彩色，绢

示例3：. -- 1架地球仪 : 彩色, 石膏

示例4：. -- 1册 : 墨印着色

示例5：. -- 1幅 : 双面, 彩色

第二节　尺寸与附件

一、尺寸

尺寸记录测绘制图资料外形或图廓大小。本标准规定：制图资料的尺寸用进位后的整厘米（cm）数表示，其前用“ ; ”（空格、分号、空格）标识，数字一律使用阿拉伯数字；幅图以内廓尺寸计量，纵×横；地图集著录开本的“纵×横”尺寸；立体模型著录纵×横×高；二维圆面资料或地（天）球仪著录直径。

规定中所言“进位后的整厘米数”，是指将以厘米为单位的小数点后的数按常用的四舍五入法取舍成整数著录。

对于一图多幅的测绘制图资料，本标准规定：一图多幅图廓相同时，应在尺寸前加注“每

幅”字样；一图多幅内廓不同时，应著录“图廓不等”。

著录“图廓不等”者，不再著录每幅尺寸。

对于一图分切数张者，本标准规定：应著录为“拼成若干×若干 cm”。

示例1：. — 1幅 ：彩色 ；65×40cm

示例2：. — 1张2幅 ：双面，彩色，塑料 ；65×40cm

示例3：. — 8，186页 ：彩色 ；39×27cm

示例4：. — 1件地形模型 ：石膏 ；45×35×2cm

示例5：. — 1架地球仪 ：彩色，塑料 ；28cm

示例6：. — 22幅 ：二色 ；每幅47×79cm

注：此为图廓大小相同的一套地图。

示例7：. — 3幅 ：彩色 ；图廓不等

示例8：. — 1幅分切4张 ：彩色 ；拼成170×126cm

编目实践中还有一张纸上多幅地图、幅图上无图廓或难以确定图幅范围等情况。对此，《中国文献编目规则（第二版）》在6.5.3.5和6.5.3.6两个条款中分别进行了规定：“一张地图上有多幅地图，能分清主次的，应著录主要图幅的图框内廓尺寸和纸张的尺寸；若难以分清主次，则只著录纸张尺寸……无图廓或难以确定图幅范围的单幅地图，其尺寸大小以纸张的尺寸计量。”

《中国文献编目规则（第二版）》在行文中强调了“图框内廓”的概念，对于用较宽尺度的图框装饰的地图，图框的内廓与外廓确实存在较大的尺寸差异。为了给用户提供更准确的地图实际幅面尺寸，也为了各编目机构能更加规范统一，强调在可能情况下，以图框内廓为度量图幅尺寸的标准是必要的。

示例1：. — 1幅 ：彩色 ；52×64cm，印于60×70cm纸上

示例2：. — 1幅 ：彩色 ；印于90×120cm纸上

示例3：. — 1幅 ：彩色 ；印于55×60cm纸上

此外，测绘制图资料中还有一种折叠式幅图，这种图在旅游图中较常见，其情况较为复杂。有的图文混合，无主次图幅之分，如旅游图；有的则是出版发行时形成的装帧形式，如多幅图廓相同、折叠大小相同，甚至还盛装在一个函盒中。为了更详细描述测绘制图资料的存在状况，对于这样的折叠式资料，建议加著折叠后的尺寸；如果测绘制图资料存放在特定的匣、盒、袋等物品内，可将存放地图的盛装物的“长×宽×高”尺寸著录于地图尺寸之后。

示例1：. — 1幅 ：彩色 ；90×50cm，折成25×16cm

示例2：. — 10幅 ：彩色 ；每幅77×70cm，折成26×19cm于28×20×3cm纸盒内

二、附件

附件是指与制图资料主体一同发表或增补发表，并结合主体使用的附加材料，如制图资料所附带的索引册、说明书、光盘等。附件必须是与测绘制图资料主体结合使用，并作为一个整体入藏的。本标准规定：附件一律著录于载体形态项末尾，其前用“ + ”（空格、加号、空格）标识；如认为必要，可将有关附件的附加说明著录在附件后的圆括号“（ ）”内。

如果附件与测绘制图资料主体作为一个整体入藏，而附件的类型复杂，数量较多，不适合著录在尺寸之后，建议将附件的具体情况在附注项中详细说明。

示例 1：. -- 1 幅 : 彩色 ; 46 ×68cm + 1 册地名索引

示例 2：. -- 16 幅 : 彩色 ; 60 ×52cm + 1 册说明书(13 页 ; 26 ×12cm)

示例 3：. -- 359 页 : 彩色 ; 39 ×27cm + 1 盒光盘

对于自身具有题名的附件，本标准分两种情况处理。一种是能脱离主体单独使用的附件，无论是连续出版还是非连续出版的测绘制图资料的附件，均可以自行单独著录，此时，测绘制图资料主体的载体形态项就不再著录附件信息，但须在各自的附注项内作相应说明。另一种是附件尽管有自身题名，但不宜脱离主体使用，若是非连续出版物，则按附件正常著录方法著录在尺寸之后；若是连续出版物，则可连同主体一起作综合著录，此时，测绘制图资料主体的载体形态项应该著录附件信息。

第八章　丛编项著录

丛编文献是指在一个总题名下，汇集多种单行本成为一套，并以编号或不编号的方式发行的出版物。“丛编”是为适应各类型文献而采用的泛称，在图书类型中用“丛书”，在连续出版物类型中用“丛刊”，在音像和测绘制图资料类型中则常用“系列”。

丛编测绘制图资料就是指那些具有丛编特点，即一组相互关联而又各自独立的地图构成的系列测绘制图资料，每种地图除具有各自的图名外，还有一个适用于整组测绘制图资料的共同图名。

丛编项是在丛编分散著录时使用的项目，反映整套丛编的特征。它主要包括正丛编图名、并列丛编图名、丛编其他图名信息/或限定说明、丛编责任说明、国际标准连续出版物编号（ISSN）、丛编编号、分丛编等。丛编测绘制图资料或多卷册测绘制图资料分散著录时，一般多有丛编项。

丛编项的信息源主要为图廓内外、图名页、版权页、封面、书脊、序言、题跋、出版说明等。

常见丛编项的结构形式如下：

. —（丛编正图名）

. —（丛编正图名 = 丛编并列图名）

. —（丛编正图名 : 丛编其他图名信息 / 丛编责任说明 ; 丛编编号）

. —（丛编正图名, ISSN ; 丛编编号）

. —（丛编共同图名. 分丛编图名）

. —（丛编共同图名. 分丛编编号, 分丛编图名）

. —（丛编共同图名. 分丛编图名, 分丛编的 ISSN）

. —（丛编共同图名. 附属丛编图名 = 并列共同图名. 并列附属图名）

值得注意的是，比较第五、第六种结构形式可以发现，当著录有“分丛编编号”时，“分丛编图名”前的标识为“, ”（逗号、空格）。如果没有，也就是“分丛编图名”直接著录在“丛编共同图名”之后，则“分丛编图名”前的标识为“. ”（句点、空格）。在本书第二章第四节相关标识符使用说明中对“, ”（逗号、空格）的规定为：“置于有分辑标识的分辑图名……之前。”对“. ”（句点、空格）的规定为：“置于分辑标识、无分辑标识的分辑图名、附属丛编图名之前。”“分辑标识”在此即为“分丛编编号”，“分辑图名”即为“分丛编图名”。因此，在无分丛编编号的情况下，分丛编图名前冠“. ”（句点、空格）标识，在有分丛编编号的情况下，分丛编图名前则冠“, ”（逗号、空格）标识。

第一节　丛编图名

丛编图名主要包括丛编正图名、丛编并列图名、丛编其他图名信息或限定说明等，也包括以单幅（册）为单位著录的多幅（册）测绘制图资料的总图名。丛编图名的著录规则与“图名与责任说明项”的相关图名著录单元相同，只是要将丛编图名置于圆括号“（ ）”中，其前用项目标识符标识。

一、丛编正图名

从编正图名的著录，总体而言，是按照本标准8.1.1正图名的相关规定著录。本标准同时还规定：当正图名是由共同图名、分辑标识（包括分辑图名）构成的，共同图名不应在本项重复。

如2010年5月由浙江省第一测绘院编制，中国地图出版社出版的中国分省系列地图册之浙江省地图册，如果以“浙江省地图册”作为正图名著录，则“中国分省系列地图册”可视为丛编正图名著录。著录方式如下：

浙江省地图册［舆图］／浙江省第一测绘院编制．-- 北京 ：中国地图出版社，2010.5．-- 1册 ：彩色 ；21×15cm．--（中国分省系列地图册）

如果“中国分省系列地图册”作为正图名著录，则“中国分省系列地图册”在丛编正图名中就不再著录了。著录方式如下：

中国分省系列地图册．浙江省地图册［舆图］／浙江省第一测绘院编制．-- 北京 ：中国地图出版社，2010.5．-- 1册 ：彩色 ；21×15cm

丛编测绘制图资料的图名还有一些具体情况，可根据本标准的总体精神加以细化。编目实际中大致有以下情况。

第一，由各自独立的多幅/册或多卷/辑地图构成的系列测绘制图资料，各幅册或各卷/辑（卷）单独著录时，即分散著录，其共同图名可作为丛编正图名著录。

示例1：．--（中华人民共和国省级行政单位系列图）

> 注：《中华人民共和国省级行政单位系列图》是2002年中国地图出版社出版的中国省级行政单位的系列地图，内含各省、自治区、直辖市地图，共计34幅。在对各单幅图分别著录时，“中华人民共和国省级行政单位系列图”应作为丛编正图名著录。

示例2：．--（中国名镇系列地图）

> 注：该系列图共5幅，各图均有独立图名，即：中国·东莞高埗、中国·企石、中国·东莞寮步、中国·厚街、中国·万江。在对各单幅图分别著录时，“中国名镇系列地图”应作为丛编正图名著录。

示例3：．--（环球旅游系列地图）

> 注：1999年6月广东省地图出版社出版的1幅泰国地图，内含泰国、曼谷中心、曼谷附近等图。另注有“环球旅游系列地图”字样。因此著录时，正图名著录“泰国”，“环球旅游系列地图”可视为丛编正图名著录。

示例4：．--（世界历史地理教学图）

> 注：“世界历史地理教学图”第一辑为“中古历史挂图”，当著录“中古历史挂图”时，“世界历史地理教学图”可视为丛编正图名著录。

第二，如果所著测绘制图资料从属于多个丛编系列图名，则将不同系列的丛编正图名置于不同的圆括号“（ ）”中，只在第一个丛编正图名前使用项目标识符标识。

示例：．--（新编福建省地方志）（中华人民共和国地方志）

第三，由主丛编图名和分丛编图名组成的丛编正图名，按共同图名与从属图名组成的正图名著录。分丛编图名著录于主丛编图名之后，其前用“．”（句点、空格）标识。

示例1：. --（江苏城市商贸地图系列．扬州商贸地图）

示例2：. --（中华人民共和国省级行政单位系列图．江西省地图）

示例3：. --（西南经济协作区城市经济交通旅游系列图．宜州市）

第四，既有分丛编图名标识又有分丛编图名时，先著录分丛编题名标识，其前用“. ”（句点、空格）标识，后著录分丛编图名，其前用“, ”（逗号、空格）标识。

示例1：. --（世界历史挂图．第一组，上古之部）

示例2：. --（世界历史地理教学图．第一辑，中古历史挂图）

第五，如果分丛编图名有独立识别意义，将其作为丛编正图名著录于丛编项，主丛编图名著录在附注项。

示例：. --（中古历史挂图．第一辑）

注：此图主丛编图名为《世界历史地理教学图》，应在附注项说明。

二、丛编并列图名

丛编并列图名是指丛编正图名的另一种语言文字的丛编图名。依据8.1.3“并列图名”的有关条款规定，丛编并列图名应著录在丛编正图名之后，其前用“ = ”（空格、等号、空格）标识。如果有多个并列丛编图名，则依次著录对应丛编正图名的丛编并列图名，每个丛编并列图名前均用“ = ”（空格、等号、空格）标识。

示例1：. --（石油分布图 = Distribution of petroleum map）

示例2：. --（中国—东盟博览会广西招商指南系列地图 = A series of map of Guangxi trade and investment promotion, China-ASEAN expo）

三、丛编其他图名信息/或限定说明

包括从属于丛编图名以及分辑图名的其他图名说明文字。这些信息一般可略而不著。不过，对有利于识别该系列测绘制图资料的丛编其他图名信息，必要时可依8.1.4有关条款规定著录，著录于丛编正图名之后，其前用“ : ”（空格、冒号、空格）标识。

与丛编有关的版本说明应作为丛编其他图名信息著录。

示例：. -- 石油分布图 : 2005年

注：“石油分布图”作为丛编正图名，2005年是“石油分布图”的说明文字。

第二节　丛编责任说明

丛编责任说明包括从属于丛编图名以及分辑图名的责任者说明。这些信息一般省略而不予著录。不过，对有利于识别该系列测绘制图资料的丛编责任者信息，如有必要，可依8.1.5责任说明单元的有关条款规定著录。丛编责任说明著录于相关丛编图名及说明之后，其前用“ / ”（空格、斜线、空格）标识。

示例：. -- 中国名镇系列地图 / 中国地图出版社编

第三节　国际标准连续出版物编号与丛编编号

一、国际标准连续出版物编号

国际标准连续出版物编号著录于丛编图名之后。“ISSN”与编号的两组数字之间空一格。本标准规定：丛编或附属丛编上载有国际标准连续出版物编号(ISSN)时，应予著录，其前用“，”(逗号、空格)标识；当丛编正图名由一个共同图名和一个附属图名构成时，主丛编的国际标准连续出版物号(ISSN)应著录于附注项；当丛编的正图名由一个可独立识别的附属图名构成时，应将主丛编的图名和国际标准连续出版物号(ISSN)一并著录于附注项。

对于主丛编和分丛编均有国际标准连续出版物编号(ISSN)的情况，应将主丛编的 ISSN 号著录于附注项，而分丛编的 ISSN 则著录于分丛编图名之后。

二、丛编编号

丛编编号亦称丛编标识，是指丛编测绘制图资料上所载的表示序次的编码，这个编码可以是数字、字母、其他符号或它们的混合形式。著录丛编编号时，应按本标准规定的结构形式著录在相应位置；无论编码形式是文字式的、符号式的，还是数字式的或混合式的，均一律照录，其前用“ ; ”(空格、分号、空格)标识；既有主丛编编号又有分丛编编号时，则将主丛编编号著录在附注项。

示例 1：. -- (河北省综合地图集 ; 首卷)

注：此为河北省综合地图集系列之首卷《河北省普通地图集》的丛编项著录。

示例 2：. -- (中国分省旅游交通系列图之 ; 十四)

注：此为中国分省旅游交通系列图之十四《江西省地图》的丛编项著录。

示例 3：. -- (车行天下地图系列 ; 166)

注：此为车行天下地图系列之 166《武汉及邻近地区自驾车旅游图》的丛编项著录。

示例 4：. -- (小学地理教学挂图 . 第二辑，北京市、东北地区、黄土高原、华北平原)

注：此为小学地理教学挂图第二辑《北京市、东北地区、黄土高原、华北平原》之《北京市》的丛编项著录。

第九章　附注项著录

附注项是对测绘制图资料著录正文所作补充或说明的项目。附注项可著录的内容可以很多，凡未在题名与责任者项、版本项、文献特殊细节项、出版发行项、载体形态项、丛编项、标准书号及获得方式项中著录而又有必要补充说明的内容，均可著录于本项。它不仅能够起到补充著录正文的重要作用，还能够揭示重要的附录等信息，为读者选择测绘制图资料提供更多信息。

附注项的信息可取自任何信息源。当信息源有多处并出现差异时，必须在附注项内说明。

附注项使用自由行文方式，但文字应力求简洁明了，尽可能采用固定导语和规范用语，如“封面图名”、“书脊图名”、“原图名”、“译自”，等等。

附注若有多项内容，一般可按著录项的先后顺序著录。每项附注前均用项目标识号“. — ”（句点、空格、短横、短横、空格）标识。如果每项附注均分段著录，则可省略这些标识符。

第一节　图名与责任说明项附注

有关图名与责任说明项的附注内容本标准归纳为以下方面：

1. 有异于制图资料主要题名处图名的其他地方所题图名。如封面（套）图名、书脊图名、书口图名和版权页图名等。

示例1：. — 封面题名：黄河发源各厅工程情形全图

注：此图正题名为《黄河水道全图》。

示例2：. — 图套题名：新测云南全省详细全图

注：此图正题名为《云南全省舆图》。

2. 制图资料别名。

示例：. — 又名：中国模范地图

注：此图正题名为《新制中国地图》。

3. 易名图原图名。

包括测绘制图资料的原名、修改名、印刷错误名。

示例1：. — 原名《皇舆全览图》，又称《乾隆十三排图》。北平故宫博物院据清内府藏乾隆二十五年（1760）铜版重印时改现名。

注：此为《清乾隆内府舆图》的附注。

示例2：. — 原名：抄绘水利图

注：此为《江苏黄淮运河水利图说》的附注。

4. 译制测绘制图资料的原文图名。

示例：. — 原文题名：Atlas fuer Rolitik, Wirschaft, Arbeiterbewegung

注：此为《帝国主义时代的世界政治经济地图》的附注。

5. 编图材料来源及依据(包括各种复制本或节本图所依根据)。

示例1:. — 本图根据南宋后期福建刻本《六经图》附图缩微底片复制。

注:此为《十五国风地理之图》的附注。

示例2:. — 作者以清康熙、乾隆内府舆图为底图,根据《汉书·地理志》并兼览众家之说,于道光二十八年(1848)撰成此图说。

注:此为清代陈澧所撰《汉书地理志水道图说》的附注。

6. 改编图的原图名与责任者。

示例:. — 本图系《中国地理教科图》之改称。

注:此为1947年上海亚光舆地学社出版,金擎宇等编绘的《中国分省新地图》的附注。

7. 考证图名或考证责任者的依据。

示例:. — 原图无图名,以首图"舆地总图"代之,为顾祖禹《读史方舆纪要》中的"舆图要览部分",系原书刊印前之传抄本。由此知该图作者为顾祖禹。

注:此为清顺治年间顾祖禹编绘的2册地图的正图名著录和责任者考证的附注。

8. 对制图资料用途、读者对象和拼音图名等的说明。

示例1:. — 职工业余学校中级班适用。

注:此为1953年上海东方舆地学社编制的《地理参考图》的附注。

示例2:. — 该图为民间团体出版的一部较早的教学用地图。

注:此为《皇朝直省图》的附注。

9. 以别名、帝王庙号或年号作著录正文责任者的真实责任者的姓名。

示例:. — 丁开嶂原名作霖,京师大学毕业,曾任铁血会军长。

注:此为1912年出版的《中国海军地理形势论附图》的著者信息附注。

10. 未以全称著录的责任者全称或确切姓名。

示例:. — Georges Bouillard

注:此为Carte des Environs de Peking的著者G. Bouillard的全称附注。

11. 与被著录制图资料本版有关,但在著录正文中省略的其他责任者。

示例1:. — 题名页原题编者为曹婉如、郑锡煌、黄盛璋、钮仲勋、任金城、鞠德源。

注:此为《中国古代地图集》的责任者附注,题名责任者项中责任者著录为"曹婉如[等]编"。

示例2:. — 该图由吴学俨、朱绍本、朱国达、朱国干等四人编,李釜源作序。全书仿罗洪先《广舆图》的体系和绘图方法。

注:此为《地图综要》的附注说明。

此外,按照8.1.1.10关于无总图名的相关规定和8.1.3.4关于并列图名的相关规定,有关图名与责任说明项的附注还应有下列两种情况。

第一,无总图名制图资料未在题名与责任说明项著录的图名。

示例:. — 包括惠远城距额鲁特营图(98×365cm,附图说一张)、特克额到苍玛河图(98×365cm,附图说一张)、俄哈布号特口至第一排图(98×365cm,附图说一张)、伊犁河一带马上测图(97×460cm)。

注:此为清代刘宗关等绘制的《[额古特南北中三段迅速图]》的附注说明。

第二,未在题名与责任说明项著录的并列题名或其他题名信息。

示例1:. — 书后图名为:Atlas of Popular Astronomy,附加图名页图名为:The Twentith Century Atlas of Popular Astronomy。

注:此为1906年上海山西大学堂译书院出版,叶青所译《最新天文图志》的附注说明。

示例2:. — 京师大学堂审定教科书。

注:此为1903年武昌舆地学会出版的《皇朝直省图》的附注说明。

第二节 版本项与数学数据项附注

一、版本项附注

版本项的附注内容包括被著录制图资料与本资料其他相关版本之间关系的细节说明,以及版次正误等。主要说明与该制图资料相关的版本或原稿,反映制图资料版本的沿革情况。

示例1:. — 魏源在《海国图志》五十卷本的基础上,又续辑厘定为六十卷,增加了"造战船诸议"、"火轮船图说"、"西洋用炮测量说"、"西洋自来火铳说"、"攻船水雷图说"等内容,于道光二十七年(1847)在扬州刊刻六十卷本。

注:此为《海国图志》六十卷本的附注。

示例2:. — 本图根据清乾隆三十二年(1767)黄证孙的同名图放大、增补、重刻并蓝色套印而成。

注:此为嘉庆本晓峰摹绘的《大清万年一统地理全图》的附注。

示例3:. — 1933年北平图书馆据国立历史博物馆(现南京博物馆)所藏彩绘本摄制。

注:此为摄影本《坤舆万国全图》的附注。

示例4:. — 1923年初版。

注:此为1926年苏甲荣编《新制中华教课地图》第3版的附注。

示例5:. — 原图图廓190×180cm,绢地彩绘,现藏法国国家图书馆。

注:此为摄影本《舆地图》的附注。

二、数学数据项附注

按照数学数据项的相关条款和8.7.3对数学数据项附注内容的归纳,数学数据项的主要附注内容有以下四方面。

1. 测绘制图资料比例尺的正误或其他与比例尺有关情况的说明。

示例1:. — 总图为百里方,府、厅、州总图为五十里方,各县分图为十里方。

注:此为《云南全省舆图》的附注。该图的制图数学数据项著录为"[比例不等]"。

示例2:. — 该图比例尺印刷有误,应为1:1000000。

注:规定信息源上少印了一个"0"。

2. 星空图中对于星光度的说明性文字,用"星等"及其随后的数字来表示。

示例:. — 星等3.5。

注:此为一星图的附注。

3. 天文图、遥感图中有关数据的注释。

示例:. — 南宁市勘测院运用2007年10月的南宁0.1m高分辨率影像资料,依据基础地理信息数据平台,采用全数字成图方式和计算机直接制版技术(CTP),编制该图集。

注:此为2009年南宁市勘测院编制的《南宁市数字影像地图集》的附注。

4. 其他需要说明的制图细节的有关情况。

示例:. -- 本图采用“尖锥容圆法”(圆锥投影之一种)绘成。

注:此为清代会典馆编修的《大清皇舆全图》的附注。

第三节 出版发行项、载体形态项及丛编项附注

一、出版发行项附注

按照出版发行项相关条款和8.7.4对出版发行项附注内容的归纳,出版发行项的主要附注内容有以下五方面。

1. 未在出版发行项著录的其他出版发行事项。

示例:. -- 1987年2月20日原“地图出版社”改称“中国地图出版社”。

注:此为北京市测绘处编绘《北京城区地图》的出版发行附注。

2. 译本、影印本等原版本的出版、发行事项。

示例1:. -- 此图系翻译者根据俄文地图译印于圣彼得堡。

注:此为《俄罗斯国全境简明图》的附注。

示例2:. -- 该图据大连市图书馆藏清宣统三年(1911)上海商务印书馆第5版复制。

注:此为复制本《京城详细地图》的附注。

3. 出版发行地、出版发行者、出版发行年的考证依据。

示例1:. -- 图中开封府兰阳县已改名为兰仪县,故此图当绘于1825年至1855年间。

注:此为《六省黄河工程埽坝情形图》的附注。

示例2:. -- 该图凡乾隆末年至嘉庆初年府、州、县建置之增改情况均有反映,而道光年间的建置变化则无,由此确定该图为清嘉庆年间绘制。

注:此为《大清万年一统地理全图》的附注。

4. 有关出版、印制的各种细节说明,如有限版本说明。

示例:. -- 1937年上海亚东图书馆再版,实为申报馆《中国分省新图》第3版之再版本。

注:此为上海亚东图书馆《中国分省新图》的附注。

5. 规定信息源中出版、发行有印刷错误。

二、载体形态项附注

凡是载体形态项中不宜容纳的有关制图资料形态特征的其他需要补充说明的内容可作为附注。

示例1:. -- 该图分裱8排,折成8册,合装在一个木盒中,题名“舆地全图”。

注:此为《皇朝一统舆地全图》的附注,原图共64幅,载体形态项著录为“64幅 ; 20×24cm”。

示例2:. -- 1981年据日本宫城县东北大学藏本复制,原图100×50cm。

注:此为摄影本《北京城宫殿之图》的附注,载体形态项著录为“1幅 ; 16×11cm”。

三、丛编项附注

凡是丛编项中不宜容纳的有关重要说明可作为附注。

示例:. —— 图集属于两级丛编。

注:此为福建省地方志编纂委员会,福建省地图出版社编制的《福建省自然地图集》的附注。

第四节　其他附注

其他附注是指除上述附注内容外,凡必要补充说明的其他内容,如测绘制图资料的特定部位、地形表示方法、密级等,还有说明测绘制图资料的内容提要,以及制图资料中重要的目次、索引、参考书目等信息。本标准将其他附注归纳为以下六方面。

1. 有关作品内容、目次方面的说明。

示例1:. —— 该图据英文舆图译绘,凡42幅,首为天文图及其图说,次为"天下五大洲方图"和"平圆地球全图",以及各洲各国分图等。

注:此为《万国舆图》的附注。

示例2:. —— 图凡33幅,各图附说,主要反映1875—1934年世界政治、经济形势变化情况。

注:此为《中华邮政舆图》的附注。

对于汇编的测绘制图资料及分层次著录的多卷(幅)测绘制图资料,必要时可将其各个单卷(幅)作为子目著录于附注项,并依次著录其图名及责任者。

示例:. —— 子目:1. 南长山岛 ; 2. 北长山岛 ; 3. 砣矶岛 ; 4. 大小黑山岛 ; 5. 大钦岛 ; 6. 北隍城岛 ; 7. 南隍城岛 ; 8. 庙岛。

注:此为1975年长岛县农林局编制的《长岛县地图》的附注。

2. 有关索引、图表、参考资料、解说性文章等附录或附件的说明。

示例1:. —— 图凡46幅,绘出各省邮务局所及各邮路。末附英文地名索引。

注:此为《帝国主义时代的世界政治经济地图》的附注。

示例2:. —— 附北平宫署学校、街巷更名、游览处所、公寓旅馆名称地址、会馆以及电车站等一览表。

注:此为《最新北平全市详图》的附注。

示例3:. —— 附陕西省地势图、西安市街道图。

注:此为一幅《陕西分县详图》的附注。

3. 有关制图资料特定部位内容的说明。

示例:. —— 岩相古地理图的地理范围为东经100° - 125°,北纬18° - 34°。

注:此为1994年刘宝君、许效松主编的《中国南方岩相古地理图集》的附注。

4. 地形表示方法的说明。

示例:. —— 地形分层设色加等高线表示。

注:此为1993年西昌市地名委员会编辑《西昌市地势图》的附注。

5. 有关用语的说明。

示例1:. —— 中英文对照。

注:此为2009年西安地图出版社编制的《中国知识地图册》的附注。

示例2:. —— 文字介绍均用英文,图中地名中英对照。

注:此为1996年中国旅游出版社编制的《中国旅游图》的附注。

6. 有关制图资料密级的说明。

示例 1:. -- 内部地图。

注:此为 1963 年北京市城市规划管理局地质地形勘测处编制的《延庆县地图》的附注。

示例 2:. -- 秘密地图。

注:此为 1986 年上海市测绘处编制的《上海市地图》的附注。

此外,标准书号及获得方式项也有重要内容需要通过附注反映的,如 8.8.1.3 对同时载有国际标准书号(ISBN)和其他附加书号规定:如认为必要,可将附加书号著录于附注项,还有 ISBN 重复、装帧形式和获取方式等需要补充说明的内容,均可著录在附注项。

示例 1:. -- 该图 ISBN 号与 1990 年上海文化出版社出版章照原编著的《五子棋制胜妙谱》的 ISBN 号重复。

注:此为 1988 年上海文化出版社出版,余嘉伟、倪晨文等编绘的《上海市实用交通游览图》的附注。

示例 2:. -- 该图为非卖品。

注:此为《观光特区——明洞》一图的附注。

本标准没有明确规定复本信息的附注问题。复本是指某一特定藏本,它在流传、收藏过程中可能会形成一些新的特征,如复本残缺、题跋、批注、形态与内容修改、修复改变以及不同的获得方式等。如一些古旧测绘制图资料在长期的收集、保存和流通中,常常会形成新的版本特征,诸如,经人题识或跋、加盖藏书印章、自然或人为残损,以及重新装裱修复等。复本的整体状况,尤其在流传中形成的一些新的版本特征,需要通过附注进行补充说明。

示例 1:. -- 残本,现存全国总图工幅,分省图 15 幅,缺直隶、盛京、吉林、黑龙江、山东、山西、河南、江苏、安徽等省图。

注:此为《大清帝国全图》的附注。

示例 2:. -- 残存临淄、乐安、临朐、昌乐、寿光、博兴、高苑等县舆图各一幅。

注:此为《山东省舆图》的附注。

示例 3:. -- 该图由普意雅先生捐赠。

注:此为《北京东交民巷图》的附注。

示例 4:. -- 2000 年 11 月购于中国书店拍卖公司。

注:此为《川回捻匪盘踞图》的附注。

第十章　标准书号及获得方式项著录

标准书号及获得方式项包括国际标准书号（ISBN）、装帧、获得方式及其限定说明。著录该项有助于确认特定的测绘制图资料，了解测绘制图资料的商品价格。

标准书号及获得方式项的信息可以取自任何信息源。

标准书号及获得方式项常见结构形式如下：

. -- ISBN

. -- ISBN : 获得方式和/或价格

. -- ISBN : 获得方式和/或价格（限定说明）

. -- ISBN（装帧和/或限定说明）

. -- ISBN（装帧和/或限定说明）: 获得方式和/或价格（限定说明）

. -- ISBN（装帧和/或限定说明）: 获得方式和/或价格. -- ISBN（装帧和/或限定说明）: 获得方式和/或价格（限定说明）

. -- 装帧 : 获得方式和/或价格

. -- : 获得方式和/或价格（限定说明）

第一节　国际标准书号

国际标准书号（ISBN）是国际公认的用以标识书籍的简明精确的代号，一组号码只能代表唯一的一种文献。

一个国际标准书号由标识符 ISBN 和 10 或 13 位数字组成。10 位标准书号（2007 年 1 月 1 日之前出版的测绘制图资料）由三条短横线分为四段，13 位标准书号（2007 年 1 月 1 日之后出版的测绘制图资料）由四条短横线分为五段，每一段都有不同的含义。

1982 年，中国参加 ISBN 系统，并成立中国 ISBN 中心。中国标准书号自 1987 年 1 月 1 日起实施，至 1988 年 1 月 1 日完全取代原用的统一书号。中国标准书号共分两部分，第一部分为 ISBN，是主体部分；第二部分为《中国图书馆图书分类法》基本大类类号和种次号。类号用《中国图书馆分类法》大类的字母。种次号是同一出版社出版同一学科门类图书的顺序号，由出版社自行编定。类号与种次号之间用中圆点（·）隔开。第一部分和第二部分分两行排列，也可用斜线隔开，排成一行。例如：《测绘制图资料机读目录格式使用手册》的 ISBN 号为：7 - 5013 - 2470 - 0/G · 585。

本标准规定：测绘制图资料上载有国际标准书号（ISBN）时，应予以著录，其前用“. -- ”（句点、空格、短横、短横、空格）标识。

国际标准书号（ISBN）著录于“ISBN”之后，中间空一格，号码照录，包括连字符。

示例1：
原　题：ISBN 7－5031－0820－7
著录为．－－ ISBN 7－5031－0820－7
示例2：
原　题：ISBN 7－116－03694－6
著录为．－－ ISBN 7－116－03694－6
示例3：
原　题：ISBN 978－7－5467－0158－5
著录为．－－ ISBN 978－7－5467－0158－5

对于同时载有整部和分卷（册、幅）国际标准书号的测绘制图资料，本标准规定：一律先著录整部的标准书号，再著录分卷（册、幅）的标准书号，分卷（册、幅）的标准书号前亦用“．－－”（句点、空格、短横、短横、空格）标识。

同一测绘制图资料可能有多种出版形式（如平装和精装）或多个出版发行商，以及属于系列测绘制图资料的，可能会载有两个或多个标准书号。如果规定信息源载有两个或多个标准书号，按照本标准规定，则只著录适合于所编测绘制图资料的标准书号。

示例：．－－ ISBN 7－5031－0672－0（上册）．－－ ISBN 7－5031－0829－0（下册）：CNY 1.60（上、下）

对于同时载有国际标准书号（ISBN）和其他附加书号（如国内标准书号）时，本标准规定：附加书号不应著录于本项，如认为必要，可著录于附注项。

示例：
原　题：ISBN 7－114－02905－5
　　　　国内统一书刊号 880545·16
著录为：．－－ ISBN 7－114－02905－5
　　　　国内统一书刊号为 880545·16。

对于原题国际标准书号有误的，本标准规定：可将所知的正确书号著录于前，而将误号著录于后，同时（在其后的圆括号内）注“无效”字样；若已知有误，却不知正确书号时，可照录错号，但需在其后加注“（原文如此）”。

示例1：．－－ ISBN 7－5031－0560－6．－－ ISBN 7－5032－0560－6（错误）
示例2：．－－ ISBN 7－204－02143－8（原文如此）

第二节　装帧、获得方式和/或价格及限定说明

一、装帧

测绘制图资料的装帧形式有线装、卷轴装、折装、折叶、毛装、精装、平装、片叶式、蝴蝶装、经折装、包背装、活页和单幅等。

除平装和单幅测绘制图资料的装帧形式可略而不著外，其他装帧形式则依实著录于国际标准书号之后，并置于圆括号“（ ）”内。无标准书号时，则将装帧形式直接著录于项目首位，并省去圆括号“（ ）”。

示例1:. -- ISBN 7-5031-1817-2(精装) : CNY 57.60

示例2:. -- 精装 : CNY 17.00

二、获得方式和/或价格

获得方式和/或价格是记录测绘制图资料的定价和有关获得方式的著录单元。获得方式和/或价格著录于装帧单元之后,若无装帧形式著录,则直接著录于标准书号之后,其前冠以" : "(空格、冒号、空格)标识。获得方式以自由行文方式填写。

本标准规定:制图资料系非卖品、缴送品、捐赠品,或由交换得来时,可注明获得方式;有标价的制图资料一律采用带有官方货币符号的阿拉伯数码著录,其前用" : "(空格、冒号、空格)标识。

货币代码采用国家标准 GB 12406—90,价格数保留两位小数。

示例1: : 非卖品

示例2: : 内部赠阅

示例3: : CNY 258.00

示例4: : HKD 90.00

示例5: : USD 100.00

值得说明的是,获得方式是指测绘制图资料出版发行时所标示的获取途径,而非机构所编测绘制图资料特定藏本的获得方式。针对所编测绘制图资料特定藏本的获得方式必须著录在复本附注项。

价格也是指测绘制图资料出版发行时所标示的价格,而非机构购买相关测绘制图资料时实际支付的金额。当测绘制图资料上所标示的价格与购买相关测绘制图资料时实际支付的金额不一致时,可将购买时实际支付的金额著录在附注项。

示例1:: CNY 5.00

于2008年在中国书店竞拍所得。成交价为2000元。

示例2:(此项空缺)

图上未注明价格,于2012年在中国书店竞拍所得。成交价为50 850元。

三、限定说明

当测绘制图资料上所标示的价格有特指性说明,旨在明确所著录价格的使用情况时,则将这些限定说明著录在价格之后,并置于圆括号"( )"内,包括有价格适用区域(如国内价等)、价格所指范围(单价或全价)等。

示例1:. -- CNY 430.00(国内定价)

示例2:. -- ISBN 7-5031-1817-2(精装) : CNY 57.60

示例3:. -- 精装 : CNY 17.00

示例4:. -- ISBN 7-5031-0104-0 : CNY 5.50(全套)

示例5:. -- ISBN 7-5031-0672-0(上册). -- ISBN 7-5031-0829-0(下册) : CNY 1.60(上、下)

附录一 著录样例

一、含交替图名信息的著录

样例 1

书本式格式

皇朝一统舆地全图，又名，舆地全图［舆图］/（清）李兆洛编；（清）六严缩摹. -- 刻本. -- 百里方. --［出版地不详］:［出版者不详］，清道光二十一年［1841］. -- 8 册：彩色；21.7×14cm. -- 分裱 8 排，折成 8 册，合装一木夹，题名“舆地全图”。此图据道光十二年（1832）李氏旧本缩摹重刊，其内容无增减，惟纸幅稍狭，府、厅、州、县、城廓及经线皆改印红色，河流及湖泊涂以绿色。首附“皇朝舆地总图”，比例尺为二百里方。

卡片式格式

皇朝一统舆地全图，又名，舆地全图［舆图］/（清）李兆洛编；（清）六严缩摹. -- 刻本. -- 百里方. --［出版地不详］:［出版者不详］，清道光二十一年［1841］

8 册：彩色；21.7×14cm

分裱 8 排，折成 8 册，合装一木夹，题名“舆地全图”。此图据道光十二年（1832）李氏旧本缩摹重刊，其内容无增减，惟纸幅稍狭，府、厅、州、县、城廓及经线皆改印红色，河流及湖泊涂以绿色。首附“皇朝舆地总图”，比例尺为二百里方。

CNMARC 格式

2001#$a皇朝一统舆地全图，又名，舆地全图$b舆图$f（清）李兆洛编$g（清）六严缩摹

205##$a刻本

206##$a百里方

210##$a［出版地不详］$c［出版者不详］$d清道光二十一年［1841］

215##$a8册$c彩色$d21.7×14cm

300##$a分裱 8 排，折成 8 册，合装一木夹，题名“舆地全图”。此图据道光十二年（1832）李氏旧本缩摹重刊，其内容无增减，惟纸幅稍狭，府、厅、州、县、城廓及经线皆改印红色，河流及湖泊涂以绿色。首附“皇朝舆地总图”，比例尺为二百里方。

样例 2

书本式格式

清乾隆内府舆图，原名，皇舆全图，又名，乾隆十三排［舆图］. -- 铜版重印本. --［1:1400000］. --［出版地不详］:［出版者不详］，清乾隆二十五年［1760］（北平：故宫博物院，民国二十一年一月［1932.1］）. -- 103 幅：单色；每幅 39×66cm + 御制诗 1 页 + 朱希祖、翁文灏序 4 页 + 接合表 1 页. -- 北平故宫博物院据清内府藏乾隆二十五年（1760）铜版重印时改今名。内容与乾隆“皇舆全图”完全一致，仅增朱希祖、

翁文灏的考订和序文。

卡片式格式

清乾隆内府舆图，原名，皇舆全图，又名，乾隆十三排［舆图］. -- 铜版重印本. --［1:1400000］. --［出版地不详］:［出版者不详］，清乾隆二十五年［1760］（北平：故宫博物院，民国二十一年一月［1932. 1］）

103幅：单色；每幅39×66cm + 御制诗1页 + 朱希祖、翁文灏序4页 + 接合表1页

北平故宫博物院据清内府藏乾隆二十五年（1760）铜版重印时改今名。内容与乾隆"皇舆全图"完全一致，仅增朱希祖、翁文灏的考订和序文。

CNMARC格式

2001#$a清乾隆内府舆图，原名，皇舆全图，又名，乾隆十三排$b舆图

205##$a铜版重印本

206##$a［1：1400000］

210##$a［出版地不详］$c［出版者不详］$d清乾隆二十五年［1760］$e北平$g故宫博物院$h民国二十一年一月［1932. 1］

215##$a103幅$c单色$d每幅39×66cm$e御制诗1页$e朱希祖、翁文灏序4页$e接合表1页

300##$a北平故宫博物院据清内府藏乾隆二十五年（1760）铜版重印时改今名。内容与乾隆"皇舆全图"完全一致，仅增朱希祖、翁文灏的考订和序文。

5171#$a皇舆全图

5171#$a乾隆十三排

样例3

书本式格式

最新世界现势地图，又名，世界平方图［舆图］/ 苏甲荣编. -- 2版. --［未注比例］. -- 上海：日新舆地学社，民国十九年十二月［1930. 12］. -- 1幅：彩色；68×94cm. -- 附中欧与巴尔干半岛图，南、北极地带图，世界各国一览表。图上标出了各地物产名称，注出了华侨在世界各地的分布及中国驻外使领馆情况。

卡片式格式

最新世界现势地图，又名，世界平方图［舆图］/ 苏甲荣编. -- 2版. --［未注比例］. -- 上海：日新舆地学社，民国十九年十二月［1930. 12］

1幅：彩色；68×94cm

附中欧与巴尔干半岛图，南、北极地带图，世界各国一览表。图上标出了各地物产名称，注出了华侨在世界各地的分布及中国驻外使领馆情况。

CNMARC格式

2001#$a最新世界现势地图，又名，世界平方图$b舆图$f苏甲荣编

205##$a2版

206##$a［未注比例］

210##$a上海$c日新舆地学社$d民国十九年十二月［1930. 12］

215##$a1幅$c彩色$d 68 ×94cm

300##$a附中欧与巴尔干半岛图,南、北极地带图,世界各国一览表。图上标出了各地物产名称,注出了华侨在世界各地的分布及中国驻外使领馆情况。

5171#$a世界平方图

二、含并列图名信息的著录

样例1

书本式格式

泰晤士世界历史地图集［舆图］ = The Times Atlas of World History / (英)杰弗里·巴勤克拉夫主编 ; 邓蜀生中文版编辑. -- ［未注比例］. -- 北京 : 三联书店,1982. 4. -- 360 页 : 彩色 ; 37 ×28cm. -- 附专名汇编、索引及中华人民共和国地图1幅。本图集约有600幅地图,127篇文字论述。涉及有关中国边界及西藏、台湾等图示有明显错误。

卡片式格式

泰晤士世界历史地图集［舆图］ = The Times Atlas of World History / (英)杰弗里·巴勤克拉夫主编 ; 邓蜀生中文版编辑. -- ［未注比例］. -- 北京 : 三联书店, 1982. 4

360 页 : 彩色 ; 37 ×28cm

附专名汇编、索引及中华人民共和国地图1幅。本图集约有600幅地图,127篇文字论述。涉及有关中国边界及西藏、台湾等图示有明显错误。

CNMARC 格式

2001#$a泰晤士世界历史地图集$b舆图$dThe Times Atlas of World History$f(英)杰弗里·巴勤克拉夫主编$g邓蜀生中文版编辑

206##$a［未注比例］

210##$a北京$c三联书店$d1982. 4

215##$a360页$c彩色$d37 ×28cm

300##$a附专名汇编、索引及中华人民共和国地图1幅。本图集约有600幅地图,127篇文字论述。涉及有关中国边界及西藏、台湾等图示有明显错误。

5101#$aThe Times Atlas of World History$zeng

样例2

书本式格式

中国旅行略图［舆图］ = Sketch Tourist Map of China / 中国国际旅行社编辑. -- 1:12500000 . -- 北京:地图出版社,1966. 4 . -- 1 幅 : 彩色 ; 32 ×47cm . -- 中英文对照。

卡片式格式

中国旅行略图［舆图］ = Sketch Tourist Map of China / 中国国际旅行社编辑. -- 1:12500000. -- 北京 : 地图出版社, 1966. 4

1 幅 ：彩色 ；32 ×47cm

中英文对照。

CNMARC 格式

2001#$a中国旅行略图$b舆图$d Sketch Tourist Map of China$f中国国际旅行社编辑

206##$a1 ：12500000

210##$a北京$c地图出版社$d1966. 4

215##$a1 幅$c彩色$d 32 ×47cm

300##$a中英文对照。

5101#$aSketch Tourist Map of China$zeng

样例 3

书本式格式

集邮者的世界地图［舆图］ = The World Map of for Stamp-Collectors ／ 黎敏斐编绘 . —［未注比例］. — 香港 ：海光出版社，1958. 1 . — 1 幅 ：彩色 ；48 ×74cm . — 本图绘出发行邮票的国家、发行年份、停止发行的地区。中英文对照。

卡片式格式

集邮者的世界地图［舆图］ = The World Map of for Stamp-Collectors ／ 黎敏斐编绘 . —［未注比例］. — 香港 ：海光出版社，1958. 1

1 幅 ：彩色 ；48 ×74cm

本图绘出发行邮票的国家、发行年份、停止发行的地区。中英文对照。

CNMARC 格式

2001#$a集邮者的世界地图$b舆图$dThe World Map of for Stamp-Collectors$f黎敏斐编绘

206##$a［未注比例］

210##$a香港$c海光出版社$d1958. 1

215##$a1 幅$c彩色$d48 ×74cm

300##$a本图绘出发行邮票的国家、发行年份、停止发行的地区。中英文对照。

5101#$aThe World Map of for Stamp-Collectors$zeng

样例 4

书本式格式

汉口至岳州府［舆图］ = Hankau to Yochau Fu ／ 日本水路部制. —［未注比例］. —［出版地不详］：［出版者不详］，（日）明治三十三—三十五年［1900 - 1902］. — 1 幅 ：单色 ；66 ×97cm . — 本图系日本水路部据英国海军部 1859 年至 1869 年出版的海图翻印。中、日、英文对照。

卡片式格式

汉口至岳州府［舆图］ = Hankau to Yochau Fu ／ 日本水路部制. —［未注比例］. —［出版地不详］：［出版者不详］，（日）明治三十三—三十五年［1900 - 1902］

1 幅 ：单色 ；66 ×97cm

本图系日本水路部据英国海军部 1859 年至 1869 年出版的海图翻印。中、日、英文对照。

CNMARC 格式

2001#$a汉口至岳州府$b舆图$d Hankau to Yochau Fu$f日本水路部制

206##$a[未注比例]

210##$a[出版地不详]$c[出版者不详]$d(日)明治三十三—三十五年[1900 - 1902]

215##$a1幅$c单色 $d 66 ×97cm

300##$a本图系日本水路部据英国海军部1859年至1869年出版的海图翻印。中、日、英文对照。

461#1$12001#$a扬子江图

5101#$aHankau to Yochau Fu$zeng

样例 5

书本式格式

加拿大地图册[舆图] = Canada Atlas / 中国地图出版社编制. -- [比例不等]. -- 北京 : 中国地图出版社, 2005.1 . -- 135 页 : 彩色 ; 21 ×15cm . -- 有说明 . -- ISBN 7 -5031 -3744 -4 : CNY 19.60

卡片式格式

加拿大地图册[舆图] = Canada Atlas / 中国地图出版社编制. -- [比例不等]. -- 北京 : 中国地图出版社, 2005.1

135 页 : 彩色 ; 21 ×15cm

有说明。

ISBN 7 -5031 -3744 -4 : CNY 19.60

CNMARC 格式

010##$a7 -5031 -3744 -4$dCNY19.60

2001#$a加拿大地图册$b舆图$dCanada Atlas$f中国地图出版社编制

206##$a[比例不等]

210##$a北京$c中国地图出版社$d2005.1

215##$a135页$c彩色$d21 ×15cm

300##$a有说明。

5101#$aCanada Atlas$zeng

样例 6

书本式格式

武汉历史地图集[舆图] = The Historical Atlas of Wuhan /《武汉历史地图集》编纂委员会编辑. -- [比例不等]. -- 北京 : 中国地图出版社, 1998.5 . -- 143 页 : 彩色 ; 38 ×27cm . -- 收录了宋以来至今武汉地区古旧新地图百余幅,清晰地展示了武汉城市区域发展的历史. -- ISBN 7 -5031 -1847 -4 : CNY 500.00

卡片式格式

武汉历史地图集[舆图] = The Historical Atlas of Wuhan /《武汉历史地图集》编纂

委员会编辑. -- [比例不等]. -- 北京 : 中国地图出版社, 1998.5

143 页 : 彩色 ; 38×27cm

收录了宋以来至今武汉地区古旧新地图百余幅,清晰地展示了武汉城市区域发展的历史。

ISBN 7-5031-1847-4 : CNY 500.00

CNMARC 格式

010##$a7-5031-1847-4$dCNY500.00

2001#$a武汉历史地图集$b舆图$dThe Historical Atlas of Wuhan$f《武汉历史地图集》编纂委员会编辑

206##$a[比例不等]

210##$a北京$c中国地图出版社$d1998.5

215##$a143页$c彩色$d38×27cm

300##$a收录了宋以来至今武汉地区古旧新地图百余幅,清晰地展示了武汉城市区域发展的历史。

5101#$aThe Historical Atlas of Wuhan$zeng

样例 7

书本式格式

山东省人口经济地图集 [舆图] = Atlas of Population and Economy of Shandong Province / 周文昌,翟焕波主编. -- [比例不等]. -- 济南 : 山东省地图出版社, 1994.9. -- 247 页 : 彩色 ; 28×21cm. -- ISBN 7-80532-170-1 : CNY 460.00

卡片式格式

山东省人口经济地图集 [舆图] = Atlas of Population and Economy of Shandong Province / 周文昌,翟焕波主编. -- [比例不等]. -- 济南 : 山东省地图出版社, 1994.9

247 页 : 彩色 ; 28×21cm

ISBN 7-80532-170-1 : CNY 460.00

CNMARC 格式

010##$a7-80532-170-1$dCNY460.00

2001#$a山东省人口经济地图集$b舆图$dAtlas of Population and Economy of Shandong Province$f周文昌,翟焕波主编

206##$a[比例不等]

210##$a济南$c山东省地图出版社$d1994.9

215##$a247页$c彩色$d28×21cm

5101#$aAtlas of Population and Economy of Shandong Province$zeng

样例 8

书本式格式

中国城市地图集 [舆图] = Atlas of Cities of China / 邹时萌,苏则民主编 ; 于德明 [等]编辑. -- [未注比例]. -- 北京 : 中国地图出版社, 1994.6. -- 2 册 : 彩色 ;

36 ×26cm . -- 本图集收编了 1949—1989 年全国 450 个设市城市的有关资料(未包括台湾省和香港、澳门地区),全面反映了城市的自然环境和人文地理特征、城市发展历史和现状及城市发展的总体规划。是我国出版的第一部大型综合性城市图集。文字说明中英文对照. -- ISBN 7 -5031 -1608 -0(精装) : CNY 520.00

卡片式格式

中国城市地图集[舆图] = Atlas of Cities of China / 邹时萌,苏则民主编 ; 于德明[等]编辑. -- [未注比例]. -- 北京 : 中国地图出版社, 1994.6

2 册 : 彩色 ; 36 ×26cm

本图集收编了 1949—1989 年全国 450 个设市城市的有关资料(未包括台湾省和香港、澳门地区),全面反映了城市的自然环境和人文地理特征、城市发展历史和现状及城市发展的总体规划。是我国出版的第一部大型综合性城市图集。文字说明中英文对照。

ISBN 7 -5031 -1608 -0(精装) : CNY 520.00

CNMARC 格式

010##$a7 -5031 -1608 -0$b精装$dCNY520.00

2001#$a中国城市地图集$b舆图$dAtlas of Cities of China$f邹时萌,苏则民主编$g于德明[等]编辑

206##$a[未注比例]

210##$a北京$c中国地图出版社$d1994.6

215##$a2册$c彩色$d36 ×26cm

330##$a本图集收编了 1949—1989 年全国 450 个设市城市的有关资料(未包括台湾省和香港、澳门地区),全面反映了城市的自然环境和人文地理特征、城市发展历史和现状及城市发展的总体规划。是我国出版的第一部大型综合性城市图集。文字说明中英文对照。

5101#$aAtlas of Cities of China$zeng

样例 9

书本式格式

1∶1000000 中国土地利用图[舆图] = Land-Use Map of China / 吴传钧主编. -- 1∶1000000 . -- 北京 : 科学出版社, 1990.7 . -- 128 页 : 彩色 ; 54 ×39cm . -- ISBN 7 -03 -0021 -45 -2(精装) : CNY 259.00

卡片式格式

1∶1000000 中国土地利用图[舆图] = Land-Use Map of China / 吴传钧主编. -- 1∶1000000 . -- 北京 : 科学出版社, 1990.7

128 页 :彩色 ; 54 ×39cm

ISBN 7 -03 -0021 -45 -2(精装) : CNY 259.00

CNMARC 格式

010##$a7 -03 -0021 -45 -2$b精装$dCNY259.00

2001#$a1∶1000000中国土地利用图$b舆图$d Land-Use Map of China$f吴传钧主编

206##$a1∶1000000

210##$a北京$c科学出版社$d1990.7

215##$a128页$c彩色$d54×39cm

5101#$aLand-Use Map of China$zeng

样例10

书本式格式

中国古代地图集［舆图］= An Atlas of Ancient Maps in China / 曹婉如［等］编. --［未注比例］. -- 北京：文物出版社，1990.7. -- 14,［140］,35,119页：彩色和黑白；36×27cm. -- 图名页所题编者为曹婉如、郑锡煌、黄盛璋、钮仲勋、任金城、鞠德源。图集由205幅图版、图版说明和研究论文等三大部分组成。除地图和论文外,均为中英文对照. -- ISBN 7-5010-0304-1(精装)

卡片式格式

中国古代地图集［舆图］= An Atlas of Ancient Maps in China / 曹婉如［等］编. --［未注比例］. -- 北京：文物出版社，1990.7

14,［140］, 35, 119页：彩色和黑白；36×27cm

图名页所题编者为曹婉如、郑锡煌、黄盛璋、钮仲勋、任金城、鞠德源。图集由205幅图版、图版说明和研究论文等三大部分组成。除地图和论文外,均为中英文对照。

ISBN 7-5010-0304-1(精装)

CNMARC格式

010##$a7-5010-0304-1$b精装

2001#$a中国古代地图集$b舆图$dAn Atlas of Ancient Maps in China$f曹婉如［等］编

206##$a［未注比例］

210##$a北京$c文物出版社$d1990.7

215##$a14,［140］, 35, 119页$c彩色和黑白$d36×27cm

330##$a图名页所题编者为曹婉如、郑锡煌、黄盛璋、钮仲勋、任金城、鞠德源。图集由205幅图版、图版说明和研究论文等三大部分组成。除地图和论文外,均为中英文对照。

5101#$aAn Atlas of Ancient Map in China$zeng

样例11

书本式格式

成都市旅游交通图［舆图］= Tourist Map of Chengdu / 成都地图出版社编制. --［未注比例］. -- 成都：成都地图出版社，1990.6. -- 1幅：彩色；38×52cm

卡片式格式

成都市旅游交通图［舆图］= Tourist Map of Chengdu / 成都地图出版社编制. --［未注比例］. -- 成都：成都地图出版社，1990.6

1幅：彩色；38×52cm

CNMARC格式

2001#$a成都市旅游交通图$b舆图$dTourist Map of Chengdu$f成都地图出版社编制

206##$a［未注比例］

210##$a成都$c成都地图出版社$d1990.6

215##$a1幅$c彩色$d38×52cm

5101#$aTourist Map of Chengdu$zeng

样例 12

书本式格式

中国土壤图集［舆图］= The Soil Atlas of China / 熊毅主编 ; 王鹤林,黄翠琴编绘. -- ［比例不等］. -- 北京 : 地图出版社, 1986.10. -- 58, 28, 42 页 : 彩色 ; 27×38cm. -- 内容有地图、土壤类型的剖面及景观照片及英文说明。

卡片式格式

中国土壤图集［舆图］= The Soil Atlas of China / 熊毅主编 ; 王鹤林,黄翠琴编绘. -- ［比例不等］. -- 北京 : 地图出版社, 1986.10

58, 28, 42 页 : 彩色 ; 27×38cm

内容有地图、土壤类型的剖面及景观照片及英文说明。

CNMARC 格式

2001#$a中国土壤图集$b舆图$d The Soil Atlas of China$f熊毅主编$g王鹤林,黄翠琴编绘

206##$a［比例不等］

210##$a北京$c地图出版社$d1986.10

215##$a58, 28, 42页$c彩色$d27×38cm

300##$a内容有地图、土壤类型的剖面及景观照片及英文说明。

5101#$aThe Soil Atlas of China$zeng

三、含其他图名信息的著录

样例 1

书本式格式

中国近代工业分布图［舆图］: 十九世纪六十—九十年代 / 地图出版社编制. -- 1:4000000. -- 北京 : 地图出版社, 1981.6. -- 1 幅 : 彩色 ; 91×66cm

卡片式格式

中国近代工业分布图［舆图］: 十九世纪六十—九十年代 / 地图出版社编制. -- 1:4000000. -- 北京 : 地图出版社, 1981.6

1 幅 : 彩色 ; 91×66cm

CNMARC 格式

2001#$a中国近代工业分布图$b舆图$e十九世纪六十—九十年代$f地图出版社编制

206##$a1:4000000

210##$a北京$c地图出版社$d1981.6

215##$a1幅$c彩色$d91×66cm

样例 2

书本式格式

中国南方岩相古地理图集［舆图］：震旦纪—三叠纪／刘宝君,许效松主编．--［比例不等］．-- 北京：科学出版社,1994.8．-- 188 页：彩色；39×27cm．-- 本图集由 7 个二级课题和综合组所编制的各地质时期岩相古地理图、地层岩相对比图、地层对比表、古构造图及盆地沉积、构造演化、成矿横式图等共 143 张图件组成。岩相古地理图的地理范围东经 100°－125°,北纬 18°－34°．-- ISBN 7－03－004325－1(精装)：CNY 288.00

卡片式格式

中国南方岩相古地理图集［舆图］：震旦纪—三叠纪／刘宝君,许效松主编．--［比例不等］．-- 北京：科学出版社,1994.8

188 页：彩色；39×27cm

本图集由 7 个二级课题和综合组所编制的各地质时期岩相古地理图、地层岩相对比图、地层对比表、古构造图及盆地沉积、构造演化、成矿横式图等共 143 张图件组成。岩相古地理图的地理范围东经 100°－125°,北纬 18°－34°。

ISBN 7－03－004325－1(精装)：CNY 288.00

CNMARC 格式

010##$a7－03－004325－1$b精装$dCNY288.00

2001#$a中国南方岩相古地理图集$b舆图$e震旦纪—三叠纪$f刘宝君,许效松主编

206##$a[比例不等]

210##$a北京$c科学出版社$d1994.8

215##$a188页$c彩色$d39×27cm

330##$a本图集由 7 个二级课题和综合组所编制的各地质时期岩相古地理图、地层岩相对比图、地层对比表、古构造图及盆地沉积、构造演化、成矿横式图等共 143 张图件组成。岩相古地理图的地理范围东经 100°－125°,北纬 18°－34°。

样例 3

书本式格式

世界历史地图册：沿海版．第二册［舆图］／陈周棠主编；曾醒时,张桂枢编辑；段凌[等]制图．--［比例不等］．-- 北京：中国地图出版社,1992.12．-- 33 页：彩色；19×13cm．-- ISBN 7－5031－1194－8：CNY 0.80

卡片式格式

世界历史地图册：沿海版．第二册［舆图］／陈周棠主编；曾醒时,张桂枢编辑；段凌[等]制图．--［比例不等］．-- 北京：中国地图出版社,1992.12

33 页：彩色；19×13cm

ISBN 7－5031－1194－8：CNY 0.80

CNMARC 格式

010##$a7－5031－1194－8$dCNY0.80

2001#$a世界历史地图册$e沿海版$h第二册$b舆图$f陈周棠主编$g曾醒时,张桂枢编辑$g段凌[等]制图

206##$a[比例不等]

210##$a北京$c中国地图出版社$d1992.12

215##$a33页$c彩色$d19×13cm

样例4

书本式格式

无锡工商交通经纬图［舆图］：工交版／王惠东[等]编辑. -- ［未注比例］. -- 上海：中华地图学社，1991.4． -- 1幅：彩色；76×52cm． -- ISBN 7-80031-058-2：CNY 3.50

卡片式格式

无锡工商交通经纬图［舆图］：工交版／王惠东[等]编辑. -- ［未注比例］. -- 上海：中华地图学社，1991.4

1幅：彩色；76×52cm

ISBN 7-80031-058-2：CNY 3.50

CNMARC 格式

010##$a7-80031-058-2$dCNY3.50

2001#$a无锡工商交通经纬图$b舆图$e工交版$f王惠东[等]编辑

206##$a[未注比例]

210##$a上海$c中华地图学社$d1991.4

215##$a1幅$c彩色$d76×52cm

样例5

书本式格式

无锡工商交通经纬图［舆图］：综合版／王惠东[等]编辑. -- ［未注比例］. -- 上海：中华地图学社，1991.4． -- 1幅：彩色；76×52cm． -- ISBN 7-80031-058-2：CNY 3.50

卡片式格式

无锡工商交通经纬图［舆图］：综合版／王惠东[等]编辑. -- ［未注比例］. -- 上海：中华地图学社，1991.4

1幅：彩色；76×52cm

ISBN 7-80031-058-2：CNY 3.50

CNMARC 格式

010##$a7-80031-058-2$dCNY3.50

2001#$a无锡工商交通经纬图$b舆图$e综合版$f王惠东[等]编辑

206##$a[未注比例]

210##$a上海$c中华地图学社$d1991.4

215##$a1幅$c彩色$d76×52cm

样例 6

书本式格式

成都市旅游交通图［舆图］：工商银行专版／成都地图出版社编制．-- ［比例不详］．-- 成都市：成都地图出版社,2008.6．-- 1 幅：彩色；50×45cm．-- 有说明,附四川省交通旅游图．-- ISBN 7-80704-309-6：CNY 5.00

卡片式格式

成都市旅游交通图［舆图］：工商银行专版／成都地图出版社编制．-- ［比例不详］．-- 成都市：成都地图出版社, 2008.6

1 幅：彩色；50×45cm

有说明,附四川省交通旅游图。

ISBN 7-80704-309-6：CNY 5.00

CNMARC 格式

010##$a7-80704-309-6$dCNY5.00

2001#$a成都市旅游交通图$b舆图$e工商银行专版$f成都地图出版社编制

206##$a[比例不详]

210##$a成都市$c成都地图出版社$d2008.6

215##$a1 幅$c彩色$d50×45cm

300##$a有说明,附四川省交通旅游图。

样例 7

书本式格式

海国图志［舆图］：六十卷／（清）魏源辑．-- 刻本．-- ［未注比例］．-- ［出版地不详］：［出版者不详］,［清道光二十七年(1847)］．— 16 册：单色；21×15cm．— 清道光二十二年(1842)后,魏源在《海国图志》五十卷本的基础上,又续辑厘定为六十卷。

卡片式格式

海国图志［舆图］：六十卷／（清）魏源辑．-- 刻本．-- ［未注比例］．-- ［出版地不详］：［出版者不详］,［清道光二十七年(1847)］

16 册：单色；21×15cm

清道光二十二年(1842)后,魏源在《海国图志》五十卷本的基础上,又续辑厘定为六十卷。

CNMARC 格式

2001#$a海国图志$b舆图$e六十卷$f(清)魏源辑

205##$a刻本

206##$a[未注比例]

210##$a[出版地不详]$c[出版者不详]$d[清道光二十七年(1847)]

215##$a16册$c单色$d21×15cm

300##$a清道光二十二年(1842)后,魏源在《海国图志》五十卷本的基础上,又续辑厘定为六十卷。

样例 8

书本式格式

地图综要［舆图］：三卷／（明）吴学俨［等］编. -- 刻本. -- ［比例不等］. -- ［出版地不详］：［出版者不详］，明弘光元年［1645］. -- 6 册：单色；23 × 29cm. -- 吴学俨、朱绍本、朱国达、朱国干 4 人合编，李釜源作序。全书吸取了罗洪先《广舆图》和桂萼《皇明舆图》的体系和绘图方法，以“总卷”、“内卷”、“外卷”划分。“总卷”为总图，“内卷”为两京十三省分图，“外卷”为江、海防图，九边及四夷图和说. -- 线装

卡片式格式

地图综要［舆图］：三卷／（明）吴学俨［等］编. -- 刻本. -- ［比例不等］. -- ［出版地不详］：［出版者不详］，明弘光元年［1645］

6 册：单色；23 × 29cm

吴学俨、朱绍本、朱国达、朱国干 4 人合编，李釜源作序。全书吸取了罗洪先《广舆图》和桂萼《皇明舆图》的体系和绘图方法，以“总卷”、“内卷”、“外卷”划分。“总卷”为总图，“内卷”为两京十三省分图，“外卷”为江、海防图，九边及四夷图和说。

线装

CNMARC 格式

010##$b线装

2001#$a地图综要$b舆图$e三卷$f（明）吴学俨［等］编

205##$a刻本

206##$a［比例不等］

210##$a［出版地不详］$c［出版者不详］$d明弘光元年［1645］

215##$a6册$c单色$d23 × 29cm

300##$a吴学俨、朱绍本、朱国达、朱国干 4 人合编，李釜源作序。全书吸取了罗洪先《广舆图》和桂萼《皇明舆图》的体系和绘图方法，以“总卷”、“内卷”、“外卷”划分。“总卷”为总图，“内卷”为两京十三省分图，“外卷”为江、海防图，九边及四夷图和说。

样例 9

书本式格式

今古舆地图［舆图］：三卷／（明）吴国辅，沈定之辑. -- 刻本. -- ［出版地不详］：［出版者不详］，明崇祯十六年［1643］. -- 3 册：双色；30 × 18.5cm. -- 图分上、中、下三卷，仿宋《历代地理指掌图》之例，主要绘出了自帝喾至明代历代疆域沿革。以明一统图为底图，分别以朱线标出自五帝至明初疆域郡县名称。为明代沿革地图之代表作。

卡片式格式

今古舆地图［舆图］：三卷／（明）吴国辅，沈定之辑. -- 刻本. -- ［出版地不详］：［出版者不详］，明崇祯十六年［1643］

3 册：双色；30 × 18.5cm

图分上、中、下三卷，仿宋《历代地理指掌图》之例，主要绘出了自帝喾至明代历代疆域沿革。以明一统图为底图，分别以朱线标出自五帝至明初疆域郡县名称。为明代沿革

地图之代表作。

CNMARC 格式

2001#$a今古舆地图$b舆图$e三卷$f(明)吴国辅,沈定之辑

205##$a刻本

210##$a[出版地不详]$c[出版者不详]$d明崇祯十六年[1643]

215##$a3册$c双色$d30×18.5cm

300##$a图分上、中、下三卷,仿宋《历代地理指掌图》之例,主要绘出了自帝喾至明代历代疆域沿革。以明一统图为底图,分别以朱线标出自五帝至明初疆域郡县名称。为明代沿革地图之代表作。

样例 10

书本式格式

驾驶员必备交通图［舆图］：［山东省］／宋卫,庄树森主编 ；李钧［等］编绘. -- ［未注比例］. -- 济南 ：山东省地图出版社,1998.2 . -- 44 页 ：彩色 ；26×19cm . -- 本图册实为山东省交通图册,资料详细实用;注重了图文的超前性,如将已确定规划正在施工的 2000 年山东公路规划图、济南绕城高速公路图等收编入册;还选编了实用性较强的驾驶员感兴趣的问题解答和参考资料. — ISBN 7-80532-292-9 ：CNY 18.80

卡片式格式

驾驶员必备交通图［舆图］：［山东省］／宋卫,庄树森主编 ；李钧［等］编绘. -- ［未注比例］. -- 济南 ：山东省地图出版社, 1998.2

44 页 ：彩色 ；26×19cm

本图册实为山东省交通图册,资料详细实用;注重了图文的超前性,如将已确定规划正在施工的 2000 年山东公路规划图、济南绕城高速公路图等收编入册;还选编了实用性较强的驾驶员感兴趣的问题解答和参考资料。

ISBN 7-80532-292-9 ：CNY 18.80

CNMARC 格式

010##$a7-80532-292-9$d CNY18.80

2001#$a驾驶员必备交通图$b舆图$e[山东省]$f宋卫,庄树森主编$g李钧[等]编绘

206##$a[未注比例]

210##$a济南$c山东省地图出版社$d1998.2

215##$a44页$c彩色$d26×19cm

300##$a本图册实为山东省交通图册,资料详细实用;注重了图文的超前性,如将已确定规划正在施工的 2000 年山东公路规划图、济南绕城高速公路图等收编入册;还选编了实用性较强的驾驶员感兴趣的问题解答和参考资料。

样例 11

书本式格式

全国城市交通及工商企业分布图. 无锡市、江阴市［舆图］／《全国城市资源及工商企业分布图》编委会编. -- 2 版. -- ［未注比例］. -- 北京 ：地质出版社, 2001.4

. -- 1 幅 : 彩色 ; 51 ×76cm

卡片式格式

全国城市交通及工商企业分布图 . 无锡市、江阴市 [舆图] / 《全国城市资源及工商企业分布图》编委会编. -- 2 版. -- [未注比例]. -- 北京 : 地质出版社, 2001. 4

1 幅 : 彩色 ; 51 ×76cm

CNMARC 格式

2001#$a全国城市交通及工商企业分布图$i无锡市、江阴市$b舆图$f《全国城市资源及工商企业分布图》编委会编

205##$a2版

206##$a[未注比例]

210##$a北京$c地质出版社$d2001. 4

215##$a1幅$c彩色$d51 ×76cm

样例 12

书本式格式

全国城市交通及工商企业分布图 . 昆山幅 [舆图] / 《全国城市资源及工商企业分布图》编委会编. -- [未注比例]. -- 北京 : 地质出版社,1996. 1 . -- 1 幅 : 彩色 ; 50 ×72cm . -- 内含昆山市工商企业简介。

卡片式格式

全国城市交通及工商企业分布图 . 昆山幅 [舆图] / 《全国城市资源及工商企业分布图》编委会编. -- [未注比例]. -- 北京 : 地质出版社, 1996. 1

1 幅 : 彩色 ; 50 ×72cm

内含昆山市工商企业简介。

CNMARC 格式

2001#$a全国城市交通及工商企业分布图$i昆山幅$b舆图$f《全国城市资源及工商企业分布图》编委会编

206##$a[未注比例]

210##$a北京$c地质出版社$d1996. 1

215##$a1幅$c彩色$d50 ×72cm

300##$a内含昆山市工商企业简介。

样例 13

书本式格式

中学教师地图集 . 世界地图分册 [舆图] / 卢宜玉,王淑华编辑 ; 龚英[等]编. -- [比例不等]. -- 北京 : 中国地图出版社, 1996. 2. -- 132 页 : 彩色 ; 26 ×19cm. -- 本图册由世界总图、洋图、洲图、分区和附表地理资料五部分组成. -- ISBN 7 - 5031 - 1752 - 4 : CNY 17. 60

卡片式格式

中学教师地图集 . 世界地图分册 [舆图] / 卢宜玉,王淑华编辑 ; 龚英[等]编. --

［比例不等］. -- 北京 ：中国地图出版社，1996. 2

132 页 ：彩色 ；26 ×19cm

本图册由世界总图、洋图、洲图、分区和附表地理资料五部分组成。

ISBN 7 -5031 -1752 -4 ：CNY 17. 60

CNMARC 格式

010##$a7 -5031 -1752 -4$dCNY17. 60

2001#$a中学教师地图集$i世界地图分册$b舆图$f卢宜玉，王淑华编辑$g龚英［等］编

206##$a［比例不等］

210##$a北京$c中国地图出版社$d1996. 2

215##$a132页$c彩色$d26 ×19cm

300##$a本图册由世界总图、洋图、洲图、分区和附表地理资料五部分组成。

样例 14

书本式格式

中学教师地图集. 中国地图分册［舆图］/ 范萍华编辑 ；赵晖［等］编绘 ；金符文字编辑. -- 2 版，修订本 / 朱大仁，郑建慧修订. -- ［比例不等］. -- 北京 ：中国地图出版社，1996. 3 . -- 80 页 ：彩色 ；26 ×19cm . -- 1989 年 6 月第 1 版. -- ISBN 7 - 5031 -0840 -1 ：CNY 12. 50

卡片式格式

中学教师地图集. 中国地图分册［舆图］/ 范萍华编辑 ；赵晖［等］编绘 ；金符文字编辑. -- 2 版，修订本 / 朱大仁，郑建慧修订. -- ［比例不等］. -- 北京 ：中国地图出版社，1996. 3

80 页 ：彩色 ；26 ×19cm

1989 年 6 月第 1 版。

ISBN 7 -5031 -0840 -1 ：CNY 12. 50

CNMARC 格式

010##$a7 -5031 -0840 -1$dCNY12. 50

2001#$a中学教师地图集$i中国地图分册$b舆图$f范萍华编辑$g赵晖［等］编绘$g金符文字编辑

205##$a2版$b修订本$f朱大仁，郑建慧修订

206##$a［比例不等］

210##$a北京$c中国地图出版社$d1996. 3

215##$a80页$c彩色$d26 ×19cm

300##$a1989年 6 月第 1 版。

样例 15

书本式格式

初中地图册. 上册［舆图］/ 刘勇民，周之翠编辑. -- ［比例不等］. -- 北京 ：中国地图出版社，1990. 12(1991. 12). -- 34 页 ：彩色 ；18 ×13cm . -- ISBN 7 -5031 -

0672 –0 ：CNY 0.80

卡片式格式

初中地图册．上册［舆图］／刘勇民,周之翠编辑． -- ［比例不等］． -- 北京 ：中国地图出版社，1990.12(1991.12)

34 页 ：彩色 ；18 ×13cm

ISBN 7 –5031 –0672 –0 ：CNY 0.80

CNMARC 格式

010##$a7 –5031 –0672 –0$dCNY0.80

2001#$a初中地图册$h上册$b舆图$f刘勇民,周之翠编辑

206##$a［比例不等］

210##$a北京$c中国地图出版社$d1990.12$h1991.12

215##$a34页$c彩色$d18 ×13cm

样例 16

书本式格式

小学地理教学挂图．第三辑［舆图］／中国地图出版社编制． -- ［比例不等］． -- 北京 ：中国地图出版社，1987.6． -- 6 幅 ：彩色 ；图廓不等． -- 子目:长江中下游 ；四川盆地 ；云贵高原 ；东南沿海 ；北部内陆地区 ；青藏高原． -- ISBN 7 –5031 –0104 –0 ：CNY 5.50.

卡片式格式

小学地理教学挂图．第三辑［舆图］／中国地图出版社编制． -- ［比例不等］． -- 北京 ：中国地图出版社，1987.6

6 幅 ：彩色 ；图廓不等

子目:长江中下游 ；四川盆地 ；云贵高原 ；东南沿海 ；北部内陆地区 ；青藏高原。

ISBN 7 –5031 –0104 –0 ：CNY 5.50

CNMARC 格式

010##$a7 –5031 –0104 –0$dCNY5.50

2001#$a小学地理教学挂图$h第三辑$b舆图$f中国地图出版社编制

206##$a［比例不等］

210##$a北京$c中国地图出版社$d1987.6

215##$a6幅$c彩色$d图廓不等

300##$a子目:长江中下游 ；四川盆地 ；云贵高原 ；东南沿海 ；北部内陆地区 ；青藏高原。

样例 17

书本式格式

中国文物地图集．江苏分册［舆图］／国家文物局主编． -- ［比例不等］． -- 北京 ：中国地图出版社，2008.5． -- 431，857 页 ：彩色 ；27 ×20cm． -- 本图集分上、下册。其中图版 196 幅、文字 188 万字,收录不可移动文物单位 10396 处,分古遗考古发

掘的成果，是江苏省不可移动文物迄今资料最为齐备、涉及面最广的一部综合著作. -- ISBN 7-5031-4448-6(精装) : CNY 680.00

卡片式格式

中国文物地图集. 江苏分册 [舆图] / 国家文物局主编. -- [比例不等]. -- 北京 : 中国地图出版社, 2008.5

431, 857页 : 彩色 ; 27×20cm

本图集分上、下册。其中图版196幅、文字188万字，收录不可移动文物单位10396处，分古遗考古发掘的成果，是江苏省不可移动文物迄今资料最为齐备、涉及面最广的一部综合著作。

ISBN 7-5031-4448-6(精装) : CNY 680.00

CNMARC 格式

010##$a7-5031-4448-6$b精装$dCNY680.00

2001#$a中国文物地图集$i江苏分册$b舆图$g国家文物局主编

206##$a[比例不等]

210##$a北京$c中国地图出版社$d2008.5

215##$a431,857页$c彩色$d27×20cm

300##$a本图集分上、下册。其中图版196幅、文字188万字，收录不可移动文物单位10396处，分古遗考古发掘的成果，是江苏省不可移动文物迄今资料最为齐备、涉及面最广的一部综合著作。

样例18

书本式格式

中国文物地图集. 山东分册 [舆图] / 国家文物局主编 ; 山东省文物局编制. -- [比例不等]. -- 北京 : 中国地图出版社, 2007.12. -- 2册(916页) : 彩色 ; 27×20cm. -- 本图集分上、下册。汇总了中华人民共和国成立以来至2000年之间山东考古发掘成果(个别资料截至2001年年底)，集山东省历次文物普查、复查成果之大全，共收录文物点12692处，加上包含于大文物保护单位的文物点共14324处，其中古遗址7954处，古墓葬2995处，古建筑1467处，石窟寺及石刻835处，近现代重要史迹755处，近现代代表性建筑225处，其他文物点93处。上卷主要有概述、序图、专题文物图、市县文物图、重点文物图、文物单位索引等内容。下卷主要内容为文物单位简介。全书共275万字，图片近千张. -- ISBN 7-5031-4196-6(精装) : CNY 890.00

卡片式格式

中国文物地图集. 山东分册 [舆图] / 国家文物局主编 ; 山东省文物局编制. -- [比例不等]. -- 北京 : 中国地图出版社, 2007.12

2册(916页) : 彩色 ; 27×20cm

本图集分上、下册。汇总了中华人民共和国成立以来至2000年之间山东考古发掘成果(个别资料截至2001年年底)，集山东省历次文物普查、复查成果之大全，共收录文物点12692处，加上包含于大文物保护单位的文物点共14324处，其中古遗址7954处，古墓葬2995处，古建筑1467处，石窟寺及石刻835处，近现代重要史迹755处，近现代代表性建筑 225 处，其他文物点 93 处。上卷主要有概述、序图、专题文物图、市县文物图、重点文物图、文物单位索引等内容。下卷主要内容为文物单位简介。全书共 275 万字，图片近千张。

ISBN 7 - 5031 - 4196 - 6（精装）：CNY 890.00

CNMARC 格式

010##$a7 - 5031 - 4196 - 6$b精装$dCNY890.00

2001#$a中国文物地图集$i山东分册$b舆图$f国家文物局主编$g山东省文物局编制

206##$a[比例不等]

210##$a北京$c中国地图出版社$d2007.12

215##$a2册(916 页)$c彩色$d27 ×20cm

300##$a本图集分上、下册。汇总了中华人民共和国成立以来至 2000 年之间山东考古发掘成果（个别资料截至 2001 年年底），集山东省历次文物普查、复查成果之大全，共收录文物点 12692 处，加上包含于大文物保护单位的文物点共14324处，其中古遗址 7954 处，古墓葬 2995 处，古建筑 1467 处，石窟寺及石刻 835 处，近现代重要史迹 755 处，近现代代表性建筑 225 处，其他文物点 93 处。上卷主要有概述、序图、专题文物图、市县文物图、重点文物图、文物单位索引等内容。下卷主要内容为文物单位简介。全书共 275 万字，图片近千张。

样例 19

书本式格式

中国文物地图集．福建分册［舆图］／国家文物局主编．-- ［比例不等］．-- 福州：福建省地图出版社，2007.12．-- 2 册（800 页）：彩色；26.5 ×19.4cm．-- 本图册分上、下两册。共收录文物点 10311 处，其中古遗址 3537 处、古墓葬 954 处、古建筑 4065 处、石窟寺及石刻 778 处、近代史迹 812 处、近代建筑 165 处。收录资料截至 2000 年年底。分册中的地理基础资料，主要依据 1∶10 万、1∶25 万地形图和福建省及各市、县、区行政区划图。图册都从不同侧面反映福建历史上的政治、经济和文化风貌．-- ISBN 7 - 80516 - 829 - 6（精装）：CNY 750.00

卡片式格式

中国文物地图集．福建分册［舆图］／国家文物局主编．-- ［比例不等］．-- 福州：福建省地图出版社，2007.12

2 册（800 页）：彩色；26.5 ×19.4cm

本图册分上、下两册。共收录文物点 10311 处，其中古遗址 3537 处、古墓葬 954 处、古建筑 4065 处、石窟寺及石刻 778 处、近代史迹 812 处、近代建筑 165 处。收录资料截至 2000 年年底。分册中的地理基础资料，主要依据 1∶10 万、1∶25 万地形图和福建省及各市、县、区行政区划图。图册都从不同侧面反映福建历史上的政治、经济和文化风貌。

ISBN 7 - 80516 - 829 - 6（精装）：CNY 750.00

CNMARC 格式

010##$a7 - 80516 - 829 - 6$b精装$dCNY750.00

2001#$a中国文物地图集$i福建分册$b舆图$f国家文物局主编

206##$a[比例不等]

210##$a福州$c福建省地图出版社$d2007. 12

215##$a2册(800 页)$c彩色$d26. 5 ×19. 4cm

300##$a本图册分上、下两册。共收录文物点 10311 处,其中古遗址 3537 处、古墓葬 954 处、古建筑 4065 处、石窟寺及石刻 778 处、近代史迹 812 处、近代建筑 165 处。收录资料截至 2000 年年底。分册中的地理基础资料,主要依据 1:10 万、1:25 万地形图和福建省及各市、县、区行政区划图。图册都从不同侧面反映福建历史上的政治、经济和文化风貌。

样例 20

书本式格式

中国文物地图集. 青海分册 [舆图] / 格桑本主编 ; 王国顺[等]编辑. -- [比例不等]. -- 北京 : 中国地图出版社, 1996. 1 . -- 125, 216 页 : 彩色 ; 27 ×19cm . -- 本图集包括文物工作和文物状况概述,序图,文物地图(专题文物图和市、县文物图),重点文物图,文物单位简介,文物单位索引等。所收文物年代截至 1949 年. -- ISBN 7 - 5031 - 1765 - 6(精装) : CNY 110. 00

卡片式格式

中国文物地图集. 青海分册 [舆图] / 格桑本主编 ; 王国顺[等]编辑. -- [比例不等]. -- 北京 : 中国地图出版社, 1996. 1

125, 216 页 : 彩色 ; 27 ×19cm

本图集包括文物工作和文物状况概述,序图,文物地图(专题文物图和市、县文物图),重点文物图,文物单位简介,文物单位索引等。所收文物年代截至 1949 年。

ISBN 7 - 5031 - 1765 - 6(精装) : CNY 110. 00

CNMARC 格式

010##$a7 - 5031 - 1765 - 6$b精装$dCNY110. 00

2001#$a中国文物地图集$i青海分册$b舆图$f格桑本主编$g王国顺[等]编辑

206##$a[比例不等]

210##$a北京$c中国地图出版社$d1996. 1

215##$a125, 216页$c彩色$d27 ×19cm

300##$a本图集包括文物工作和文物状况概述,序图,文物地图(专题文物图和市、县文物图),重点文物图,文物单位简介,文物单位索引等。所收文物年代截至 1949 年。

四、图名信息不完整或无图名信息的著录

样例 1

书本式格式

[渑池县]西阳乡地名图 [舆图] / 渑池县地名办公室编. -- 1:1000000 . -- 渑池县 : 渑池县地名办公室, 1986. 10 . -- 1 幅 : 单色 ; 15 ×10cm . -- 内部用图。图中比

例尺有误,应为1:100000。

卡片式格式

[渑池县]西阳乡地名图[舆图]/渑池县地名办公室编. -- 1:1000000. -- 渑池县:渑池县地名办公室,1986.10

1幅:单色;15×10cm

内部用图。图中比例尺有误,应为1:100000。

CNMARC 格式

2001#$a[渑池县]西阳乡地名图$b舆图$f渑池县地名办公室编

206##$a1:1000000

210##$a渑池县$c渑池县地名办公室$d1986.10

215##$a1幅$c单色$d15×10cm

300##$a内部用图。图中比例尺有误,应为1:100 000。

461#1$12001#$a渑池县地名简志

样例2

书本式格式

[寻乌县]罗珊公社地名图[舆图]/寻乌县地名办公室编. -- 1:70000. -- 寻乌县:寻乌县地名办公室,1985.11. -- 1幅:单色;24×16cm. -- 内部用图。图名有误,应为"罗塘公社地名图"。

卡片式格式

[寻乌县]罗珊公社地名图[舆图]/寻乌县地名办公室编. -- 1:70000. -- 寻乌县:寻乌县地名办公室,1985.11

1幅:单色;24×16cm

内部用图。图名有误,应为"罗塘公社地名图"。

CNMARC 格式

2001#$a[寻乌县]罗珊公社地名图$b舆图$f寻乌县地名办公室编

206##$a1:70000

210##$a寻乌县$c寻乌县地名办公室$d1985.11

215##$a1幅$c单色$d24×16cm

300##$a内部用图。图名有误,应为"罗塘公社地名图"。

461#1$12001#$a江西省寻乌县地名志

样例3

书本式格式

[全南县]木金公社地名图[舆图]/李道贱主编. -- 1:850000. -- 全南县:全南县人民政府地名办公室,1984.7. -- 1幅:双色;25×15cm. -- 内部用图。图中比例尺有误,应为1:85000。

卡片式格式

[全南县]木金公社地名图[舆图]/李道贱主编. -- 1:850000. -- 全南县:全南

县人民政府地名办公室, 1984. 7

1 幅 : 双色 ; 25 ×15cm

内部用图。图中比例尺有误,应为 1:85000。

CNMARC 格式

2001#$a[全南县]木金公社地名图$b舆图$f李道贱主编

206##$a1:850000

210##$a全南县$c全南县人民政府地名办公室$d1984. 7

215##$a1 幅$c双色$d25 ×15cm

300##$a内部用图。图中比例尺有误,应为 1:85 000。

461#1$12001#$a江西省全南县地名志

样例 4

书本式格式

[巴马瑶族自治县]羌圩公社地名图 [舆图] / 巴马瑶族自治县地名办公室编. -- 1:1000000 . -- 巴马县 : 巴马瑶族自治县地名办公室, 1984. 6 . -- 1 幅 : 彩色 ; 23 × 34cm . -- 内部用图。图上比例尺有误,应为 1:100000。

卡片式格式

[巴马瑶族自治县]羌圩公社地名图 [舆图] / 巴马瑶族自治县地名办公室编. -- 1:1000000 . -- 巴马县 : 巴马瑶族自治县地名办公室, 1984. 6

1 幅 : 彩色 ; 23 ×34cm

内部用图。图上比例尺有误,应为 1:100000。

CNMARC 格式

2001#$a[巴马瑶族自治县]羌圩公社地名图$b舆图$f巴马瑶族自治县地名办公室编

206##$a1:1000000

210##$a巴马县$c巴马瑶族自治县地名办公室$d1984. 6

215##$a1 幅$c彩色$d23 ×34cm

300##$a内部用图。图上比例尺有误,应为 1:100000。

461#1$12001#$a广西壮族自治区巴马瑶族自治县地名集

样例 5

书本式格式

[安陆县]白兆山图 [舆图]. -- 临摹本 / 李传超临摹. -- [未注比例]. -- [出版地不详] : [出版者不详], 1982. 10 . -- 1 幅 : 单色 ; 10 ×15cm . -- 本图系李传超临摹清道光二十三年(1843)《安陆县志》原图。现实地考证原图标示有误。

卡片式格式

[安陆县]白兆山图[舆图]. -- 临摹本 / 李传超临摹. -- [未注比例]. -- [出版地不详] : [出版者不详], 1982. 10

1 幅 : 单色 ; 10 ×15cm

本图系李传超临摹清道光二十三年(1843)《安陆县志》原图。现实地考证原图标示有误。

CNMARC 格式

2001#$a[安陆县]白兆山图$b舆图

205##$a临摹本$f李传超临摹

206##$a[未注比例]

210##$a[出版地不详]$c[出版者不详]$d1982. 10

215##$a1 幅$c单色$d10 × 15cm

300##$a本图系李传超临摹清道光二十三年(1843)《安陆县志》原图。现实地考证原图标示有误。

461#1$12001#$a湖北省安陆县地名志

样例 6

书本式格式

[江西省各地风景图][舆图] / 江西省旅游局编. -- [未注比例]. -- 北京 : 旅游出版社,[1983]. -- 3 幅:彩色;图廓不等. -- 本图包括南昌、井冈山、景德镇旅游示意图和风景照片。中英文对照。

卡片式格式

[江西省各地风景图][舆图] / 江西省旅游局编. -- [未注比例]. -- 北京 : 旅游出版社,[1983]

3 幅 : 彩色 ; 图廓不等

本图包括南昌、井冈山、景德镇旅游示意图和风景照片。中英文对照。

CNMARC 格式

2001#$a[江西省各地风景图]$b舆图$f江西省旅游局编

206##$a[未注比例]

210##$a北京$c旅游出版社$d[1983]

215##$a3 幅$c彩色$d图廓不等

300##$a本图包括南昌、井冈山、景德镇旅游示意图和风景照片。中英文对照。

样例 7

书本式格式

[中华民国大地图][舆图] / 丁詧盦,葛绥成编制. -- 订正 6 版. -- [约 1:45000000]. -- 上海 : 中华书局, 民国十八年八月[1929. 8]. -- 1 幅 : 彩色 ; 81 × 108cm . -- 晕滃法表示地形。

卡片式格式

[中华民国大地图][舆图] / 丁詧盦,葛绥成编制. -- 订正 6 版. -- [约 1:45000000]. -- 上海 : 中华书局, 民国十八年八月[1929. 8]

1 幅 : 彩色 ; 81 × 108cm

晕滃法表示地形。

CNMARC 格式

2001#$a[中华民国大地图]$b舆图$f丁督盦,葛绥成编制

205##$a订正 6 版

206##$a[约 1:45000000]

210##$a上海$c中华书局$d民国十八年八月[1929. 8]

215##$a1 幅$c彩色$d81 ×108cm

300##$a晕滃法表示地形。

样例 8

书本式格式

[中国历史地图][舆图]/(清)傅崇矩著. -- 刻本. -- [比例不等]. -- 成都:成都图书局,清光绪三十至三十一年[1904 - 1905]. -- 存 14 幅:彩色;图廓不等. -- 内有《山海经古地今证图》及自禹贡九州至隋朝各代历史地图。各图附说。有等高线,图例。《三国地图》原著德国丕尔司,考订傅崇矩。

卡片式格式

[中国历史地图][舆图]/(清)傅崇矩著. -- 刻本. -- [比例不等]. -- 成都:成都图书局,清光绪三十至三十一年[1904 - 1905]

存 14 幅:彩色;图廓不等

内有《山海经古地今证图》及自禹贡九州至隋朝各代历史地图。各图附说。有等高线,图例。《三国地图》原著德国丕尔司,考订傅崇矩。

CNMARC 格式

2001#$a[中国历史地图]$b舆图$f(清)傅崇矩著

205##$a刻本

206##$a[比例不等]

210##$a成都$c成都图书局$d清光绪三十至三十一年[1904 - 1905]

215##$a存 14 幅$c彩色$d图廓不等

300##$a内有《山海经古地今证图》及自禹贡九州至隋朝各代历史地图。各图附说。有等高线,图例。《三国地图》原著德国丕尔司,考订傅崇矩。

样例 9

书本式格式

[额古特南北中三段迅速图][舆图]/(清)刘宗关[等]绘制. -- 绘本. -- [1:100000]. -- [出版地不详]:[出版者不详],[清光绪年间]. -- 4 幅:彩色;图廓不等. -- 此图系在马上速测所绘,较精细。地形用等高线表示。子目:惠远城距额鲁特营图(98 ×365cm,附图说一张);特克额到苍玛河图(98 ×365cm,附图说一张);俄哈布号特口至第一排图(98 ×365cm,附图说一张);伊犁河一带马上测图(97 ×460cm)。

卡片式格式

[额古特南北中三段迅速图][舆图]/(清)刘宗关[等]绘制. -- 绘本. -- [1:100000]. -- [出版地不详]:[出版者不详],[清光绪年间]

4 幅 : 彩色 ; 图廓不等

此图系在马上速测所绘,较精细。地形用等高线表示。子目:1. 惠远城距额鲁特营图(98 ×365cm,附图说一张);2. 特克额到苍玛河图(98 ×365cm,附图说一张);3. 俄哈布号特口至第一排图(98 ×365cm,附图说一张);4. 伊犁河一带马上测图(97 ×460cm)。

CNMARC 格式

2001#$a[额古特南北中三段迅速图]$b舆图$f(清)刘宗关[等]绘制

205##$a绘本

206##$a[1∶100000]

210##$a[出版地不详]$c[出版者不详]$d[清光绪年间]

215##$a4幅$c彩色$d图廓不等

300##$a此图系在马上速测所绘,较精细。地形用等高线表示。子目:惠远城距额鲁特营图(98 ×365cm,附图说一张);特克额到苍玛河图(98 ×365cm,附图说一张);俄哈布号特口至第一排图(98 ×365cm,附图说一张);伊犁河一带马上测图(97 ×460cm)。

样例 10

书本式格式

[奉天大围山开垦图][舆图]/(清)岐元绘图. -- 绘本. -- [未注比例]. -- [出版地不详]:[出版者不详],清光绪五年后[1880]. -- 1 幅 : 彩色 ; 68.6 ×77.5cm. -- 原题"东北边口图",有误,今改此。图上有"光绪五年曾呈根围图"等语,故此图尚成于其后。方向上南下北。图有破损。

卡片式格式

[奉天大围山开垦图][舆图]/(清)岐元绘图. -- 绘本. -- [未注比例]. -- [出版地不详]:[出版者不详],清光绪五年后[1880]

1 幅 : 彩色 ; 68.6 ×77.5cm

原题"东北边口图",有误,今改此。图上有"光绪五年曾呈根围图"等语,故此图尚成于其后。方向上南下北。图有破损。

CNMARC 格式

2001#$a[奉天大围山开垦图]$b舆图$f岐元绘图

205##$a绘本

206##$a[未注比例]

210##$a[出版地不详]$c[出版者不详]$d清光绪五年后[1880]

215##$a1幅$c彩色$d68.6 ×77.5cm

300##$a原题"东北边口图",有误,今改此。图上有"光绪五年曾呈根围图"等语,故此图尚成于其后。方向上南下北。图有破损。

样例 11

书本式格式

[长江名胜图][舆图]/(清)冯世基绘. -- 绘本. -- [未注比例]. -- [出版地

不详]：[出版者不详]，清同治六年[1867]．-- 1幅：彩色；25×1119cm．-- 本图采用对景画法，绘出了自湖北石首县至江苏江阴县长江沿岸之胜迹。

卡片式格式

[长江名胜图][舆图]／(清)冯世基绘．-- 绘本．-- [未注比例]．-- [出版地不详]：[出版者不详]，清同治六年[1867]

1幅：彩色；25×1119cm

本图采用对景画法，绘出了自湖北石首县至江苏江阴县长江沿岸之胜迹。

CNMARC 格式

2001#$a[长江名胜图]$b舆图$f(清)冯世基绘

205##$a绘本

206##$a[未注比例]

210##$a[出版地不详]$c[出版者不详]$d清同治六年[1867]

215##$a1幅$c彩色$d25×1119cm

300##$a本图采用对景画法，绘出了自湖北石首县至江苏江阴县长江沿岸之胜迹。

样例 12

书本式格式

[宁古塔至吉林江源封禁区域图][舆图]．-- 绘本．-- [未注比例]．-- [出版地不详]：[出版者不详]，[清咸丰年间]．-- 1幅：单色；152×200cm．-- 图名根据满文翻译而得。有满文注记。

卡片式格式

[宁古塔至吉林江源封禁区域图][舆图]．-- 绘本．-- [未注比例]．-- [出版地不详]：[出版者不详]，[清咸丰年间]

1幅：单色；152×200cm

图名根据满文翻译而得。有满文注记。

CNMARC 格式

2001#$a[宁古塔至吉林江源封禁区域图]$b舆图

205##$a绘本

206##$a[未注比例]

210##$a[出版地不详]$c[出版者不详]$d[清咸丰年间]

215##$a1幅$c单色$d152×200cm

300##$a图名根据满文翻译而得。有满文注记。

样例 13

书本式格式

[江西省府县分图][舆图]．-- 绘本．-- [未注比例]．-- [出版地不详]：[出版者不详]，[清初期]．-- 1册(84幅)：彩色，绢制；34×30cm．-- 缺南昌府总图、南安府总图以及新建、南昌、吉水、上犹和崇义等县图各1幅。本图系参考明万历年间《江西全省图说》精绘而成，形象地反映了明末清初江西各府、州、县的地理面貌，色彩艳丽，

是一部罕见的省地图集。

卡片式格式

[江西省府县分图][舆图]. -- 绘本. -- [未注比例]. -- [出版地不详]:[出版者不详],[清初期]

1册(84幅):彩色,绢制;每幅28×26cm

缺南昌府总图、南安府总图以及新建、南昌、吉水、上犹和崇义等县图各1幅。本图系参考明万历年间《江西全省图说》精绘而成,形象地反映了明末清初江西各府、州、县的地理面貌,色彩艳丽,是一部罕见的省地图集。

CNMARC格式

2001#$a[江西省府县分图]$b舆图

205##$a绘本

206##$a[未注比例]

210##$a[出版地不详]$c[出版者不详]$d[清初期]

215##$a1册(84幅)$c彩色,绢制$d每幅28×26cm

300##$a缺南昌府总图、南安府总图以及新建、南昌、吉水、上犹和崇义等县图各1幅。本图系参考明万历年间《江西全省图说》精绘而成,形象地反映了明末清初江西各府、州、县的地理面貌,色彩艳丽,是一部罕见的省地图集。

样例14

书本式格式

[舆地总图][舆图]/(清)[顾祖禹]编. -- 绘本. -- 画方计里不等. -- [出版地不详]:[出版者不详],[清顺治年间]. -- 2册:单色;28×18cm. -- 原无图名,以首图"舆地总图"代之,为顾祖禹《读史方舆纪要》中的"舆图要览"部分。系原书刊印前之传抄本。其内容与明罗洪先《广舆图》基本相同. -- 线装

卡片式格式

[舆地总图][舆图]/(清)[顾祖禹]编. -- 绘本. -- 画方计里不等. -- [出版地不详]:[出版者不详],[清顺治年间]

2册:单色;28×18cm

原无图名,以首图"舆地总图"代之,为顾祖禹《读史方舆纪要》中的"舆图要览"部分。系原书刊印前之传抄本。其内容与明罗洪先《广舆图》基本相同

线装

CNMARC格式

010##$b线装

2001#$a[舆地总图]$b舆图$f(清)[顾祖禹]编

205##$a绘本

206##$a画方计里不等

210##$a[出版地不详]$c[出版者不详]$d[清顺治年间]

215##$a2册$c单色$d 28×18cm

300##$a原无图名,以首图"舆地总图"代之,为顾祖禹《读史方舆纪要》中的"舆图要览"

部分。系原书刊印前之传抄本。其内容与明罗洪先《广舆图》基本相同。

样例 15

书本式格式

[九域守令图][舆图]. -- 拓本. -- [未注比例]. -- [宋昌宗],[宋宣和三年(1121)]. -- 2 幅 : 单色 ; 128×101cm + 碑阴"莲宇"二字拓片 1 张. -- 四川省博物馆 1978 据宋宣和三年(1121)刻石拓印。图碑原立于四川省荣县莲宇山,现存四川省博物馆。图名据《四川通志》、《嘉定府志》、《荣县志》等文献增补。图上绘出北宋疆域及政区,是现藏中国最早以县为基层单位的全国政区地图。

卡片式格式

[九域守令图][舆图]. -- 拓本. -- [未注比例]. -- [宋昌宗],[宋宣和三年(1121)]

2 幅 : 单色 ; 128×101cm + 碑阴"莲宇"二字拓片 1 张

四川省博物馆 1978 据宋宣和三年(1121)刻石拓印。图碑原立于四川省荣县莲宇山,现存四川省博物馆。图名据《四川通志》、《嘉定府志》、《荣县志》等文献增补。图上绘出北宋疆域及政区,是现藏中国最早以县为基层单位的全国政区地图。

CNMARC 格式

2001#$a[九域守令图]$b舆图

205##$a拓本

206##$a[未注比例]

210##$a[宋昌宗]$d[宋宣和三年(1121)]

215##$a2幅$c单色$d128×101cm$e碑阴"莲宇"二字拓片 1 张

300##$a四川省博物馆 1978 据宋宣和三年(1121)刻石拓印。图碑原立于四川省荣县莲宇山,现存四川省博物馆。图名据《四川通志》、《嘉定府志》、《荣县志》等文献增补。图上绘出北宋疆域及政区,是现藏中国最早以县为基层单位的全国政区地图。

样例 16

书本式格式

[开平县]县城图 [舆图] / 林永年主编 ; 冯万光[等]编纂. -- 复制本. -- 1:20. -- 广州 : 广东省地图出版社, 1991. 11. -- 1 幅 : 单色 ; 23×15cm. -- 此图为旧县城图,比例标注有误。旧县城为今苍城镇区所在地。

卡片式格式

[开平县]县城图 [舆图] / 林永年主编 ; 冯万光[等]编纂. -- 复制本. -- 1:20. -- 广州 : 广东省地图出版社, 1991. 11

1 幅 : 单色 ; 23×15cm

此图为旧县城图,比例标注有误。旧县城为今苍城镇区所在地。

CNMARC 格式

2001#$a[开平县]县城图$b舆图$f林永年主编$g冯万光[等]编纂

205##$a复制本

206##$a1∶20

210##$a广州$c广东省地图出版社$d1991. 11

215##$a1 幅$c单色$d 23 ×15cm

300##$a此图为旧县城图,比例标注有误。旧县城为今苍城镇区所在地。

463#1$12001#$a江门市地名志

样例 17

书本式格式

[上海市黄浦区]北京东路商业网点示意图［舆图］/ 胡炜主编 ；李芝军绘图. -- [未注比例]. -- 上海 ：上海社会科学院出版社，1989. 10 . -- 1 幅 ：单色 ；18 ×26cm

卡片式格式

[上海市黄浦区]北京东路商业网点示意图［舆图］/ 胡炜主编 ；李芝军绘图. -- [未注比例]. -- 上海 ：上海社会科学院出版社，1989. 10

1 幅 ：单色 ；18 ×26cm

CNMARC 格式

2001#$a[上海市黄浦区]北京东路商业网点示意图$b舆图$f胡炜主编$g李芝军绘图

206##$a[未注比例]

210##$a上海$c上海社会科学院出版社$d1989. 10

215##$a1 幅$c单色$d18 ×26cm

463#1$12001#$a上海市黄浦区地名志

五、版本信息的著录

样例 1

书本式格式

中华人民共和国分省地图集［舆图］/ 地图出版社编制. -- 2 版. -- 汉语拼音版. -- [比例不等]. -- 北京 ：地图出版社，1983. 6 . -- 174 页 ：彩色 ；27 ×20cm. -- 1977 年 2 月第 1 版,本图集分为地图和地名索引两部分,地图部分由各省区政区图和地形图组成,共计 51 幅。

卡片式格式

中华人民共和国分省地图集［舆图］/ 地图出版社编制. -- 2 版. -- 汉语拼音版. -- [比例不等]. -- 北京 ：地图出版社,1983. 6

174 页 ：彩色 ；27 ×20cm

1977 年 2 月第 1 版,本图集分为地图和地名索引两部分,地图部分由各省区政区图和地形图组成,共计 51 幅。

CNMARC 格式

2001#$a中华人民共和国分省地图集$b舆图$f地图出版社编制

205##$a2 版

205##$a汉语拼音版

206##$a[比例不等]

210##$a北京$c地图出版社$d1983. 6

215##$a174页$c彩色$d27 ×20cm

300##$a1977年2月第1版,本图集分为地图和地名索引两部分,地图部分由各省区政区图和地形图组成,共计51幅。

样例 2

书本式格式

平江图［舆图］/(宋)[李寿朋编]；苏州城建局缩绘. -- 绘本. -- [未注比例]. -- 苏州 : 苏州城建局, 1977 . -- 1 幅 : 单色 ; 86 ×59cm . -- 苏州城建局于1977年根据宋代绍定二年(1229)“平江图”墨拓本缩绘而成,绘制清晰,内容注记较详细。

卡片式格式

平江图［舆图］/(宋)[李寿朋编]；苏州城建局缩绘. -- 绘本. -- [未注比例]. -- 苏州 : 苏州城建局, 1977

1 幅 : 单色 ; 86 ×59cm

苏州城建局于1977年根据宋代绍定二年(1229)“平江图”墨拓本缩绘而成,绘制清晰,内容注记较详细。

CNMARC 格式

2001#$a平江图$b舆图$f(宋)[李寿朋编]$g苏州城建局缩绘

205##$a绘本

206##$a[未注比例]

210##$a苏州$c苏州城建局$d1977

215##$a1幅$c单色$d86 ×59cm

300##$a苏州城建局于1977年根据宋代绍定二年(1229)“平江图”墨拓本缩绘而成,绘制清晰,内容注记较详细。

样例 3

书本式格式

二十世纪中外大地图［舆图］/(清)周世棠,孙海环编辑. -- 影印本. -- [比例不等]. -- 北京 : 中华书局, 1975 . -- [280 页] : 彩色 ; 图廓不等. -- 据清光绪三十二年上海新学会社藏版影印. -- 精装

卡片式格式

二十世纪中外大地图［舆图］/(清)周世棠,孙海环编辑. -- 影印本. -- [比例不等]. -- 北京 : 中华书局, 1975

[280 页] : 彩色 ; 图廓不等

据清光绪三十二年上海新学会社藏版影印。

精装

CNMARC 格式

010##$b精装

2001#$a二十世纪中外大地图$b舆图$f(清)周世棠,孙海环编辑

205##$a影印本

206##$a[比例不等]

210##$a北京$c中华书局$d 1975

215##$a[280 页]$c彩色$d图廓不等

300##$a据清光绪三十二年上海新学会社藏版影印。

样例 4

书本式格式

圆明园四十景图卷［舆图］/（清)沈源,(清)唐岱原绘 ；刘海东创意 ；刘春华等题识 ；隋其昌, 北京市印刷技术研究所制作. -- 影印本. -- ［未注比例］. -- 北京 ：北京市印刷技术研究所, 2008. 8 . -- 1 幅 ：彩色 ；42 ×2090cm + 说明(1 份) + 证书(2 份) + 铜镇尺(1 对). -- 此图卷由著名画家把原单幅四十景图连缀成一长卷。李铎题图名。主图采用“艺术微喷”,题跋采用“珂罗版工艺”。限量制作 2008 件. -- 本件编号 0040 号,2009 年 1 月 12 日北京市印刷技术研究所捐赠。

卡片式格式

圆明园四十景图卷［舆图］/（清)沈源,(清)唐岱原绘 ；刘海东创意 ；刘春华等题识 ；隋其昌, 北京市印刷技术研究所制作. -- 影印本. -- ［未注比例］. -- 北京 ：北京市印刷技术研究所, 2008. 8

1 幅 ：彩色 ；42 ×2090cm + 说明(1 份) + 证书(2 份) + 铜镇尺(1 对)

此图卷由著名画家把原单幅四十景图连缀成一长卷。李铎题图名。主图采用“艺术微喷”,题跋采用“珂罗版工艺”。限量制作 2008 件。

本件编号 0040 号,2009 年 1 月 12 日北京市印刷技术研究所捐赠。

CNMARC 格式

2001#$a圆明园四十景图卷$b舆图$f(清)沈源,(清)唐岱原绘$g刘海东创意$g刘春华等题识$g隋其昌,北京市印刷技术研究所制作

205##$a影印本

206##$a[未注比例]

210##$a北京$c北京市印刷技术研究所$d2008. 8

215##$a1 幅$c彩色$d42 ×2090cm$e说明(1 份)$e证书(2 份)$e铜镇尺(1 对)

300##$a此图卷由著名画家把原单幅四十景图连缀成一长卷。李铎题图名。主图采用“艺术微喷”,题跋采用“珂罗版工艺”。限量制作 2008 件。

316##$a本件编号 0040 号,2009 年 1 月 12 日北京市印刷技术研究所捐赠。$5NLC

样例 5

书本式格式

世界政区［舆图］/ 地图出版社编制 ；内蒙古教育出版社翻译. -- 蒙文版. -- 1:

25000000． -- 北京：地图出版社，1974.11． -- 1幅：彩色；82×132cm

卡片式格式

世界政区［舆图］/ 地图出版社编制；内蒙古教育出版社翻译． -- 蒙文版． -- 1:25000000． -- 北京：地图出版社，1974.11

1幅：彩色；82×132cm

CNMARC格式

2001#$a世界政区$b舆图$f地图出版社编制$g内蒙古教育出版社翻译

205##$a蒙文版

206##$a1:25000000

210##$a北京$c地图出版社$d1974.11

215##$a1幅$c彩色$d82×132cm

样例6

书本式格式

秦皇岛市北戴河区五千分之一地形图［舆图］/ 河北省城市建设局［编制］． -- 晒印本． -- 1:5000． -- ［出版地不详］：［出版者不详］，1957.3． -- 27幅：单色；每幅40×41cm + 图表1张． -- 秘密地图。

卡片式格式

秦皇岛市北戴河区五千分之一地形图［舆图］/ 河北省城市建设局［编制］． -- 晒印本． -- 1:5000． -- ［出版地不详］：［出版者不详］，1957.3

27幅：单色；每幅40×41cm + 图表1张

秘密地图。

CNMARC格式

2001#$a秦皇岛市北戴河区五千分之一地形图$b舆图$f河北省城市建设局［编制］

205##$a晒印本

206##$a1:5000

210##$a［出版地不详］$c［出版者不详］$d1957.3

215##$a27幅$c单色$d每幅40×41cm$e图表1张

300##$a秘密地图。

样例7

书本式格式

两用北京新地图［舆图］/ 邵越崇编制． -- 6版，修正版． -- 1:23000． -- 天津：复兴舆地学社，1952.9． -- 1幅：彩色；51×36cm． -- 附北京市郊名胜图、万寿山详图、北海公园全图、故宫宫殿图。

卡片式格式

两用北京新地图［舆图］/ 邵越崇编制． -- 6版，修正版． -- 1:23000． -- 天津：复兴舆地学社，1952.9

1幅：彩色；51×36cm

附北京市郊名胜图、万寿山详图、北海公园全图、故宫宫殿图。

CNMARC 格式

2001#$a两用北京新地图$b舆图$f邵越崇编制

205##$a6版,修正版

206##$a1:23000

210##$a天津$c复兴舆地学社$d1952. 9

215##$a1幅$c彩色$d51 ×36cm

300##$a附北京市郊名胜图、万寿山详图、北海公园全图、故宫宫殿图。

样例 8

书本式格式

最新世界大地图［舆图］/ 马宗尧编 ; 金擎宇校订. -- 20 版. -- 甲种版. -- 1:29000000 . -- 上海 : 亚光舆地学社, 1952. 10 . -- 1 幅 : 彩色 ; 94 ×138cm . -- 地名中英文对照. -- CNY 23000. 00(旧币)

卡片式格式

最新世界大地图［舆图］/ 马宗尧编 ; 金擎宇校订. -- 20 版. -- 甲种版. -- 1:29000000 . -- 上海 : 亚光舆地学社, 1952. 10

1 幅 : 彩色 ; 94 ×138cm

地名中英文对照。

CNY 23000. 00(旧币)

CNMARC 格式

010##$dCNY23000. 00(旧币)

2001#$a最新世界大地图$b舆图$f马宗尧编$g金擎宇校订

205##$a20版

205##$a甲种版

206##$a1:29000000

210##$a上海$c亚光舆地学社$d1952. 10

215##$a1幅$c彩色$d94 ×138cm

300##$a地名中英文对照。

样例 9

书本式格式

中华人民共和国分省地图［舆图］/ 亚光舆地学社编制. -- 6 版. -- ［比例不等］. -- 上海 : 亚光舆地学社, 1952. 9 . -- ［204 页］: 彩色 ;27 ×80cm . -- 图51 幅,均附说明. -- 精装 : CNY 45000. 00(旧币)

卡片式格式

中华人民共和国分省地图［舆图］/ 亚光舆地学社编制. -- 6 版. -- ［比例不等］. -- 上海 : 亚光舆地学社,1952. 9

［204 页］: 彩色 ; 27 ×80cm

图 51 幅，均附说明。

精装 ：CNY 45000. 00（旧币）

CNMARC 格式

010##$b精装$dCNY45000. 00（旧币）

2001#$a中华人民共和国分省地图$b舆图$f亚光舆地学社编制

205##$a6版

206##$a[比例不等]

210##$a上海$c亚光舆地学社$d1952. 9

215##$a[204 页]$c彩色$d27 ×80cm

300##$a图 51 幅，均附说明。

样例 10

书本式格式

中华人民共和国分省地图 [舆图] / 金擎宇[等]编 ；黄镜湖[等]绘. -- 4 版. -- [比例不等]. -- 上海 ：亚光舆地学社，1951. 6 . -- [176 页] ：彩色 ；27 × 19cm . -- 精装 ：CNY 45000. 00（旧币）

卡片式格式

中华人民共和国分省地图 [舆图] / 金擎宇[等]编 ；黄镜湖[等]绘. -- 4 版. -- [比例不等]. -- 上海 ：亚光舆地学社，1951. 6

[176 页] ：彩色 ；27 ×19cm

精装 ：CNY 45000. 00（旧币）

CNMARC 格式

010##$b精装$dCNY45000. 00（旧币）

2001#$a中华人民共和国分省地图$b舆图$f金擎宇[等]编$g黄镜湖[等]绘

205##$a4版

206##$a[比例不等]

210##$a上海$c亚光舆地学社$d1951. 6

215##$a[176 页]$c彩色$d27 ×19cm

样例 11

书本式格式

最新世界大地图 [舆图] / 马宗尧编制. -- 4 版. -- 乙种本. -- 1∶40600000 . -- 上海 ：亚光舆地学社，1950. 6 . -- 1 幅 ：彩色 ；66 ×96cm . -- 附东、西半球图。中英文对照。

卡片式格式

最新世界大地图 [舆图] / 马宗尧编制. -- 4 版. -- 乙种本. -- 1∶40600000 . -- 上海 ：亚光舆地学社，1950. 6

1 幅 ：彩色 ；66 ×96cm

附东、西半球图。中英文对照。

CNMARC 格式

2001#$a最新世界大地图$b舆图$f马宗尧编制

205##$a4版

205##$a乙种本

206##$a1∶40600000

210##$a上海$c亚光舆地学社$d1950.6

215##$a1幅$c彩色$d66×96cm

300##$a附东、西半球图。中英文对照。

样例12

书本式格式

潍县爱护村图［舆图］／（日）坂东宣抚官绘制．—— 石印本．—— 1∶50000．—— 潍县：潍县和记印刷局，［1940?］．—— 1幅：双色；66×89cm．—— 1958年撤销潍县，并入潍坊市，现为市辖寒亭区。钤“满铁北支经济调查所资料系”印。

卡片式格式

潍县爱护村图［舆图］／（日）坂东宣抚官绘制．—— 石印本．—— 1∶50000．—— 潍县：潍县和记印刷局，［1940?］

1幅：双色；66×89cm

1958年撤销潍县，并入潍坊市，现为市辖寒亭区。钤“满铁北支经济调查所资料系”印。

CNMARC 格式

2001#$a潍县爱护村图$b舆图$f（日）坂东宣抚官绘制

205##$a石印本

206##$a1∶50000

210##$a潍县$c潍县和记印刷局$d［1940?］

215##$a1幅$c双色$d66×89cm

300##$a1958年撤销潍县，并入潍坊市，现为市辖寒亭区。钤“满铁北支经济调查所资料系”印。

样例13

书本式格式

古南岳图［舆图］．—— 拓本．——［未注比例］．——［出版地不详］：［出版者不详］，［出版年不详］．—— 1幅：单色；32×603cm．—— 附南方七星玉衡图及禹碑释文。详细描绘了南岳及其周围自然与人文景观，并注有史迹说明。

卡片式格式

古南岳图［舆图］．—— 拓本．——［未注比例］．——［出版地不详］：［出版者不详］，［出版年不详］

1幅：单色；32×603cm

附南方七星玉衡图及禹碑释文。详细描绘了南岳及其周围自然与人文景观，并注有史迹说明。

CNMARC 格式

2001#$a古南岳图$b舆图

205##$a拓本

206##$a［未注比例］

210##$a［出版地不详］$c［出版者不详］$d［出版年不详］

215##$a1 幅$c单色$d 32 ×603cm

300##$a附南方七星玉衡图及禹碑释文。详细描绘了南岳及其周围自然与人文景观，并注有史迹说明。

样例 14

书本式格式

湖北省明细全图［舆图］/ 商务印书馆编译所编．-- 4 版，修订本．-- 1∶900000．-- 上海：商务印书馆，民国十一年五月［1922. 5］．-- 1 幅：彩色；52 ×81cm．-- 此图即民国三年七月（1914. 7）“湖北省全图”之修订第 4 版。

卡片式格式

湖北省明细全图［舆图］/ 商务印书馆编译所编．-- 4 版，修订本．-- 1∶900000．-- 上海：商务印书馆，民国十一年五月［1922. 5］

1 幅：彩色；52 ×81cm

此图即民国三年七月（1914. 7）“湖北省全图”之修订第 4 版。

CNMARC 格式

2001#$a湖北省明细全图$b舆图$f商务印书馆编译所编

205##$a4 版，修订本

206##$a1∶900000

210##$a上海$c商务印书馆$d民国十一年五月［1922. 5］

215##$a1 幅$c彩色$d52 ×81cm

300##$a此图即民国三年七月（1914. 7）“湖北省全图”之修订第 4 版。

样例 15

书本式格式

详校首善全图［舆图］．-- 刻本，宣统年改良五彩铜版．-- 1∶17500．-- ［出版地不详］：［出版者不详］，［清宣统年间］．-- 1 幅：彩色；50 ×47cm．-- 本图根据《顺天府志》所载京城图修订绘成，详细标出了城内街道、衙署、学堂、会馆、寺庙等名称及其位置。附各省会馆基址。

卡片式格式

详校首善全图［舆图］．-- 刻本，宣统年改良五彩铜版．-- 1∶17500．-- ［出版地不详］：［出版者不详］，［清宣统年间］

1 幅：彩色；50 ×47cm

本图根据《顺天府志》所载京城图修订绘成，详细标出了城内街道、衙署、学堂、会馆、寺庙等名称及其位置。附各省会馆基址。

CNMARC 格式

2001#$a详校首善全图$b舆图

205##$a刻本,宣统年改良五彩铜版

206##$a1:17500

210##$a[出版地不详]$c[出版者不详]$d[清宣统年间]

215##$a1幅$c彩色$d50×47cm

300##$a本图根据《顺天府志》所载京城图修订绘成,详细标出了城内街道、衙署、学堂、会馆、寺庙等名称及其位置。附各省会馆基址。

样例 16

书本式格式

新撰朝鲜地舆全图[舆图]/申报馆编绘. -- 石印本. -- [1:3550000]. -- 上海:申报馆,[清光绪末年]. -- 1幅:单色;42×29cm. -- 附朝鲜全国行政区表。

卡片式格式

新撰朝鲜地舆全图[舆图]/申报馆编绘. -- 石印本. -- [1:3550000]. -- 上海:申报馆,[清光绪末年]

1幅:单色;42×29cm

附朝鲜全国行政区表。

CNMARC 格式

2001#$a新撰朝鲜地舆全图$b舆图$f申报馆编绘

205##$a石印本

206##$a[1:3550000]

210##$a上海$c申报馆$d[清光绪末年]

215##$a1幅$c单色$d42×29cm

300##$a附朝鲜全国行政区表。

样例 17

书本式格式

山东省黄河全图[舆图]. -- 绘本. -- [未注比例]. -- [出版地不详]:[出版者不详],[清光绪年间]. -- 1幅:彩色;27×664cm. -- 本图以反映黄河河工为主,详细地绘出了两岸大堤走向及险工处所,标注了桑家渡、小沙滩等漫口、合龙地点及时间。

卡片式格式

山东省黄河全图[舆图]. -- 绘本. -- [未注比例]. -- [出版地不详]:[出版者不详],[清光绪年间]

1幅:彩色;27×664cm

本图以反映黄河河工为主,详细地绘出了两岸大堤走向及险工处所,标注了桑家渡、小沙滩等漫口、合龙地点及时间。

CNMARC 格式

2001#$a山东省黄河全图$b舆图

205##$a绘本

206##$a[未注比例]

210##$a[出版地不详]$c[出版者不详]$d[清光绪年间]

215##$a1幅$c彩色$d27×664cm

300##$a本图以反映黄河河工为主,详细地绘出了两岸大堤走向及险工处所,标注了桑家渡、小沙滩等漫口、合龙地点及时间。

样例18

书本式格式

宝氾永高甘五汛东西两岸河道闸坝涵洞砖石土埽及本年应修各工程段落长丈一切事宜全图[舆图]. -- 绘本. -- [未注比例]. -- [出版地不详]:[出版者不详],[清光绪年间]. -- 1幅:彩色;27×183cm

卡片式格式

宝氾永高甘五汛东西两岸河道闸坝涵洞砖石土埽及本年应修各工程段落长丈一切事宜全图[舆图]. -- 绘本. -- [未注比例]. -- [出版地不详]:[出版者不详],[清光绪年间]

1幅:彩色;27×183cm

CNMARC格式

2001#$a宝氾永高甘五汛东西两岸河道闸坝涵洞砖石土埽及本年应修各工程段落长丈一切事宜全图$b舆图

205##$a绘本

206##$a[未注比例]

210##$a[出版地不详]$c[出版者不详]$d[清光绪年间]

215##$a1幅$c彩色$d27×183cm

样例19

书本式格式

马颊河图[舆图]. -- 绘本. -- [未注比例]. -- [出版地不详]:[出版者不详],[清光绪年间]. -- 1幅:单色;53×111cm. -- 图上重点画出沿河桥梁50座,并贴签注出各桥间河宽、水深等情形。裱糊在夹层的图题"徒骇河图",有误。

卡片式格式

马颊河图[舆图]. -- 绘本. -- [未注比例]. -- [出版地不详]:[出版者不详],[清光绪年间]

1幅:单色;53×111cm

图上重点画出沿河桥梁50座,并贴签注出各桥间河宽、水深等情形。裱糊在夹层的图题"徒骇河图",有误。

CNMARC格式

2001#$a马颊河图$b舆图

205##$a绘本

206##$a[未注比例]

210##$a[出版地不详]$c[出版者不详]$d[清光绪年间]

215##$a1幅$c单色$d53×111cm

300##$a图上重点画出沿河桥梁50座,并贴签注出各桥间河宽、水深等情形。裱糊在夹层的图题"徒骇河图",有误。

样例20

书本式格式

川回捻匪盘踞图[舆图]/官文,严树森绘. -- 绘本. -- [未注比例]. -- [出版地不详]:[出版者不详],[1863]. -- 1幅:彩色;63×92cm. -- 清道光末年至同治初年我国爆发了大规模的太平天国运动,咸丰年间太平军进行北伐和西征,各地天地会和捻军先后发动起义,配合作战,此图是1860—1865年间湖广总督官文,湖北巡抚严树森为剿杀鄂豫边界之地捻军一事绘制的详图,用黄签贴示川、鄂、皖地区川回捻起义军的分布情况。用形象画法绘出山川、河流、关隘。2000年11月购于中国书店拍卖公司。

卡片式格式

川回捻匪盘踞图[舆图]/官文,严树森绘. -- 绘本. -- [未注比例]. -- [出版地不详]:[出版者不详],[1863]

1幅:彩色;63×92cm

清道光末年至同治初年我国爆发了大规模的太平天国运动,咸丰年间太平军进行北伐和西征,各地天地会和捻军先后发动起义,配合作战,此图是1860—1865年间湖广总督官文,湖北巡抚严树森为剿杀鄂豫边界之地捻军一事绘制的详图,用黄签贴示川、鄂、皖地区川回捻起义军的分布情况。用形象画法绘出山川、河流、关隘。2000年11月购于中国书店拍卖公司。

CNMARC格式

2001#$a川回捻匪盘踞图$b舆图$f官文,严树森绘

205##$a绘本

206##$a[未注比例]

210##$a[出版地不详]$c[出版者不详]$d[1863]

215##$a1幅$c彩色$d63×92cm

300##$a清道光末年至同治初年我国爆发了大规模的太平天国运动,咸丰年间太平军进行北伐和西征,各地天地会和捻军先后发动起义,配合作战,此图是1860—1865年间湖广总督官文,湖北巡抚严树森为剿杀鄂豫边界之地捻军一事绘制的详图,用黄签贴示川、鄂、皖地区川回捻起义军的分布情况。用形象画法绘出山川、河流、关隘。2000年11月购于中国书店拍卖公司。

样例21

书本式格式

皇朝直省地舆全图[舆图]. -- 刻本. -- 百里方. -- 武昌:湖北官书局,清同治三年[1864]. -- 28幅:单色;图廓不等

卡片式格式

皇朝直省地舆全图［舆图］. -- 刻本. -- 百里方. -- 武昌 : 湖北官书局, 清同治三年［1864］

28 幅 : 单色 ; 图廓不等

CNMARC 格式

2001#$a皇朝直省地舆全图$b舆图

205##$a刻本

206##$a百里方

210##$a武昌$c湖北官书局$d清同治三年［1864］

215##$a28幅$c单色$d图廓不等

样例 22

书本式格式

汉书地理志水道图说［舆图］/（清）陈澧撰. -- 刻本. --［未注比例］. --［广州］: 富文斋, 清同治二年［1863］. -- 2 册 : 单色 ; 28×17.6cm. -- 作者以清康熙、乾隆内府舆图为底图,根据《汉书 · 地理志》并兼览众家之说,于道光二十八年(1848)撰成此图说,同治二年(1863)图刻印未绘画方或经纬线。末附陈澧之子陈宗谊撰《考正德清胡氏禹贡图》1 卷。

卡片式格式

汉书地理志水道图说［舆图］/（清）陈澧撰. -- 刻本. --［未注比例］. --［广州］: 富文斋, 清同治二年［1863］

2 册 : 单色 ; 28×17.6cm

作者以清康熙、乾隆内府舆图为底图,根据《汉书 · 地理志》并兼览众家之说,于道光二十八年(1848)撰成此图说,同治二年(1863)图刻印未绘画方或经纬线。末附陈澧之子陈宗谊撰《考正德清胡氏禹贡图》1 卷。

CNMARC 格式

2001#$a汉书地理志水道图说$b舆图$f(清)陈澧撰

205##$a刻本

206##$a［未注比例］

210##$a［广州］$c富文斋$d清同治二年［1863］

215##$a2册$c单色$d28×17.6cm

300##$a作者以清康熙、乾隆内府舆图为底图,根据《汉书 · 地理志》并兼览众家之说,于道光二十八年(1848)撰成此图说,同治二年(1863)图刻印未绘画方或经纬线。末附陈澧之子陈宗谊撰《考正德清胡氏禹贡图》1 卷。

样例 23

书本式格式

鄂省州县驿传全图［舆图］. -- 刻本, 朱墨套印. -- 画方不计里. --［出版地不详］:［出版者不详］,［同治初年］. -- 2 册 : 双色 ; 25×25cm. -- 经折装

卡片式格式

鄂省州县驿传全图［舆图］. -- 刻本，朱墨套印. -- 画方不计里. -- ［出版地不详］：［出版者不详］，［同治初年］

2 册 ：双色 ；25 ×25cm

经折装

CNMARC 格式

010##$b经折装

2001#$a鄂省州县驿传全图$b舆图

205##$a刻本,朱墨套印

206##$a画方不计里

210##$a［出版地不详］$c［出版者不详］$d［同治初年］

215##$a2册$c双色$d 25 ×25cm

样例 24

书本式格式

海疆洋界形势全图［舆图］. -- 绘本. -- ［未注比例］. -- ［出版地不详］：［出版者不详］，［清晚期］. -- 1 幅 ：彩色 ；31 ×910cm . -- 该图据乾隆年间绘本摹绘。说明文字有误。

卡片式格式

海疆洋界形势全图［舆图］. -- 绘本. -- ［未注比例］. -- ［出版地不详］：［出版者不详］，［清晚期］

1 幅 ：彩色 ；31 ×910cm

该图据乾隆年间绘本摹绘。说明文字有误。

CNMARC 格式

2001#$a海疆洋界形势全图$b舆图

205##$a绘本

206##$a［未注比例］

210##$a［出版地不详］$c［出版者不详］$d［清晚期］

215##$a1幅$c彩色$d31 ×910cm

300##$a该图据乾隆年间绘本摹绘。说明文字有误。

样例 25

书本式格式

黄河水道全图［舆图］. -- 绘本. -- ［未注比例］. -- ［出版地不详］：［出版者不详］，［清中期］. -- 1 幅 ：彩色 ；23 ×580cm . -- 此图内容、绘法与馆藏同名图大致相同。封面题名:黄河发源各厅工程情形全图。

卡片式格式

黄河水道全图［舆图］. -- 绘本. -- ［未注比例］. -- ［出版地不详］：［出版者不详］，［清中期］

1 幅 : 彩色 ; 23 × 580cm

此图内容、绘法与馆藏同名图大致相同。封面题名:黄河发源各厅工程情形全图。

CNMARC 格式

2001#$a黄河水道全图$b舆图

205##$a绘本

206##$a[未注比例]

210##$a[出版地不详]$c[出版者不详]$d[清中期]

215##$a1 幅$c彩色$d 23 × 580cm

300##$a此图内容、绘法与馆藏同名图大致相同。封面题名:黄河发源各厅工程情形全图。

5121#$a黄河发源各厅工程情形全图

样例 26

书本式格式

六省黄河工程埽坝情形图 [舆图]. -- 绘本. -- [未注比例]. -- [出版地不详] : [出版者不详], [清中期]. -- 1 幅 : 彩色 ; 23.5 × 680cm . -- 图上所绘黄河起自上源阿尔坦河,流经甘肃、陕西、山西、河南、山东、江南 6 省入海,其下游沿岸埽坝工程均详细标出。图中开封兰阳县已改名兰仪县注记,故此图当绘于 1825—1855 年间。

卡片式格式

六省黄河工程埽坝情形图 [舆图]. -- 绘本. -- [未注比例]. -- [出版地不详] : [出版者不详], [清中期]

1 幅 : 彩色 ; 23.5 × 680cm

图上所绘黄河起自上源阿尔坦河,流经甘肃、陕西、山西、河南、山东、江南 6 省入海,其下游沿岸埽坝工程均详细标出。图中开封兰阳县已改名兰仪县注记,故此图当绘于 1825—1855 年间。

CNMARC 格式

2001#$a六省黄河工程埽坝情形图$b舆图

205##$a绘本

206##$a[未注比例]

210##$a[出版地不详]$c[出版者不详]$d[清中期]

215##$a1 幅$c彩色$d23.5 × 680cm

300##$a图上所绘黄河起自上源阿尔坦河,流经甘肃、陕西、山西、河南、山东、江南 6 省入海,其下游沿岸埽坝工程均详细标出。图中开封兰阳县已改名兰仪县注记,故此图当绘于 1825—1855 年间。

样例 27

书本式格式

中国分省公路地图册 [舆图] / 西安地图出版社编制. -- 7 版. -- [比例不等]. -- 西安 : 西安地图出版社, 2005.1 . -- 93 页 : 彩色 ; 19 × 13cm . -- ISBN 7-80670-126-5 : CNY 8.50

卡片式格式

中国分省公路地图册［舆图］/ 西安地图出版社编制. -- 7 版. -- ［比例不等］. -- 西安 : 西安地图出版社, 2005. 1

93 页 : 彩色 ; 19 × 13cm

ISBN 7 - 80670 - 126 - 5 : CNY 8. 50

CNMARC 格式

010##$a7 - 80670 - 126 - 5$dCNY8. 50

2001#$a中国分省公路地图册$b舆图$f西安地图出版社编制

205##$a7版

206##$a[比例不等]

210##$a西安$c西安地图出版社$d2005. 1

215##$a93页$c彩色$d19 × 13cm

样例 28

书本式格式

中华人民共和国分省地图集［舆图］/ 赵西林[等]编辑 ; 吴贵清[等]编绘 ; 吴林昌[等]修订. -- 6 版. -- ［比例不等］. -- 北京 : 中国地图出版社, 1999. 1 . -- 250 页 : 彩色 ; 27 × 19cm . -- ISBN 7 - 5031 - 2144 - 0(精装) : CNY 42. 00

卡片式格式

中华人民共和国分省地图集［舆图］/ 赵西林[等]编辑 ; 吴贵清[等]编绘 ; 吴林昌[等]修订. -- 6 版. -- ［比例不等］. -- 北京 : 中国地图出版社, 1999. 1

250 页 : 彩色 ; 27 × 19cm

ISBN 7 - 5031 - 2144 - 0(精装) : CNY 42. 00

CNMARC 格式

010##$a7 - 5031 - 2144 - 0$b精装$dCNY42. 00

2001#$a中华人民共和国分省地图集$b舆图$f赵西林[等]编辑$g吴贵清[等]编绘$g吴林昌[等]修订

205##$a6版

206##$a[比例不等]

210##$a北京$c中国地图出版社$d1999. 1

215##$a250页$c彩色$d27 × 19cm

样例 29

书本式格式

中华人民共和国分省地图集［舆图］/ 赵西林[等]编辑 ; 吴贵清[等]编绘 ; 金符撰文 ; 何红艳修订. -- 5 版, 修订本. -- ［比例不等］. -- 北京 : 中国地图出版社, 1995. 3 . -- 250 页 : 彩色 ; 27 × 19cm . -- 附地名索引. -- ISBN 7 - 5031 - 0999 - 8(精装) : CNY 37. 00

卡片式格式

中华人民共和国分省地图集［舆图］／赵西林［等］编辑；吴贵清［等］编绘；金符撰文；何红艳修订．-- 5版，修订本．--［比例不等］．-- 北京：中国地图出版社，1995.3

250页：彩色；27×19cm

附地名索引。

ISBN 7-5031-0999-8（精装）：CNY 37.00

CNMARC格式

010##$a7-5031-0999-8$b精装$dCNY37.00

2001#$a中华人民共和国分省地图集$b舆图$f赵西林［等］编辑$g吴贵清［等］编绘$g金符撰文$g何红艳修订

205##$a5版，修订本

206##$a［比例不等］

210##$a北京$c中国地图出版社$d1995.3

215##$a250页$c彩色$d27×19cm

300##$a附地名索引。

样例30

书本式格式

苏州市区经济地图［舆图］：工商版／苏州市经济委员会，苏州市建设委员会，江苏省测绘局第二大队合编．--［未注比例］．-- 上海：中华地图学社，1993.2．-- 1幅：彩色；54×73cm．-- ISBN 7-80031-093-0：CNY 2.00

卡片式格式

苏州市区经济地图［舆图］：工商版／苏州市经济委员会，苏州市建设委员会，江苏省测绘局第二大队合编．--［未注比例］．-- 上海：中华地图学社，1993.2

1幅：彩色；54×73cm

ISBN 7-80031-093-0：CNY 2.00

CNMARC格式

010##$a7-80031-093-0$dCNY2.00

2001#$a苏州市区经济地图$b舆图$e工商版$f苏州市经济委员会，苏州市建设委员会，江苏省测绘局第二大队合编

206##$a［未注比例］

210##$a上海$c中华地图学社$d1993.2

215##$a1幅$c彩色$d54×73cm

样例31

书本式格式

中华人民共和国分省地图集［舆图］／赵西林［等］编辑；吴贵清［等］编绘；沈寿征［等］审校；吴林昌［等］修订．-- 5版．--［比例不等］．-- 北京：中国地图出版社，

1992. 10． -- 252 页 ：彩色 ；26 × 19cm． -- ISBN 7 - 5031 - 0999 - 8（精装）：CNY 20. 00

卡片式格式

中华人民共和国分省地图集［舆图］∕赵西林［等］编辑；吴贵清［等］编绘；沈寿征［等］审校；吴林昌［等］修订. -- 5 版. -- ［比例不等］. -- 北京：中国地图出版社，1992. 10

252 页 ：彩色 ；26 × 19cm

ISBN 7 - 5031 - 0999 - 8（精装）：CNY 20. 00

CNMARC 格式

010##$a7 - 5031 - 0999 - 8$b精装$dCNY20. 00

2001#$a中华人民共和国分省地图集$b舆图$f赵西林［等］编辑$g吴贵清［等］编绘$g沈寿征［等］审校$g吴林昌［等］修订

205##$a5 版

206##$a［比例不等］

210##$a北京$c中国地图出版社$d1992. 10

215##$a252 页$c彩色$d26 × 19cm

样例 32

书本式格式

鲁国之图［舆图］∕孙笑堃摹绘. -- 绘本. -- ［未注比例］. -- ［出版地不详］：［出版者不详］，1986． -- 1 幅 ：单色 ；184 × 109cm． -- 本图据同名图碑拓本摹绘。图碑现存湖北省新报县第一中学。南宋绍兴 24 年（1154）刻石。图中形象地绘出城垣、宫殿、寺观以及山川、河流、树木、飞鸟等，还突出地标绘了“古鲁城”12 座城门及其名称、孔子讲学的杏坛和孔子故宅阙里，以及孔子陵墓等。图下端刻有记述宋兴国军学教授俞舜凯得此图经过的跋文。是现存最早的曲阜地区名胜古迹图。

卡片式格式

鲁国之图［舆图］∕孙笑堃摹绘. -- 绘本. -- ［未注比例］. -- ［出版地不详］：［出版者不详］，1986

1 幅 ：单色 ；184 × 109cm

本图据同名图碑拓本摹绘。图碑现存湖北省新报县第一中学。南宋绍兴 24 年（1154）刻石。图中形象地绘出城垣、宫殿、寺观以及山川、河流、树木、飞鸟等，还突出地标绘了“古鲁城”12 座城门及其名称、孔子讲学的杏坛和孔子故宅阙里，以及孔子陵墓等。图下端刻有记述宋兴国军学教授俞舜凯得此图经过的跋文。是现存最早的曲阜地区名胜古迹图。

CNMARC 格式

2001#$a鲁国之图$b舆图$f孙笑堃摹绘

205##$a绘本

206##$a［未注比例］

210##$a［出版地不详］$c［出版者不详］$d1986

215##$a1幅$c单色$d184×109cm

300##$a本图据同名图碑拓本摹绘。图碑现存湖北省新报县第一中学。南宋绍兴24年(1154)刻石。图中形象地绘出城垣、宫殿、寺观以及山川、河流、树木、飞鸟等,还突出地标绘了“古鲁城”12座城门及其名称、孔子讲学的杏坛和孔子故宅阙里,以及孔子陵墓等。图下端刻有记述宋兴国军学教授俞舜凯得此图经过的跋文。是现存最早的曲阜地区名胜古迹图。

六、数学数据信息的著录

样例1

书本式格式

伊犁府图[舆图]. -- 静电复印本. -- 五十里方. -- [出版地不详]:[出版者不详],[清光绪年间]. -- 1幅:单色;22×32cm. -- 据清光绪年间墨绘本图复制。大连市图书馆有藏。

卡片式格式

伊犁府图[舆图]. -- 静电复印本. -- 五十里方. -- [出版地不详]:[出版者不详],[清光绪年间]

1幅:单色;22×32cm

据清光绪年间墨绘本图复制。大连市图书馆有藏。

CNMARC格式

2001#$a伊犁府图$b舆图

205##$a静电复印本

206##$a五十里方

210##$a[出版地不详]$c[出版者不详]$d[清光绪年间]

215##$a1幅$c单色$d22×32cm

300##$a据清光绪年间墨绘本图复制。大连市图书馆有藏。

样例2

书本式格式

陕甘宁青地图[舆图]/中国人民解放军兰州军区司令部编. -- 1:1000000;等角正割圆锥投影. -- 兰州:中国人民解放军兰州军区司令部,[1966 - 1976]. -- 1幅分切9张:彩色;186×224cm. -- 2006年3月购自天津国际拍卖有限公司今古斋。

卡片式格式

陕甘宁青地图[舆图]/中国人民解放军兰州军区司令部编. -- 1:1000000;等角正割圆锥投影. -- 兰州:中国人民解放军兰州军区司令部,[1966 - 1976]

1幅分切9张:彩色;186×224cm

2006年3月购自天津国际拍卖有限公司今古斋。

CNMARC 格式

2001#$a陕甘宁青地图$b舆图$f中国人民解放军兰州军区司令部编

206##$a1∶1000000 ；等角正割圆锥投影

210##$a兰州$c中国人民解放军兰州军区司令部$d[1966 – 1976]

215##$a1 幅分切 9 张$c彩色$d186 ×224cm

317##$a2006年 3 月购自天津国际拍卖有限公司今古斋$5NLC

样例 3

书本式格式

双色中国图［舆图］／地图出版社编制． —— 1∶3000000；等面积投影． —— 北京：地图出版社，1957. 7． —— 1 幅分切 4 张 ：双色 ；134 ×172cm． —— 内部用图。

卡片式格式

双色中国图［舆图］／地图出版社编制． —— 1∶3000000 ；等面积投影． —— 北京 ：地图出版社，1957. 7

1 幅分切 4 张 ：双色 ；134 ×172cm

内部用图。

CNMARC 格式

2001#$a双色中国图$b舆图$f地图出版社编制

206##$a1∶3000000 ；等面积投影

210##$a北京$c地图出版社$d1957. 7

215##$a1 幅分切 4 张$c双色$d134 ×172cm

300##$a内部用图。

样例 4

书本式格式

坤舆万国全图［舆图］ = Matteo Ricei ́s World-Map in Chinese，1602 ／（意）利玛窦（Matteo Ricei）绘． —— 影印本． ——［未注比例］；摩尔维特等积投影． —— 北平 ：禹贡学会，1936． —— 1 幅分切 18 张 ：单色 ；67 ×151cm． —— 禹贡学会据明万历三十年（1602）张文焘过纸木刻本影印。原图为 6 条，主图为椭圆形世界地图，绘有经纬线和五大洲、三大洋，注出主要国名、地名和各地物产、风俗等。图的四角附有九重天、日食、月食等图，各有图说；图的两旁及空白处有利玛窦等序跋。此图为现存"坤舆万国全图"中内容与刻印较好的版本． —— 原图藏于宫城县立图书馆。

卡片式格式

坤舆万国全图［舆图］ = Matteo Ricei ́s World-Map in Chinese，1602 ／（意）利玛窦（Matteo Ricei）绘． —— 影印本． ——［未注比例］；摩尔维特等积投影． —— 北平 ：禹贡学会，1936

1 幅分切 18 张 ：单色 ；67 ×151cm

禹贡学会据明万历三十年（1602）张文焘过纸木刻本影印。原图为 6 条，主图为椭圆形世界地图，绘有经纬线和五大洲、三大洋，注出主要国名、地名和各地物产、风俗等。图的四角附有九重天、日食、月食等图,各有图说;图的两旁及空白处有利玛窦等序跋。此图为现存“坤舆万国全图”中内容与刻印较好的版本。

原图藏于宫城县立图书馆。

CNMARC 格式

2001#$a坤舆万国全图$b舆图$dMatteo Ricei's World-Map in Chinese,1602$f(意)利玛窦(Matteo Ricei)绘

205##$a影印本

206##$a[未注比例];摩尔维特等积投影

210##$a北平$c禹贡学会$d1936

215##$a1幅分切18张$c单色$d67×151cm

300##$a禹贡学会据明万历三十年(1602)张文焘过纸木刻本影印。原图为6条,主图为椭圆形世界地图,绘有经纬线和五大洲、三大洋,注出主要国名、地名和各地物产、风俗等。图的四角附有九重天、日食、月食等图,各有图说;图的两旁及空白处有利玛窦等序跋。此图为现存“坤舆万国全图”中内容与刻印较好的版本。

300##$a原图藏于宫城县立图书馆。

样例 5

书本式格式

中国地形图[舆图]/曾世英,方俊编制. -- 1:7500000;亚尔勃斯投影. -- [出版地不详]:地质调查所,民国二十一年[1932]. -- 1幅:彩色;57×79cm

卡片式格式

中国地形图[舆图]/曾世英,方俊编制. -- 1:7500000;亚尔勃斯投影. -- [出版地不详]:地质调查所,民国二十一年[1932]

1幅:彩色;57×79cm

CNMARC 格式

2001#$a中国地形图$b舆图$f曾世英,方俊编制

206##$a1:7500000;亚尔勃斯投影

210##$a[出版地不详]$c地质调查所$d民国二十一年[1932]

215##$a1幅$c彩色$d 57×79cm

样例 6

书本式格式

江浙闽沿海图[舆图]/(清)朱正元编. -- 石印本. -- [未注比例]. -- [出版地不详]:[出版者不详],[清光绪二十五年(1899)]. -- 36幅:单色;图廓不等. -- 本图系在外国航海图基础上修正、补充编绘而成。内有江苏沿海图7幅、浙江沿海图12幅、福建沿海图17幅。采用圆柱投影,以通过北京的子午线为中经线。有海深注记。

卡片式格式

江浙闽沿海图[舆图]/(清)朱正元编. -- 石印本. -- [未注比例]. -- [出版地不详]:[出版者不详],[清光绪二十五年(1899)]

36 幅 ：单色 ；图廓不等

本图系在外国航海图基础上修正、补充编绘而成。内有江苏沿海图 7 幅、浙江沿海图 12 幅、福建沿海图 17 幅。采用圆柱投影,以通过北京的子午线为中经线。有海深注记。

CNMARC 格式

2001#$a江浙闽沿海图$b舆图$f(清)朱正元编

205##$a石印本

206##$a[未注比例]

210##$a[出版地不详]$c[出版者不详]$d[清光绪二十五年(1899)]

215##$a36幅$c单色$d图廓不等

300##$a本图系在外国航海图基础上修正、补充编绘而成。内有江苏沿海图 7 幅、浙江沿海图 12 幅、福建沿海图 17 幅。采用圆柱投影,以通过北京的子午线为中经线。有海深注记。

样例 7

书本式格式

皇朝直省地舆全图 [舆图] / (清)湖北官书局编. -- 石印本. -- 百里方. -- 上海 ：点石斋, 清光绪十五年[1889](清光绪二十一年[1895]). -- 1 幅 ：彩色 ；50 × 35cm . -- 本图系清光绪十年(1889)石印同名图之重印本,图凡 26 幅,内容与前图相同,仅纸张质量稍差。总图为分省彩色印刷,余墨印。

卡片式格式

皇朝直省地舆全图 [舆图] / (清)湖北官书局编. -- 石印本. -- 百里方. -- 上海 ：点石斋, 清光绪十五年[1889](清光绪二十一年[1895])

1 幅 ：彩色 ；50 × 35cm

本图系清光绪十年(1889)石印同名图之重印本,图凡 26 幅,内容与前图相同,仅纸张质量稍差。总图为分省彩色印刷,余墨印。

CNMARC 格式

2001#$a皇朝直省地舆全图$b舆图$f(清)湖北官书局编

205##$a石印本

206##$a百里方

210##$a上海$c点石斋$d清光绪十五年[1889]$h清光绪二十一年[1895]

215##$a1幅$c彩色$d50 × 35cm

300##$a本图系清光绪十年(1889)石印同名图之重印本,图凡 26 幅,内容与前图相同,仅纸张质量稍差。总图为分省彩色印刷,余墨印。

样例 8

书本式格式

中华人民共和国全图 [舆图] / 徐根才,石家星主编 ；中国地图出版社编制. -- 1:2500000 ；正轴等角圆锥投影. -- 北京 ：中国地图出版社, 2006.1 . -- 1 幅 ：彩色 ；180 × 260cm . -- 本图是 1 幅彩色图。采用分层设色法表示地形. -- ISBN 7 - 5031 -

4040 -2 ：CNY 600.00

卡片式格式

中华人民共和国全图［舆图］/ 徐根才，石家星主编 ；中国地图出版社编制． -- 1∶2500000 ；正轴等角圆锥投影． -- 北京 ：中国地图出版社，2006.1

1 幅 ：彩色 ；180 ×260cm

本图是 1 幅彩色图。采用分层设色法表示地形。

ISBN 7 -5031 -4040 -2 ：CNY 600.00

CNMARC 格式

010##$a7 -5031 -4040 -2$dCNY600.00

2001#$a中华人民共和国全图$b舆图$f徐根才，石家星主编$g中国地图出版社编制

206##$a1∶2500000 ；正轴等角圆锥投影

210##$a北京$c中国地图出版社$d2006.1

215##$a1 幅$c彩色$d180 ×260cm

300##$a本图是 1 幅彩色图。采用分层设色法表示地形。

样例 9

书本式格式

山东全图［舆图］/（清）叶圭绶编绘． -- 刻本． -- 五里方． --［出版地不详］：［出版者不详］，［清光绪初年］． -- 1 幅分裱 8 轴 ：单色 ；140 ×276cm． -- 本图系据《续山东考古录》所载图编绘而成，并将书中"辨证旧说错误之甚者及前人所未见及者"详细辑录于图的空白处。各府、州、县城旁注简要注记其沿革。

卡片式格式

山东全图［舆图］/（清）叶圭绶编绘． -- 刻本． -- 五里方． --［出版地不详］：［出版者不详］，［清光绪初年］

1 幅分裱 8 轴 ：单色 ；140 ×276cm

本图系据《续山东考古录》所载图编绘而成，并将书中"辨证旧说错误之甚者及前人所未见及者"详细辑录于图的空白处。各府、州、县城旁注简要注记其沿革。

CNMARC 格式

2001#$a山东全图$b舆图$f（清）叶圭绶编绘

205##$a刻本

206##$a五里方

210##$a［出版地不详］$c［出版者不详］$d［清光绪初年］

215##$a1 幅分裱 8 轴$c单色$d140 ×276cm

300##$a本图系据《续山东考古录》所载图编绘而成，并将书中"辨证旧说错误之甚者及前人所未见及者"详细辑录于图的空白处。各府、州、县城旁注简要注记其沿革。

样例 10

书本式格式

山东后路巡防各营分扎全图［舆图］． -- 绘本． -- 十里方． --［出版地不详］：

［出版者不详］,［清光绪年间］. -- 1 幅 ：彩色 ；98 ×62cm . -- 本图主要绘出东昌府境马步各营驻防位置。

卡片式格式

山东后路巡防各营分扎全图［舆图］. -- 绘本. -- 十里方. -- ［出版地不详］：［出版者不详］,［清光绪年间］

1 幅 ：彩色 ；98 ×62cm

本图主要绘出东昌府境马步各营驻防位置。

CNMARC 格式

2001#$a山东后路巡防各营分扎全图$b舆图

205##$a绘本

206##$a十里方

210##$a［出版地不详］$c［出版者不详］$d［清光绪年间］

215##$a1 幅$c彩色$d98 ×62cm

300##$a本图主要绘出东昌府境马步各营驻防位置。

样例 11

书本式格式

皇朝直省府厅州县全图［舆图］. -- 刻本. -- 二百里方. -- 武昌 ：湖北官书局,清同治三年［1864］. -- 1 幅 ：单色 ；56 ×56cm . -- 本图仅绘出内地各省,地名沿革以同治元年(1862)为断。比例尺原注有误,实为百里方。为《皇朝直省地舆全图》缩印本,制印粗略。

卡片式格式

皇朝直省府厅州县全图［舆图］. -- 刻本. -- 二百里方. -- 武昌 ：湖北官书局,清同治三年［1864］

1 幅 ：单色 ；56 ×56cm

本图仅绘出内地各省,地名沿革以同治元年(1862)为断。比例尺原注有误,实为百里方。为《皇朝直省地舆全图》缩印本,制印粗略。

CNMARC 格式

2001#$a皇朝直省府厅州县全图$b舆图

205##$a刻本

206##$a百里方

210##$a武昌$c湖北官书局$d清同治三年［1864］

215##$a1 幅$c单色$d56 ×56cm

300##$a本图仅绘出内地各省,地名沿革以同治元年(1862)为断。比例尺原注有误,实为百里方。为《皇朝直省地舆全图》缩印本,制印粗略。

样例 12

书本式格式

中国沿海主要港口图集［舆图］／中国人民解放军海军司令部航海保证部编制. --

［比例不等］；墨卡托投影．-- ［出版地不详］：［出版者不详］，1988．-- 84 页 ：彩色 ；26 ×19cm．-- 内部使用。有说明。本图集仅选择沿海主要港口、锚地共 84 幅。

卡片式格式

中国沿海主要港口图集［舆图］／中国人民解放军海军司令部航海保证部编制．-- ［比例不等］；墨卡托投影．-- ［出版地不详］：［出版者不详］，1988

84 页 ：彩色 ；26 ×19cm

内部使用。有说明。本图集仅选择沿海主要港口、锚地共 84 幅。

CNMARC 格式

2001#$a中国沿海主要港口图集$b舆图$f中国人民解放军海军司令部航海保证部编制

206##$a［比例不等］；墨卡托投影

210##$a［出版地不详］$c［出版者不详］$d1988

215##$a84页$c彩色$d26 ×19cm

300##$a内部使用。有说明。本图集仅选择沿海主要港口、锚地共 84 幅。

样例 13

书本式格式

中国土地利用图［舆图］= The Land-Use Map of China ／吴传钧主编 ；鲁奇翻译．-- 1∶4000000 ；等积圆锥投影．-- 北京 ：测绘出版社，1991.6．-- 1 幅分切 2 张 ：彩色 ；102 ×152cm + 说明书 1 册(12 页)．-- ISBN 7 -5030 -0580 -7 ：CNY 30.00

卡片式格式

中国土地利用图［舆图］= The Land-Use Map of China ／吴传钧主编 ；鲁奇翻译．-- 1∶4000000 ；等积圆锥投影．-- 北京 ：测绘出版社，1991.6

1 幅分切 2 张 ：彩色 ；102 ×152cm + 说明书 1 册(12 页)

ISBN 7 -5030 -0580 -7 ：CNY 30.00

CNMARC 格式

010##$a7 -5030 -0580 -7$dCNY30.00

2001#$a中国土地利用图$b舆图$dThe Land-Use Map of China$f吴传钧主编$g鲁奇翻译

206##$a1∶4000000 ；等积圆锥投影

210##$a北京$c测绘出版社$d1991.6

215##$a1 幅分切 2 张$c彩色 $d 102 ×152cm$e说明书 1 册(12 页)

5101#$aThe Land-Use Map of China$zeng

七、出版信息的著录

样例 1

书本式格式

中华人民共和国分省地图集［舆图］／地图出版社编制．-- 2 版．-- ［比例不等］．-- 北京 ：地图出版社，1984.6(上海，1984.6)．-- 252 页 ：彩色 ；27 ×20cm．--

附地名索引。

卡片式格式

中华人民共和国分省地图集［舆图］／地图出版社编制. -- 2 版. -- ［比例不等］. -- 北京：地图出版社，1984. 6（上海，1984. 6）

252 页：彩色；27×20cm

附地名索引。

CNMARC 格式

2001#$a中华人民共和国分省地图集$b舆图$f地图出版社编制

205##$a2版

206##$a［比例不等］

210##$a北京$c地图出版社$d1984. 6$e上海$h1984. 6

215##$a252页$c彩色$d27×20cm

300##$a附地名索引。

样例 2

书本式格式

京城详细地图［舆图］／（清）冯恕等测制. -- 静电复印本. -- 5 版. -- ［未注比例］. -- ［出版地不详］：［出版者不详］,［1981］. -- 1 幅：单色；71×53cm. -- 据大连市图书馆藏清宣统三年（1911）上海商务印书馆第 5 版图复制。

卡片式格式

京城详细地图［舆图］／（清）冯恕等测制. -- 静电复印本. -- 5 版. -- ［未注比例］. -- ［出版地不详］：［出版者不详］，［1981］

1 幅：单色；71×53cm

据大连市图书馆藏清宣统三年（1911）上海商务印书馆第 5 版图复制。

CNMARC 格式

2001#$a京城详细地图$b舆图$f（清）冯恕等测制

205##$a静电复印本

205##$a5版

206##$a［未注比例］

210##$a［出版地不详］$c［出版者不详］$d［1981］

215##$a1幅$c单色$d71×53cm

300##$a据大连市图书馆藏清宣统三年（1911）上海商务印书馆第 5 版图复制。

样例 3

书本式格式

湘潭市商业发展图［舆图］. -- 彩绘本. -- ［比例不等］. -- ［出版地不详］：［出版者不详］，［1980］. -- 1 幅：彩色；92×104cm. -- 此图题名“湘潭市商业发展图”手写，其下有 6 个图表：“社会商品零售总额”、“社会农副产品收购总值”、“国营商业、供销购销总值”、“主要农产品收购量”、“我市商业区划的设想”和“本世纪末机构、人员和零售额发展预测”。图表中大小标题为打字纸剪贴；第一至四图表数码为橡皮戳钤印，各色线条为手绘；第五图底图为墨印的湘潭市略图，加手工着色；第六图为剪贴的打字油印统计表。图名及线条为水彩笔绘制；第五图用彩色铅笔着色。

卡片式格式

湘潭市商业发展图［舆图］. -- 彩绘本. --［比例不等］. --［出版地不详］：［出版者不详］，［1980］

1 幅 ：彩色 ；92 × 104cm

此图题名“湘潭市商业发展图”手写，其下有 6 个图表：“社会商品零售总额”、“社会农副产品收购总值”、“国营商业、供销购销总值”、“主要农产品收购量”、“我市商业区划的设想”和“本世纪末机构、人员和零售额发展预测”。图表中大小标题为打字纸剪贴；第一至四图表数码为橡皮戳钤印，各色线条为手绘；第五图底图为墨印的湘潭市略图，加手工着色；第六图为剪贴的打字油印统计表。图名及线条为水彩笔绘制；第五图用彩色铅笔着色。

CNMARC 格式

2001#$a湘潭市商业发展图$b舆图

205##$a彩绘本

206##$a［比例不等］

210##$a［出版地不详］$c［出版者不详］$d［1980］

215##$a1 幅$c彩色$d92 × 104cm

300##$a此图题名“湘潭市商业发展图”手写，其下有 6 个图表：“社会商品零售总额”、“社会农副产品收购总值”、“国营商业、供销购销总值”、“主要农产品收购量”、“我市商业区划的设想”和“本世纪末机构、人员和零售额发展预测”。图表中大小标题为打字纸剪贴；第一至四图表数码为橡皮戳钤印，各色线条为手绘；第五图底图为墨印的湘潭市略图，加手工着色；第六图为剪贴的打字油印统计表。图名及线条为水彩笔绘制；第五图用彩色铅笔着色。

样例 4

书本式格式

中华人民共和国分省地图集［舆图］/ 地图出版社编制. -- 汉语拼音版. --［比例不等］. -- 北京 ：地图出版社，1977. 2 . -- 50，163 页 ：彩色 ；27 × 20cm

卡片式格式

中华人民共和国分省地图集［舆图］/ 地图出版社编制. -- 汉语拼音版. --［比例不等］. -- 北京 ：地图出版社，1977. 2

50，163 页 ：彩色 ；27 × 20cm

CNMARC 格式

2001#$a中华人民共和国分省地图集$b舆图$f地图出版社编制

205##$a汉语拼音版

206##$a［比例不等］

210##$a北京$c地图出版社$d1977. 2

215##$a50，163页$c彩色$d27 ×20cm

样例 5

书本式格式

最新华北精密大地图［舆图］／（日）吉田喜太郎编绘. —— 1:1100000． —— 东京 ：日本研究社 ：日本出版配给株式会社，（日）昭和十九年［1944］. —— 1 幅 ：彩色 ；113 × 116cm． —— 范围包括河北、山东、山西、河南四省及邻近地区。某些地名标注有误。分层设色表示地形。

卡片式格式

最新华北精密大地图［舆图］／（日）吉田喜太郎编绘. —— 1:1100000． —— 东京 ：日本研究社 ：日本出版配给株式会社，（日）昭和十九年［1944］

1 幅 ：彩色 ；113 ×116cm

范围包括河北、山东、山西、河南四省及邻近地区。某些地名标注有误。分层设色表示地形。

CNMARC 格式

2001#$a最新华北精密大地图$b舆图$f（日）吉田喜太郎编绘

206##$a1:1100000

210##$a东京$c日本研究社$c日本出版配给株式会社$d（日）昭和十九年［1944］

215##$a1幅$c彩色$d113 ×116cm

300##$a范围包括河北、山东、山西、河南四省及邻近地区。某些地名标注有误。分层设色表示地形。

样例 6

书本式格式

北京东交民巷图［舆图］／（法）普意雅编绘. —— 绘本. —— ［未注比例］. —— ［出版地不详］：［出版者不详］，［1930?］. —— 1 幅 ：彩色 ；144 ×244cm． —— 本图反映了清光绪末年北京东交民巷的情况。中法文并注。

卡片式格式

北京东交民巷图［舆图］／（法）普意雅编绘. —— 绘本. —— ［未注比例］. —— ［出版地不详］：［出版者不详］，［1930?］

1 幅 ：彩色 ；144 ×244cm

本图反映了清光绪末年北京东交民巷的情况。中法文并注。

CNMARC 格式

2001#$a北京东交民巷图$b舆图$f（法）普意雅编绘

205##$a绘本

206##$a［未注比例］

210##$a［出版地不详］$c［出版者不详］$d［1930?］

215##$a1幅$c彩色$d144 ×244cm

300##$a本图反映了清光绪末年北京东交民巷的情况。中法文并注。

样例 7

书本式格式

岢岚县地图［舆图］. -- 绘本. -- 1∶2000000 . -- 岢岚县 : 德丰诚永记,［1930s］. -- 1 幅 : 单色 ; 41 ×46cm . -- 比例尺应为二十万分之一,图上原注有误。

卡片式格式

岢岚县地图［舆图］. -- 绘本. -- 1∶2000000 . -- 岢岚县 : 德丰诚永记,［1930s］

1 幅 : 单色 ; 41 ×46cm

比例尺应为二十万分之一,图上原注有误。

CNMARC 格式

2001#$a岢岚县地图$b舆图

205##$a绘本

206##$a1∶2000000

210##$a岢岚县$c德丰诚永记$d［1930s］

215##$a1 幅$c单色$d41 ×46cm

300##$a比例尺应为二十万分之一,图上原注有误。

样例 8

书本式格式

修订浙江全省舆图并水陆道里记［舆图］/（清）宗源瀚编 ; 徐则恂修订. -- 石印本. -- 修订本. -- ［比例不等］. -- 杭州 : 武林印书馆, 民国四年十二月［1915. 12］. -- 15 册 : 单色 ; 29 ×17cm . -- 1894 年初版,民国初年修订。图四册,内有省图(彩色)1 幅,府图 11 幅,道图 4 幅,县图 75 幅。图中详细绘出河流、道路和桥梁等,地形改用等高线表示。另十一册为水道道路记,分府详叙各县沿革及河流、道路、里程等。稍破旧。盒套上写"浙江全省水陆图",有误。

卡片式格式

修订浙江全省舆图并水陆道里记［舆图］/（清）宗源瀚编 ; 徐则恂修订. -- 石印本. -- 修订本. -- ［比例不等］. -- 杭州 : 武林印书馆, 民国四年十二月［1915. 12］

15 册 : 单色 ; 29 ×17cm

1894 年初版,民国初年修订。图四册,内有省图(彩色)1 幅,府图 11 幅,道图 4 幅,县图 75 幅。图中详细绘出河流、道路和桥梁等,地形改用等高线表示。另十一册为水道道路记,分府详叙各县沿革及河流、道路、里程等。稍破旧。盒套上写"浙江全省水陆图",有误。

CNMARC 格式

2001#$a修订浙江全省舆图并水陆道里记$b舆图$f(清)宗源瀚编$g徐则恂修订

205##$a石印本

205##$a修订本

206##$a［比例不等］

210##$a杭州$c武林印书馆$d民国四年十二月[1915. 12]

215##$a15册$c单色$d29 ×17cm

300##$a1894年初版,民国初年修订。图四册,内有省图(彩色)1 幅,府图 11 幅,道图 4 幅,县图 75 幅。图中详细绘出河流、道路和桥梁等,地形改用等高线表示。另十一册为水道道路记,分府详叙各县沿革及河流、道路、里程等。

316##$a稍破旧。盒套上写“浙江全省水陆图”,有误。$5NLC/SBYL:7995

样例 9

书本式格式

参谋旅行记事附图 [舆图] / 陆军大学校编绘. -- 石印本. -- [比例不等]. -- [出版地不详] : [出版者不详], 民国二年十月[1913. 10]. -- 2 册 : 彩色 ; 28 ×18cm . -- 图凡 28 幅,由陆军大学校参谋人员秋季军事演练时绘制。

卡片式格式

参谋旅行记事附图 [舆图] / 陆军大学校编绘. -- 石印本. -- [比例不等]. -- [出版地不详] : [出版者不详], 民国二年十月[1913. 10]

2 册 : 彩色 ; 28 ×18cm

图凡 28 幅,由陆军大学校参谋人员秋季军事演练时绘制。

CNMARC 格式

2001#$a参谋旅行记事附图$b舆图$f陆军大学校编绘

205##$a石印本

206##$a[比例不等]

210##$a[出版地不详]$c[出版者不详]$d民国二年十月[1913. 10]

215##$a2册$c彩色$d28 ×18cm

300##$a图凡 28 幅,由陆军大学校参谋人员秋季军事演练时绘制。

样例 10

书本式格式

北京游览地图 [舆图]. -- 石印本. -- [未注比例]. -- 上海 : 新华书局, [民国初年]. -- 4 幅 : 单色 ; 图廓不等

卡片式格式

北京游览地图 [舆图]. -- 石印本. -- [未注比例]. -- 上海 : 新华书局, [民国初年]

4 幅 : 单色 ; 图廓不等

CNMARC 格式

2001#$a北京游览地图$b舆图

205##$a石印本

206##$a[未注比例]

210##$a上海$c新华书局$d[民国初年]

215##$a4幅$c单色$d图廓不等

463#1$12001#$a北京皇城全图

463#1$12001#$a内城一览图

463#1$12001#$a外城一览图

463#1$12001#$a北京游览全图

样例 11

书本式格式

云南全省舆图［舆图］/（清）云南防团兵备处绘 ；中国地学会． -- 重印本． -- 石印本． -- ［未注比例］． -- 天津 ：中国地学会事务所，清宣统三年［1911］． -- 1 幅 ：双色 ；90 ×85cm． -- 图套题名"新测云南全省详细全图"。本图根据中国地学会驻滇会员钟建堂赠送之清宣统二年（1910）绘印图重印，绘有经纬度，内容注记详细。附片马形势（图）。

卡片式格式

云南全省舆图［舆图］/（清）云南防团兵备处绘 ；中国地学会． -- 重印本． -- 石印本． -- ［未注比例］． -- 天津 ：中国地学会事务所，清宣统三年［1911］

1 幅 ：双色 ；90 ×85cm

图套题名"新测云南全省详细全图"。本图根据中国地学会驻滇会员钟建堂赠送之清宣统二年（1910）绘印图重印，绘有经纬度，内容注记详细。附片马形势（图）。

CNMARC 格式

2001#$a云南全省舆图$b舆图$f（清）云南防团兵备处绘$g中国地学会

205##$a重印本

205##$a石印本

206##$a［未注比例］

210##$a天津$c中国地学会事务所$d清宣统三年［1911］

215##$a1 幅$c双色$d90 ×85cm

300##$a图套题名"新测云南全省详细全图"。本图根据中国地学会驻滇会员钟建堂赠送之清宣统二年（1910）绘印图重印，绘有经纬度，内容注记详细。附片马形势（图）。

5121#$a新测云南全省详细全图

样例 12

书本式格式

历代舆地沿革险要图［舆图］/（清）杨守敬编 ；（清）熊会贞校补． -- 刻本，朱墨套印． -- ［未注比例］． -- 上海 ：观海堂，清光绪三十二年—宣统三年［1906 - 1911］． -- 34 册 ：双色 ；31 ×21cm +《水经注图》8 册． -- 本图集载有 34 组图，分订 34 册。第一册为总图，以清李兆洛"皇朝一统舆地全图"六严缩摹本为底图编绘，计有总图 71 幅；其余 33 册为各代分图，以胡林翼"大清一统舆图"为蓝本编绘。各图朱墨套印，朱色表示清代地名及经纬线，墨色表示古地名。图集内容比前人编纂之历史地图翔实、准确，为中国古代最完整的一部历史沿革地图集。另一复本（9074 号）缺《水经注图》8 册。

卡片式格式

历代舆地沿革险要图［舆图］／（清）杨守敬编 ；（清）熊会贞校补．－－ 刻本，朱墨套印．－－［未注比例］．－－ 上海 ：观海堂，清光绪三十二年—宣统三年［1906 － 1911］

34 册 ：双色 ；31 ×21cm ＋《水经注图》8 册。

本图集载有 34 组图，分订 34 册。第一册为总图，以清李兆洛“皇朝一统舆地全图”六严缩摹本为底图编绘，计有总图 71 幅；其余 33 册为各代分图，以胡林翼“大清一统舆图”为蓝本编绘。各图朱墨套印，朱色表示清代地名及经纬线，墨色表示古地名。图集内容比前人编纂之历史地图翔实、准确，为中国古代最完整的一部历史沿革地图集。另一复本（9074 号）缺《水经注图》8 册。

CNMARC 格式

2001#$a历代舆地沿革险要图$b舆图$f（清）杨守敬编$g（清）熊会贞校补

205##$a刻本，朱墨套印

206##$a［未注比例］

210##$a上海$c观海堂$d清光绪三十二年—宣统三年［1906 － 1911］

215##$a34册$c双色$d31 ×21cm$e《水经注图》8 册。

300##$a本图集载有 34 组图，分订 34 册。第一册为总图，以清李兆洛“皇朝一统舆地全图”六严缩摹本为底图编绘，计有总图 71 幅；其余 33 册为各代分图，以胡林翼“大清一统舆图”为蓝本编绘。各图朱墨套印，朱色表示清代地名及经纬线，墨色表示古地名。图集内容比前人编纂之历史地图翔实、准确，为中国古代最完整的一部历史沿革地图集。另一复本（9074 号）缺《水经注图》8 册。

样例 13

书本式格式

日俄战地图［舆图］／（清）施绍常译．－－ 石印本．－－ 1∶5740000．－－［出版地不详］：［出版者不详］，清光绪三十年［1904］．－－ 1 幅 ：彩色 ；64 ×51cm．－－ 附旅顺口岸图和图说。

卡片式格式

日俄战地图［舆图］／（清）施绍常译．－－ 石印本．－－ 1∶5740000．－－［出版地不详］：［出版者不详］，清光绪三十年［1904］

1 幅 ：彩色 ；64 ×51cm

附旅顺口岸图和图说。

CNMARC 格式

2001#$a日俄战地图$b舆图$f（清）施绍常译

205##$a石印本

206##$a1∶5740000

210##$a［出版地不详］$c［出版者不详］$d清光绪三十年［1904］

215##$a1幅$c彩色$d64 ×51cm

300##$a附旅顺口岸图和图说。

样例 14

书本式格式

皇朝直省地舆全图［舆图］/（法）蔡尚质绘．-- 石印本．-- 有缩尺．-- ［出版地不详］：［出版者不详］，清光绪三十年［1904］．-- 1 幅 ：单色 ；114 × 108cm．-- 内容与清光绪十九年(1893)石印同名图基本相同,仅篇幅略大,并增地名法文注记。

卡片式格式

皇朝直省地舆全图［舆图］/（法）蔡尚质绘．-- 石印本．-- 有缩尺．-- ［出版地不详］：［出版者不详］，清光绪三十年［1904］

1 幅 ：单色 ；114 × 108cm

内容与清光绪十九年(1893)石印同名图基本相同,仅篇幅略大,并增地名法文注记。

CNMARC 格式

2001#$a皇朝直省地舆全图$b舆图$f(法)蔡尚质绘

205##$a石印本

206##$a有缩尺

210##$a［出版地不详］$c［出版者不详］$d清光绪三十年［1904］

215##$a1 幅$c单色$d114 × 108cm

300##$a内容与清光绪十九年(1893)石印同名图基本相同,仅篇幅略大,并增地名法文注记。

样例 15

书本式格式

精密世界大地图［舆图］/（清）沈镕编．-- 刻本．-- ［未注比例］．-- ［出版地不详］：［出版者不详］，［清光绪末年］．-- 1 幅 ：彩色 ；96 × 145cm．-- 附皇朝一统全国和全球海流、风向、雨量、火山、地震图等。

卡片式格式

精密世界大地图［舆图］/（清）沈镕编．-- 刻本．-- ［未注比例］．-- ［出版地不详］：［出版者不详］，［清光绪末年］

1 幅 ：彩色 ；96 × 145cm

附皇朝一统全国和全球海流、风向、雨量、火山、地震图等。

CNMARC 格式

2001#$a精密世界大地图$b舆图$f(清)沈镕编

205##$a刻本

206##$a［未注比例］

210##$a［出版地不详］$c［出版者不详］$d［清光绪末年］

215##$a1 幅$c彩色$d96 × 145cm

300##$a附皇朝一统全国和全球海流、风向、雨量、火山、地震图等。

样例 16

书本式格式

(嘉庆)大内总图［舆图］/(日)冈田尚友［等］编制. -- 摄影本. -- ［未注比例］. --1 幅 : 单色 ; 24×30cm. -- 据日本文化二年(1805)刻本拍摄

卡片式格式

(嘉庆)大内总图［舆图］/(日)冈田尚友［等］编制. -- 摄影本. -- ［未注比例］

1 幅 : 单色 ; 24×30cm

据日本文化二年(1805)刻本拍摄。

CNMARC 格式

2001#$a(嘉庆)大内总图$b舆图$f(日)冈田尚友［等］编制

205##$a摄影本

206##$a［未注比例］

215##$a1 幅$c单色$d24×30cm

300##$a据日本文化二年(1805)刻本拍摄。

样例 17

书本式格式

大清万年一统地理全图［舆图］/(清)黄千人原绘. -- 拓本. -- 百里方. -- ［出版地不详］:［出版者不详］,［清嘉庆年间］. -- 1 幅 : 双色 ; 135×236cm. -- 本图据清乾隆三十二年(1767)黄千人刻本放大增补重刻并蓝绿两色拓印而成。凡乾隆末年及嘉庆初年府、厅、州、县建置之增改在图上均有所反映。图上文字注记每方百里,但图中并未绘出画方。

卡片式格式

大清万年一统地理全图［舆图］/(清)黄千人原绘. -- 拓本. -- 百里方. -- ［出版地不详］:［出版者不详］,［清嘉庆年间］

1 幅 : 双色 ; 135×236cm

本图据清乾隆三十二年(1767)黄千人刻本放大增补重刻并蓝绿两色拓印而成。凡乾隆末年及嘉庆初年府、厅、州、县建置之增改在图上均有所反映。图上文字注记每方百里,但图中并未绘出画方。

CNMARC 格式

2001#$a大清万年一统地理全图$b舆图$f(清)黄千人原绘

205##$a拓本

206##$a百里方

210##$a［出版地不详］$c［出版者不详］$d［清嘉庆年间］

215##$a1 幅$c双色$d135×236cm

300##$a本图据清乾隆三十二年(1767)黄千人刻本放大增补重刻并蓝绿两色拓印而成。凡乾隆末年及嘉庆初年府、厅、州、县建置之增改在图上均有所反映。图上文字注记每方百里,但图中并未绘出画方。

样例 18

书本式格式

坤舆万国全图［舆图］／(意)利玛窦绘．-- 绘本．--［未注比例］．--［出版地不详］：［出版者不详］,［明万历三十六年(1608)］．-- 1 幅 : 彩色 ; 62×166cm．-- 原图为 6 条,现仅存第 4 条亚洲部分。所绘范围为大明、朝鲜、日本及吕宋、大爪哇等国家和地区。图中有利玛窦自序及看北极法说明,以及海船、鱼、象等象形图。绘图风格及文字注记属明万历三十六年(1608)诸太监摹绘利玛窦手绘本系统。

卡片式格式

坤舆万国全图［舆图］／(意)利玛窦绘．-- 绘本．--［未注比例］．--［出版地不详］：［出版者不详］,［明万历三十六年(1608)］

1 幅 : 彩色 ; 62×166cm

原图为 6 条,现仅存第 4 条亚洲部分。所绘范围为大明、朝鲜、日本及吕宋、大爪哇等国家和地区。图中有利玛窦自序及看北极法说明,以及海船、鱼、象等象形图。绘图风格及文字注记属明万历三十六年(1608)诸太监摹绘利玛窦手绘本系统。

CNMARC 格式

2001#$a坤舆万国全图$b舆图$f(意)利玛窦绘

205##$a绘本

206##$a［未注比例］

210##$a［出版地不详］$c［出版者不详］$d［明万历三十六年(1608)］

215##$a1 幅$c彩色$d62×166cm

300##$a原图为 6 条,现仅存第 4 条亚洲部分。所绘范围为大明、朝鲜、日本及吕宋、大爪哇等国家和地区。图中有利玛窦自序及看北极法说明,以及海船、鱼、象等象形图。绘图风格及文字注记属明万历三十六年(1608)诸太监摹绘利玛窦手绘本系统。

样例 19

书本式格式

舆地图［舆图］／(明)王泮识编．-- 摄影本．--［未注比例］．--［出版地不详］：［出版者不详］, 万历二十二年(1594)题,万历末年摹绘增补,1981 年摄影．-- 1 幅 : 彩色 ; 23×24.5cm．-- 原图 190×180 绢底彩绘,现存法国巴黎图书馆。

卡片式格式

舆地图［舆图］／(明)王泮识编．-- 摄影本．--［未注比例］．--［出版地不详］：［出版者不详］, 万历二十二年(1594)题,万历末年摹绘增补,1981 年摄影

1 幅 : 彩色 ; 23×24.5cm

原图 190×180 绢底彩绘,现存法国巴黎图书馆。

CNMARC 格式

2001#$a舆地图$b舆图$f(明)王泮识编

205##$a摄影本

206##$a［未注比例］

210##$a[出版地不详]$c[出版者不详]$d万历二十二年(1594)题,万历末年摹绘增补,1981 年摄影

215##$a1 幅$c彩色$d23 ×24.5cm

300##$a原图 190 ×180 绢底彩绘,现存法国巴黎图书馆。

样例 20

书本式格式

平江图 [舆图] / (宋)[李寿朋编]. -- 拓本. -- [未注比例]. -- [出版地不详] : [出版者不详], 宋绍定二年[1229]刻石. -- 1 幅 : 单色 ; 279 ×138cm . -- 宋绍定二年(1229)刻石,民国六年(1917)郡人叶德辉、朱锡梁督工深刻,碑石现存苏州碑刻博物馆。图的方位上北下南采用平面与立体形象结合之法,翔实、清晰地绘出城郭、街道、府衙、庙宇、殿堂以及河流、桥梁等,真实地反映了宋时平江府(今苏州市)的城市概貌,是中国传世最完整的早期城市平面图。左下角有残缺。

卡片式格式

平江图 [舆图] / (宋)[李寿朋编]. -- 拓本. -- [未注比例]. -- [出版地不详] : [出版者不详], 宋绍定二年[1229]刻石

1 幅 : 单色 ; 279 ×138cm

宋绍定二年(1229)刻石,民国六年(1917)郡人叶德辉、朱锡梁督工深刻,碑石现存苏州碑刻博物馆。图的方位上北下南采用平面与立体形象结合之法,翔实、清晰地绘出城郭、街道、府衙、庙宇、殿堂以及河流、桥梁等,真实地反映了宋时平江府(今苏州市)的城市概貌,是中国传世最完整的早期城市平面图。左下角有残缺。

CNMARC 格式

2001#$a平江图$b舆图$f(宋)[李寿朋编]

205##$a拓本

206##$a[未注比例]

210##$a[出版地不详]$c[出版者不详]$d宋绍定二年[1229]刻石

215##$a1 幅$c单色$d279 ×138cm

300##$a宋绍定二年(1229)刻石,民国六年(1917)郡人叶德辉、朱锡梁督工深刻,碑石现存苏州碑刻博物馆。图的方位上北下南采用平面与立体形象结合之法,翔实、清晰地绘出城郭、街道、府衙、庙宇、殿堂以及河流、桥梁等,真实地反映了宋时平江府(今苏州市)的城市概貌,是中国传世最完整的早期城市平面图。左下角有残缺。

样例 21

书本式格式

禹跡图 [舆图]. -- 拓本. -- 百里方. -- [出版地不详] : [出版者不详], 齐阜昌七年[1136]. -- 1 幅 : 单色 ; 79 ×78cm . -- 民国年间据刘豫阜昌七年(1136)刻石拓印。图石现存西安碑林。图上内容以中国水系为主,其中黄河和长江中下游的画法与现代地图接近。黄河在天津入海。是现藏中国最早绘有计里网格的地图。

卡片式格式

禹跡图［舆图］. -- 拓本. -- 百里方. --［出版地不详］:［出版者不详］, 齐阜昌七年［1136］

1 幅 : 单色 ; 79 × 78cm

民国年间据刘豫阜昌七年(1136)刻石拓印。图石现存西安碑林。图上内容以中国水系为主,其中黄河和长江中下游的画法与现代地图接近。黄河在天津入海。是现藏中国最早绘有计里网格的地图。

CNMARC 格式

2001#$a禹跡图$b舆图

205##$a拓本

206##$a百里方

210##$a［出版地不详］$c［出版者不详］$d齐阜昌七年［1136］

215##$a1 幅$c单色$d79 × 78cm

300##$a民国年间据刘豫阜昌七年(1136)刻石拓印。图石现存西安碑林。图上内容以中国水系为主,其中黄河和长江中下游的画法与现代地图接近。黄河在天津入海。是现藏中国最早绘有计里网格的地图。

样例 22

书本式格式

上海市实用地图册［舆图］/ 中国地图出版社, 中华地图学社编制. -- 第 3 版. --［比例不等］. -- 北京 : 中国地图出版社 ; 上海 : 中华地图学社, 2010.3. -- 79 页 : 彩色 ; 25 × 13cm. -- 有说明. -- ISBN 7 - 80031 - 592 - 3 : CNY 28.00

卡片式格式

上海市实用地图册［舆图］/ 中国地图出版社, 中华地图学社编制. -- 第 3 版. --［比例不等］. -- 北京 : 中国地图出版社 ; 上海 : 中华地图学社, 2010.3

79 页 : 彩色 ; 25 × 13cm

有说明。

ISBN 7 - 80031 - 592 - 3 : CNY 28.00

CNMARC 格式

010##$a7 - 80031 - 592 - 3$dCNY28.00

2001#$a上海市实用地图册$b舆图$f中国地图出版社,中华地图学社编制

205##$a第 3 版

206##$a［比例不等］

210##$a北京$c中国地图出版社$a上海$c中华地图学社$d2010.3

215##$a79 页$c彩色$d25 × 13cm

300##$a有说明。

八、载体形态信息的著录

样例 1

书本式格式

枣庄市图［舆图］／枣庄市水利局编制. -- 1∶100000 . -- 济南 ：山东省地图出版社，1985. 9 . -- 1 幅分切 2 张 ：彩色 ；110 ×95cm . -- 等高线表示地形。此图为需进一步加工的底图，题名中“枣庄市”与“图”之间空四字位置。附枣庄市区简图。图右字“专业规划用图”。

卡片式格式

枣庄市图［舆图］／枣庄市水利局编制. -- 1∶100000 . -- 济南 ：山东省地图出版社，1985. 9

1 幅分切 2 张 ：彩色 ；110 ×95cm

等高线表示地形。此图为需进一步加工的底图，题名中“枣庄市”与“图”之间空四字位置。附枣庄市区简图。图右字“专业规划用图”。

CNMARC 格式

2001#$a枣庄市图$b舆图$f枣庄市水利局编制

206##$a1∶100000

210##$a济南$c山东省地图出版社$d1985. 9

215##$a1 幅分切 2 张$c彩色$d110 ×95cm

300##$a等高线表示地形。此图为需进一步加工的底图，题名中“枣庄市”与“图”之间空四字位置。附枣庄市区简图。图右字“专业规划用图”。

样例 2

书本式格式

十五国风地理之图［舆图］／（宋）杨甲撰. -- 摄影本. --［未注比例］. --［出版地不详］：［出版者不详］，［1984?］. -- 1 幅分切 2 张 ：单色 ；12 ×16cm . -- 本图根据南宋后期福建刻本《六经图》附图缩微底片复制。所绘范围为黄河、淮河和长江流域的部分地区，主要反映了中国周朝十五国风（即十五个地区的诗歌）的地理分布情况，并在古地名下多注出宋代地名。为我国较早的木刻印本历史沿革地图。

卡片式格式

十五国风地理之图［舆图］／（宋）杨甲撰. -- 摄影本. --［未注比例］. --［出版地不详］：［出版者不详］，［1984?］

1 幅分切 2 张 ：单色 ；12 ×16cm

本图根据南宋后期福建刻本《六经图》附图缩微底片复制。所绘范围为黄河、淮河和长江流域的部分地区，主要反映了中国周朝十五国风（即十五个地区的诗歌）的地理分布情况，并在古地名下多注出宋代地名。为我国较早的木刻印本历史沿革地图。

CNMARC 格式

2001#$a十五国风地理之图$b舆图$f(宋)杨甲撰

205##$a摄影本

206##$a[未注比例]

210##$a[出版地不详]$c[出版者不详]$d[1984?]

215##$a1 幅分切 2 张$c单色$d12×16cm

300##$a本图根据南宋后期福建刻本《六经图》附图缩微底片复制。所绘范围为黄河、淮河和长江流域的部分地区,主要反映了中国周朝十五国风(即十五个地区的诗歌)的地理分布情况,并在古地名下多注出宋代地名。为我国较早的木刻印本历史沿革地图。

样例 3

书本式格式

迁安县标准地名图 [舆图] / 田军民编辑 ; 张兴文绘图. — 1:160000 . — 迁安县 : 河北省迁安县地名办公室, 1984.10 . — 1 幅 : 彩色 ; 43×29cm . — 1984 年 4 月编制。

卡片式格式

迁安县标准地名图 [舆图] / 田军民编辑 ; 张兴文绘图. -- 1:160000 . -- 迁安县 : 河北省迁安县地名办公室, 1984.10

1 幅 : 彩色 ; 43×29cm

1984 年 4 月编制。

CNMARC 格式

2001#$a迁安县标准地名图$b舆图$f田军民编辑$g张兴文绘图

206##$a1:160000

210##$a迁安县$c河北省迁安县地名办公室$d1984.10

215##$a1 幅$c彩色$d43×29cm

300##$a1984 年 4 月编制。

463#1$12001#$a迁安县地名资料汇编

样例 4

书本式格式

南京市交通旅游地图 [舆图] / 江苏省测绘局编绘. -- [未注比例]. -- 南京 : 江苏人民出版社, 1983.5 . -- 1 幅 : 彩色 ; 37×52cm

卡片式格式

南京市交通旅游地图 [舆图] / 江苏省测绘局编绘. -- [未注比例]. -- 南京 : 江苏人民出版社, 1983.5

1 幅 : 彩色 ; 37×52cm

CNMARC 格式

2001#$a南京市交通旅游地图$b舆图$f江苏省测绘局编绘

206##$a[未注比例]

210##$a南京$c江苏人民出版社$d1983.5

215##$a1幅$c彩色$d37×52cm

样例5

书本式格式

中国物理气候图集［舆图］／高国栋，陆渝蓉［主编］．-- 1∶18000000．-- 北京：农业出版社，1981.8．-- 183页：单色；26×38cm

卡片式格式

中国物理气候图集［舆图］／高国栋，陆渝蓉［主编］．-- 1∶18000000．-- 北京：农业出版社，1981.8

183页：单色；26×38cm

CNMARC格式

2001#$a中国物理气候图集$b舆图$f高国栋，陆渝蓉［主编］

206##$a1∶18000000

210##$a北京$c农业出版社$d1981.8

215##$a183页$c单色$d26×38cm

样例6

书本式格式

龙门县地图［舆图］／广州市城市规划局，龙门县人民政府合编．-- 1∶50000．-- 广州：广东省测绘局，1981.10．-- 1幅分切6张：彩色；140×130cm．-- 地形素图。内部用图。附龙城镇图。

卡片式格式

龙门县地图［舆图］／广州市城市规划局，龙门县人民政府合编．-- 1∶50000．-- 广州：广东省测绘局，1981.10

1幅分切6张：彩色；140×130cm

地形素图。内部用图。附龙城镇图。

CNMARC格式

2001#$a龙门县地图$b舆图$f广州市城市规划局，龙门县人民政府合编

206##$a1∶50000

210##$a广州$c广东省测绘局$d 1981.10

215##$a1幅分切6张$c彩色$d140×130cm

300##$a地形素图。内部用图。附龙城镇图。

样例7

书本式格式

俄国历史地图解说［舆图］：一千一百年来俄国疆界的变动／（美）爱伦．F.丘著；郭圣铭译．--［未注比例］．-- 北京：商务印书馆，1980.12．-- 109页：单色；26×19cm．-- 附重要城镇名称的改变及译名对照表。本图集为图文对照，对俄国历史

各个时期疆域变动作了详细表述，对中苏边界的论述有疏漏之处，最后四图对了解苏联自然地理和物产状况有帮助。内部用图。

卡片式格式

俄国历史地图解说［舆图］：一千一百年来俄国疆界的变动／（美）爱伦. F. 丘著；郭圣铭译. -- ［未注比例］. -- 北京：商务印书馆，1980. 12

109 页：单色；26 × 19cm

附重要城镇名称的改变及译名对照表。本图集为图文对照，对俄国历史各个时期疆域变动作了详细表述，对中苏边界的论述有疏漏之处，最后四图对了解苏联自然地理和物产状况有帮助。内部用图。

CNMARC 格式

2001#$a俄国历史地图解说$b舆图$一千一百年来俄国疆界的变动$f（美）爱伦. F. 丘著$g郭圣铭译

206##$a［未注比例］

210##$a北京$c商务印书馆$d1980. 12

215##$a109页$c单色$d26 × 19cm

300##$a附重要城镇名称的改变及译名对照表。本图集为图文对照，对俄国历史各个时期疆域变动作了详细表述，对中苏边界的论述有疏漏之处，最后四图对了解苏联自然地理和物产状况有帮助。内部用图。

样例 8

书本式格式

中华人民共和国分省地图集［舆图］／地图出版社编制. --［比例不等］. -- 北京：地图出版社，1974. 10. -- 251 页：彩色；27 × 20cm

卡片式格式

中华人民共和国分省地图集［舆图］／地图出版社编制. --［比例不等］. -- 北京：地图出版社，1974. 10

251 页：彩色；27 × 20cm

CNMARC 格式

2001#$a中华人民共和国分省地图集$b舆图$f地图出版社编制

206##$a［比例不等］

210##$a北京$c地图出版社$d1974. 10

215##$a251页$c彩色$d27 × 20cm

样例 9

书本式格式

中华人民共和国分省地图集［舆图］／地图出版社编制. --［比例不等］. -- 北京：地图出版社，1974. 10（1976. 11（3 印））. -- 251 页：彩色；27 × 20cm

卡片式格式

中华人民共和国分省地图集［舆图］／地图出版社编制. --［比例不等］. -- 北

京 ：地图出版社，1974. 10（1976. 11(3 印)）

251 页 ：彩色 ；27 ×20cm

CNMARC 格式

2001#$a中华人民共和国分省地图集$b舆图$f地图出版社编制

206##$a[比例不等]

210##$a北京$c地图出版社$d1974. 10$h1976. 11(3 印)

215##$a251页$c彩色$d27 ×20cm

样例 10

书本式格式

中华人民共和国分省地图集 [舆图] / 地图出版社编制. -- [比例不等]. -- 北京 ：地图出版社，1974. 10(1976. 11). -- 251 页 ：彩色 ；27 ×20cm

卡片式格式

中华人民共和国分省地图集 [舆图] / 地图出版社编制. -- [比例不等]. -- 北京 ：地图出版社，1974. 10(1976. 11)

251 页 ：彩色 ；27 ×20cm

CNMARC 格式

2001#$a中华人民共和国分省地图集$b舆图$f地图出版社编制

206##$a[比例不等]

210##$a北京$c地图出版社$d1974. 10$h1976. 11

215##$a251页$c彩色$d27 ×20cm

样例 11

书本式格式

中国海及邻海气候图集 [舆图] / 解放军海军司令部航海保证部[编制]. -- [比例不等]. -- [出版地不详] ：[出版者不详]，1972. 2 . -- 3 册 ：彩色 ；每册 37 ×27cm . -- 秘密地图. -- 精装 ：CNY 15. 00

卡片式格式

中国海及邻海气候图集 [舆图] / 解放军海军司令部航海保证部[编制]. -- [比例不等]. -- [出版地不详] ：[出版者不详]，1972. 2

3 册 ：彩色 ；每册 37 ×27cm

秘密地图。

精装 ：CNY 15. 00

CNMARC 格式

010##$b精装$dCNY15. 00

2001#$a中国海及邻海气候图集$b舆图$f解放军海军司令部航海保证部[编制]

206##$a[比例不等]

210##$a[出版地不详]$c[出版者不详]$d1972. 2

215##$a3册$c彩色$d每册 37 ×27cm

300##$a秘密地图。

463#1$12001#$a风、浪和风暴图

463#1$12001#$a云、天气现象和能见度图

463#1$12001#$a高空风、温度和温度图

样例 12

书本式格式

中华人民共和国分省地图［舆图］／章启宇编．－－［比例不等］．－－上海：康建书局, 1952. 2．－－40 页：彩色；17 ×13cm

卡片式格式

中华人民共和国分省地图［舆图］／章启宇编．－－［比例不等］．－－上海：康建书局, 1952. 2

40 页：彩色；17 ×13cm

CNMARC 格式

2001#$a中华人民共和国分省地图$b舆图$f章启宇编

206##$a［比例不等］

210##$a上海$c康建书局$d1952. 2

215##$a40页$c彩色$d17 ×13cm

样例 13

书本式格式

袖珍中华人民共和国分省新地图［舆图］／上海舆地学社编绘．－－［比例不等］．－－上海：康建书局, 1952. 9．－－［120 页］：彩色；13 ×9cm．－－图 32 幅,均附说明。

卡片式格式

袖珍中华人民共和国分省新地图［舆图］／上海舆地学社编绘．－－［比例不等］．－－上海：康建书局, 1952. 9

［120 页］：彩色；13 ×9cm

图 32 幅,均附说明。

CNMARC 格式

2001#$a袖珍中华人民共和国分省新地图$b舆图$f上海舆地学社编绘

206##$a［比例不等］

210##$a上海$c康建书局$d1952. 9

215##$a［120 页］$c彩色$d13 ×9cm

300##$a图 32 幅,均附说明。

样例 14

书本式格式

坤舆万国全图［舆图］／(意)利玛窦绘．－－摄影本．－－［未注比例］．－－［出版

地不详］：［出版者不详］，1933． -- 1 幅分洗 6 帧 ：单色 ；每帧 19 ×7cm． -- 1933 年据国立历史博物馆藏彩绘图(现藏南京博物馆)摄制。原图为 6 条,其内容和绘法与禹贡学会 1936 年影印本基本一致,但在海洋中和南极地带增绘了帆船、鲸、鲨、海狮、犀牛、象、鸵鸟等动物形象。属明万历三十六年(1608)诸太监摹绘利玛窦手绘本系统。

卡片式格式

坤舆万国全图［舆图］/(意)利玛窦绘. -- 摄影本. -- ［未注比例］. -- ［出版地不详］：［出版者不详］，1933

1 幅分洗 6 帧 ：单色 ；每帧 19 ×7cm

1933 年据国立历史博物馆藏彩绘图(现藏南京博物馆)摄制。原图为 6 条,其内容和绘法与禹贡学会 1936 年影印本基本一致,但在海洋中和南极地带增绘了帆船、鲸、鲨、海狮、犀牛、象、鸵鸟等动物形象。属明万历三十六年(1608)诸太监摹绘利玛窦手绘本系统。

CNMARC 格式

2001#$a坤舆万国全图$b舆图$f(意)利玛窦绘

205##$a摄影本

206##$a［未注比例］

210##$a［出版地不详］$c［出版者不详］$d1933

215##$a1 幅分洗 6 帧$c单色$d每帧 19 ×7cm

300##$a1933年据国立历史博物馆藏彩绘图(现藏南京博物馆)摄制。原图为 6 条,其内容和绘法与禹贡学会 1936 年影印本基本一致,但在海洋中和南极地带增绘了帆船、鲸、鲨、海狮、犀牛、象、鸵鸟等动物形象。属明万历三十六年(1608)诸太监摹绘利玛窦手绘本系统。

样例 15

书本式格式

山东省五万分一沿胶济津浦两路线地形图［舆图］/ 参谋本部山东省陆地测量局制. -- ［1∶50000］. -- ［济南］：参谋本部山东省陆地测量局，民国二十二年［1933］. -- 存 31 幅 ：单色 ；每幅 36 ×46cm + 接合表 2 张. -- 据民国二年(1913)所定地形原图图式测图制印。存图仅有昌乐县至即墨、胶县境内胶济铁路沿线地图。

卡片式格式

山东省五万分一沿胶济津浦两路线地形图［舆图］/ 参谋本部山东省陆地测量局制. -- ［1∶50000］. -- ［济南］：参谋本部山东省陆地测量局，民国二十二年［1933］

存 31 幅 ：单色 ；每幅 36 ×46cm + 接合表 2 张

据民国二年(1913)所定地形原图图式测图制印。存图仅有昌乐县至即墨、胶县境内胶济铁路沿线地图。

CNMARC 格式

2001#$a山东省五万分一沿胶济津浦两路线地形图$b舆图$f参谋本部山东省陆地测量局制

206##$a［1∶50000］

210##$a[济南]$c参谋本部山东省陆地测量局$d民国二十二年[1933]

215##$a存 31 幅$c单色$d每幅 36 ×46cm $e接合表 2 张

300##$a据民国二年(1913)所定地形原图图式测图制印。存图仅有昌乐县至即墨、胶县境内胶济铁路沿线地图。

样例 16

书本式格式

直隶全省道里总图 [舆图]. -- 摄影本. -- [未注比例]. -- [民国年间]. -- 1 幅分切 9 张 ; 74 ×74cm . -- 民国年间据馆藏清内阁大库绢底彩绘本摄制。原图约绘于康熙年间,现存台湾"中央图书馆"。此图包括清初直隶全省范围,着重标出府、县、村镇等居民地与其间四至里程。河流绘双线,主支分明。太行山和燕山山脉绘制精细,是清初分省道里图的代表作之一。

卡片式格式

直隶全省道里总图 [舆图]. -- 摄影本. -- [未注比例]. -- [民国年间]

1 幅分切 9 张 ; 74 ×74cm

民国年间据馆藏清内阁大库绢底彩绘本摄制。原图约绘于康熙年间,现存台湾"中央图书馆"。此图包括清初直隶全省范围,着重标出府、县、村镇等居民地与其间四至里程。河流绘双线,主支分明。太行山和燕山山脉绘制精细,是清初分省道里图的代表作之一。

CNMARC 格式

2001#$a直隶全省道里总图$b舆图

205##$a摄影本

206##$a[未注比例]

210##$a[民国年间]

215##$a1 幅分切 9 张$d74 ×74cm

300##$a民国年间据馆藏清内阁大库绢底彩绘本摄制。原图约绘于康熙年间,现存台湾"中央图书馆"。此图包括清初直隶全省范围,着重标出府、县、村镇等居民地与其间四至里程。河流绘双线,主支分明。太行山和燕山山脉绘制精细,是清初分省道里图的代表作之一。

样例 17

书本式格式

实测北京内外城地图 [舆图] / 内务部职方司测绘处绘制. -- [1:8500]. -- 北京 : 京华印书局, 民国二年[1913]. -- 1 幅 : 彩色 ; 102 ×94cm . -- 本图系民国政府成立后测绘的一幅北京城地图,内容比较详细、准确,反映了官署设置、地名变更等情况,是研究民国初年北京历史地理的重要资料。

卡片式格式

实测北京内外城地图 [舆图] / 内务部职方司测绘处绘制. -- [1:8500]. -- 北京 : 京华印书局, 民国二年[1913]

1 幅 ：彩色 ；102 ×94cm

本图系民国政府成立后测绘的一幅北京城地图，内容比较详细、准确，反映了官署设置、地名变更等情况，是研究民国初年北京历史地理的重要资料。

CNMARC 格式

2001#$a实测北京内外城地图$b舆图$f内务部职方司测绘处绘制

206##$a［1∶8500］

210##$a北京$c京华印书局$d民国二年［1913］

215##$a1 幅$c彩色$d102 ×94cm

300##$a本图系民国政府成立后测绘的一幅北京城地图，内容比较详细、准确，反映了官署设置、地名变更等情况，是研究民国初年北京历史地理的重要资料。

样例 18

书本式格式

大清皇舆全图［舆图］／（清）会典馆修. --［未注比例］. -- 上海 ：商务印书馆，清宣统元年［1909］. -- 1 幅 ：彩色 ；123 ×182cm . -- 本图为清光绪朝会典馆新修，商务印书馆初版印行。采用“尖锥容圆法”绘成，绘制精细、准确，是清末官绘地图之代表作。

卡片式格式

大清皇舆全图［舆图］／（清）会典馆修. --［未注比例］. -- 上海 ：商务印书馆，清宣统元年［1909］

1 幅 ：彩色 ；123 ×182cm

本图为清光绪朝会典馆新修，商务印书馆初版印行。采用“尖锥容圆法”绘成，绘制精细、准确，是清末官绘地图之代表作。

CNMARC 格式

2001#$a大清皇舆全图$b舆图$f（清）会典馆修

206##$a［未注比例］

210##$a上海$c商务印书馆$d清宣统元年［1909］

215##$a1 幅$c彩色$d123 ×182cm

300##$a本图为清光绪朝会典馆新修，商务印书馆初版印行。采用“尖锥容圆法”绘成，绘制精细、准确，是清末官绘地图之代表作。

样例 19

书本式格式

中国文物地图集［舆图］：山西分册 ／ 国家文物局主编 ；山西省文物局，中国地图出版社编绘. --［比例不等］. -- 北京 ：中国地图出版社，2006. 12 . -- 3 册（1444 页）：彩色 ；19 ×27cm . -- 有中英文说明. -- ISBN 7 －5031 －4205 －7（精装）：CNY 910. 00

卡片式格式

中国文物地图集［舆图］：山西分册 ／ 国家文物局主编 ；山西省文物局，中国地图

出版社编绘. -- [比例不等]. -- 北京 : 中国地图出版社, 2006. 12

3 册(1444 页) : 彩色 ; 19 ×27cm

有中英文说明。

ISBN 7 -5031 -4205 -7(精装) : CNY 910. 00

CNMARC 格式

010##$a7 -5031 -4205 -7$b精装$dCNY910. 00

2001#$a中国文物地图集$b舆图$e山西分册$f国家文物局主编$g山西省文物局,中国地图出版社编绘

206##$a[比例不等]

210##$a北京$c中国地图出版社$d2006. 12

215##$a3册(1444 页)$c彩色$d19 ×27cm

300##$a有中英文说明。

样例 20

书本式格式

古今地舆全图 [舆图]. -- 刻本, 墨绿套印. -- [未注比例]. -- 京师 : 大顺堂, 清光绪二十一年[1895]. -- 1 幅分裱 6 条 : 双色 ; 101 ×175cm . -- 附有各省至京师路程。此图采用传统画法绘制,增加了大量文字注记,属黄证孙"大清万年一统天下全图"一类之民间地图,较粗略。

卡片式格式

古今地舆全图 [舆图]. -- 刻本, 墨绿套印. -- [未注比例]. -- 京师 : 大顺堂, 清光绪二十一年[1895]

1 幅分裱 6 条 : 双色 ; 101 ×175cm

附有各省至京师路程。此图采用传统画法绘制,增加了大量文字注记,属黄证孙"大清万年一统天下全图"一类之民间地图,较粗略。

CNMARC 格式

2001#$a古今地舆全图$b舆图

205##$a刻本,墨绿套印

206##$a[未注比例]

210##$a京师$c大顺堂$d清光绪二十一年[1895]

215##$a1 幅分裱 6 条$c双色$d101 ×175cm

300##$a附有各省至京师路程。此图采用传统画法绘制,增加了大量文字注记,属黄证孙"大清万年一统天下全图"一类之民间地图,较粗略。

样例 21

书本式格式

俄罗斯国全境简明图 [舆图] ; (清)李鸿桂,陆征祥译. -- [1∶10000000]. -- [出版地不详] : [出版者不详], 清光绪十九年[1893]. -- 1 幅 : 彩色 ; 51 ×85cm . -- 此图系作者根据俄文地图译印于圣彼得堡。

卡片式格式

俄罗斯国全境简明图［舆图］;(清)李鸿桂,陆征祥译. —— ［1∶10000000］. —— ［出版地不详］：［出版者不详］，清光绪十九年［1893］

1 幅 ：彩色 ；51 ×85cm

此图系作者根据俄文地图译印于圣彼得堡。

CNMARC 格式

2001#$a俄罗斯国全境简明图$b舆图$g(清)李鸿桂,陆征祥译

206##$a［1∶10000000］

210##$a［出版地不详］$c［出版者不详］$d清光绪十九年［1893］

215##$a1 幅$c彩色$d51 ×85cm

300##$a此图系作者根据俄文地图译印于圣彼得堡。

样例 22

书本式格式

热河百景合幅图［舆图］. —— 绘本. —— ［未注比例］. —— ［出版地不详］：［出版者不详］，［清光绪年间］. —— 1 幅分切 2 张 ：彩色 ；102 ×203cm . —— 此为装订成两轴的分切图。采用形象画法。图有污渍，较为破旧。

卡片式格式

热河百景合幅图［舆图］. —— 绘本. —— ［未注比例］. —— ［出版地不详］：［出版者不详］，［清光绪年间］

1 幅分切 2 张 ：彩色 ；102 ×203cm

此为装订成两轴的分切图。采用形象画法。图有污渍，较为破旧。

CNMARC 格式

2001#$a热河百景合幅图$b舆图

205##$a绘本

206##$a［未注比例］

210##$a［出版地不详］$c［出版者不详］$d［清光绪年间］

215##$a1 幅分切 2 张$c彩色$d102 ×203cm

300##$a此为装订成两轴的分切图。采用形象画法。图有污渍，较为破旧。

样例 23

书本式格式

地球全图［舆图］. —— 刻本，蓝墨套印. —— ［未注比例］. —— ［出版地不详］：［出版者不详］，［清光绪年间］. —— 1 幅分切 16 张 ：双色 ；138 ×139cm . —— 本图为两半球世界全图。绘有经纬线，以通过北京的经线为中经线。各大陆、大洲轮廓绘制清晰，地名注记较详细. —— 部二(7221)：1 幅(分切 4 轴)，每轴 121 ×62cm。

卡片式格式

地球全图［舆图］. —— 刻本，蓝墨套印. —— ［未注比例］. —— ［出版地不详］：［出版者不详］，［清光绪年间］

1 幅分切 16 张 ：双色 ；138 ×139cm

本图为两半球世界全图。绘有经纬线,以通过北京的经线为中经线。各大陆、大洲轮廓绘制清晰,地名注记较详细。

部二(7221):1 幅(分切 4 轴),每轴 121 ×62cm。

CNMARC 格式

2001#$a地球全图$b舆图

205##$a刻本,蓝墨套印

206##$a[未注比例]

210##$a[出版地不详]$c[出版者不详]$d[清光绪年间]

215##$a1 幅分切 16 张$c双色$d138 ×139cm

300##$a本图为两半球世界全图。绘有经纬线,以通过北京的经线为中经线。各大陆、大洲轮廓绘制清晰,地名注记较详细。

300##$a部二(7221):1 幅(分切 4 轴),每轴 121 ×62cm。

样例 24

书本式格式

[西陵全图][舆图]. -- 彩绘本. -- [未注比例]. -- [出版地不详]：[出版者不详],[清末期]. -- 1 幅分切 4 张 ：彩色 ；187 ×367cm . -- 原图题名为“明十三陵图”,有误,实为西陵全图。本图采用山水画法,绘出了清西陵地区泰陵、昌陵和慕陵的全貌。个别处贴黄签注明地名。四张分别标号为元、亨、利、贞。“贞”幅左下角钤印“雪社第二集受百主课”。

卡片式格式

[西陵全图][舆图]. -- 彩绘本. -- [未注比例]. -- [出版地不详]：[出版者不详],[清末期]

1 幅分切 4 张 ：彩色 ；187 ×367cm

原图题名为“明十三陵图”,有误,实为西陵全图。本图采用山水画法,绘出了清西陵地区泰陵、昌陵和慕陵的全貌。个别处贴黄签注明地名。四张分别标号为元、亨、利、贞。“贞”幅左下角钤印“雪社第二集受百主课”。

CNMARC 格式

2001#$a[西陵全图]$b舆图

205##$a彩绘本

206##$a[未注比例]

210##$a[出版地不详]$c[出版者不详]$d[清末期]

215##$a1 幅分切 4 张$c彩色$d187 ×367cm

300##$a原图题名为“明十三陵图”,有误,实为西陵全图。本图采用山水画法,绘出了清西陵地区泰陵、昌陵和慕陵的全貌。个别处贴黄签注明地名。四张分别标号为元、亨、利、贞。“贞”幅左下角钤印“雪社第二集受百主课”。

样例 25

书本式格式

株洲交通旅游图［舆图］/ 湖南地图出版社编制. -- ［未注比例］. -- 长沙 : 湖南地图出版社, 2006. 6 . -- 1 幅 : 彩色 ; 35. 5 ×27cm . -- 有说明。附株洲市城区图,长株潭区域示意图,大京风景名胜区导游图,株洲县城图,茶陵县城图,炎陵县城图,攸县县城图,醴陵市城区图。

卡片式格式

株洲交通旅游图［舆图］/ 湖南地图出版社编制. -- ［未注比例］. -- 长沙 : 湖南地图出版社, 2006. 6

1 幅 : 彩色 ; 35. 5 ×27cm

有说明。附株洲市城区图,长株潭区域示意图,大京风景名胜区导游图,株洲县城图,茶陵县城图,炎陵县城图,攸县县城图,醴陵市城区图。

CNMARC 格式

2001#$a株洲交通旅游图$b舆图$f湖南地图出版社编制

206##$a［未注比例］

210##$a长沙$c湖南地图出版社$d2006. 6

215##$a1 幅$c彩色$d35. 5 ×27cm

300##$a有说明。附株洲市城区图,长株潭区域示意图,大京风景名胜区导游图,株洲县城图,茶陵县城图,炎陵县城图,攸县县城图,醴陵市城区图。

样例 26

书本式格式

中国及其毗邻海域航空磁力△T 异常图［舆图］/ 中国土地资源航空物探遥感中心编制. -- 1∶5000000 . -- 北京 : 北京地质出版社, 2004. 2 . -- 1 幅分切 2 张 : 彩色 ; 80 ×118cm + 说明书 1 册 + 光盘 1 张. -- ISBN 7 –116 –03962 –7 : CNY 110. 00

卡片式格式

中国及其毗邻海域航空磁力△T 异常图［舆图］/ 中国土地资源航空物探遥感中心编制. -- 1∶5000000 . -- 北京:北京地质出版社,2004. 2

1 幅分切 2 张 : 彩色 ; 80 ×118cm + 说明书 1 册 + 光盘 1 张

ISBN 7 –116 –03962 –7 : CNY 110. 00

CNMARC 格式

010##$a7 –116 –03962 –7$dCNY110. 00

2001#$a中国及其毗邻海域航空磁力△T 异常图$b舆图$f中国土地资源航空物探遥感中心编制

206##$a1∶5000000

210##$a北京$c北京地质出版社$d2004. 2

215##$a1 幅分切 2 张$c彩色$d80 ×118cm$e说明书 1 册$e光盘 1 张

样例 27

书本式格式

中国文物地图集．天津分册［舆图］/ 韩嘉谷主编；李孔春［等］副主编． -- ［比例不等］． -- 北京：中国大百科全书出版社，2002.1． -- 153，160，14 页：彩色；27 × 20cm． -- 本图集由专题文物图、区县文物图、重点文物图以及文物单位简介和索引组成． -- ISBN 7 - 5000 - 6525 - 6：CNY 200.00

卡片式格式

中国文物地图集．天津分册［舆图］/ 韩嘉谷主编；李孔春［等］副主编． -- ［比例不等］． -- 北京：中国大百科全书出版社，2002.1

153，160，14 页：彩色；27 × 20cm

本图集由专题文物图、区县文物图、重点文物图以及文物单位简介和索引组成。

ISBN 7 - 5000 - 6525 - 6：CNY 200.00

CNMARC 格式

010##$a7 - 5000 - 6525 - 6$dCNY200.00

2001#$a中国文物地图集$i天津分册$b舆图$f韩嘉谷主编$g李孔春［等］副主编

206##$a［比例不等］

210##$a北京$c中国大百科全书出版社$d2002.1

215##$a153，160，14页$c彩色$d27 × 20cm

300##$a本图集由专题文物图、区县文物图、重点文物图以及文物单位简介和索引组成。

样例 28

书本式格式

中国文物地图集．云南分册［舆图］/ 胡振东主编；邱宣充执行主编． -- ［比例不等］． -- 昆明：云南科技出版社，2001.3． -- 349 页：彩色；26 × 19cm． -- 内含序图、文物地图、重点文物图、文物单位简介及索引． -- ISBN 7 - 5416 - 1120 - 4（精装）：CNY 225.00

卡片式格式

中国文物地图集．云南分册［舆图］/ 胡振东主编；邱宣充执行主编． -- ［比例不等］． -- 昆明：云南科技出版社，2001.3

349 页：彩色；26 × 19cm

内含序图、文物地图、重点文物图、文物单位简介及索引。

ISBN 7 - 5416 - 1120 - 4（精装）：CNY 225.00

CNMARC 格式

010##$a7 - 5416 - 1120 - 4$b精装$dCNY225.00

2001#$a中国文物地图集$i云南分册$b舆图$f胡振东主编$g邱宣充执行主编

206##$a［比例不等］

210##$a昆明$c云南科技出版社$d2001.3

215##$a349页$c彩色$d26 × 19cm

300##$a内含序图、文物地图、重点文物图、文物单位简介及索引。

样例 29

书本式格式

最新世界地图集［舆图］／黄秀莲，沈文轩主编 ；刘涟撰文 ；刘惠云［等］编绘 ；胡秀云，马金祥，朱若儿审校. -- 3 版，修订本. -- ［比例不等］. -- 北京 ：中国地图出版社，1990.12 . -- ［196］，109 页 ：彩色 ；26 × 19cm . -- 附汉语拼音目次检索. -- ISBN 7 - 5031 - 1817 - 2(精装) ：CNY 57.00

卡片式格式

最新世界地图集［舆图］／黄秀莲，沈文轩主编 ；刘涟撰文 ；刘惠云［等］编绘 ；胡秀云，马金祥，朱若儿审校. -- 3 版，修订本. -- ［比例不等］. -- 北京 ：中国地图出版社，1990.12

［196］，109 页 ：彩色 ；26 × 19cm

附汉语拼音目次检索。

ISBN 7 - 5031 - 1817 - 2(精装) ：CNY 57.00

CNMARC 格式

010##$a7 - 5031 - 1817 - 2$b精装$dCNY57.00

2001#$a最新世界地图集$b舆图$f黄秀莲,沈文轩主编$g刘涟撰文$g刘惠云［等］编绘$g胡秀云,马金祥,朱若儿审校

205##$a3版,修订本

206##$a［比例不等］

210##$a北京$c中国地图出版社$d1990.12

215##$a［196］,109 页$c彩色$d26 × 19cm

300##$a附汉语拼音目次检索。

样例 30

书本式格式

深圳商旅综合图 ；房地产导向图［舆图］／广东省测绘技术公司编制. -- ［未注比例］. -- 广州 ：广东省地图出版社，1995.3 . -- 1 幅 ：彩色 ；52 × 77cm

卡片式格式

深圳商旅综合图 ；房地产导向图［舆图］／广东省测绘技术公司编制. -- ［未注比例］. -- 广州 ：广东省地图出版社，1995.3

1 幅 ：彩色 ；52 × 77cm

CNMARC 格式

2001#$a深圳商旅综合图$a房地产导向图$b舆图$f广东省测绘技术公司编制

206##$a［未注比例］

210##$a广州$c广东省地图出版社$d1995.3

215##$a1 幅$c彩色$d52 × 77cm

样例 31

书本式格式

中国文物地图集．吉林分册［舆图］／方起东主编；傅家欣［等］编辑．--［比例不等］．-- 北京：中国地图出版社，1993.10．-- 156，253 页：彩色；27×19cm．-- 本图集包括文物工作和文物状况综述，序图，文物地图（专题文物图和市县文物图），重要文物图，文物单位简介，文物单位索引。所收文物年代一般至 1949 年，其后仅收录已公布为各级文物保护单位者．-- ISBN 7-5031-1331-1（精装）：CNY 98.00

卡片式格式

中国文物地图集．吉林分册［舆图］／方起东主编；傅家欣［等］编辑．--［比例不等］．-- 北京：中国地图出版社，1993.10

156，253 页：彩色；27×19cm

本图集包括文物工作和文物状况综述，序图，文物地图（专题文物图和市县文物图），重要文物图，文物单位简介，文物单位索引。所收文物年代一般至 1949 年，其后仅收录已公布为各级文物保护单位者。

ISBN 7-5031-1331-1（精装）：CNY 98.00

CNMARC 格式

010##$a7-5031-1331-1$b精装$dCNY98.00

2001#$a中国文物地图集$i吉林分册$b舆图$f方起东主编$g傅家欣［等］编辑

206##$a［比例不等］

210##$a北京$c中国地图出版社$d1993.10

215##$a156，253页$c彩色$d27×19cm

330##$a本图集包括文物工作和文物状况综述，序图，文物地图（专题文物图和市县文物图），重要文物图，文物单位简介，文物单位索引。所收文物年代一般至 1949 年，其后仅收录已公布为各级文物保护单位者。

九、丛编信息的著录

样例 1

书本式格式

新编贵州省公路里程地图册［舆图］／高秀静主编；中国地图出版社编著．--［未注比例］．-- 北京：中国地图出版社，2008.7．-- 30 页：彩色；30×21cm．--（新编中国分省公路里程地图册系列）．-- 本图集包括中国政区、中国公路、贵州省及周边、贵州省、贵阳市、遵义市、六盘水市、安抚市、毕节地区等地的公路里程地图．-- ISBN 7-5031-3979-6：CNY 8.00

卡片式格式

新编贵州省公路里程地图册［舆图］／高秀静主编；中国地图出版社编著．--［未注比例］．-- 北京：中国地图出版社，2008.7

30 页 ：彩色 ；30 ×21cm． --（新编中国分省公路里程地图册系列）

本图集包括中国政区、中国公路、贵州省及周边、贵州省、贵阳市、遵义市、六盘水市、安抚市、毕节地区等地的公路里程地图。

ISBN 7 -5031 -3979 -6 ：CNY 8.00

CNMARC 格式

010##$a7 -5031 -3979 -6$dCNY8.00

2001#$a新编贵州省公路里程地图册$b舆图$f高秀静主编$g中国地图出版社编著

206##$a[未注比例]

210##$a北京$c中国地图出版社$d2008.7

215##$a30页$c彩色$d30 ×21cm

2252#$a新编中国分省公路里程地图册系列

300##$a本图集包括中国政区、中国公路、贵州省及周边、贵州省、贵阳市、遵义市、六盘水市、安抚市、毕节地区等地的公路里程地图。

样例 2

书本式格式

中国生态地理区域图［舆图］ = ecological geographical regions map of China / 廖克，中国科学院地理科学与资源研究所主编． -- 1∶6000000． -- 北京 ：中国地图出版社，2007.5． -- 1 幅 ：彩色 ；69 ×101cm． --（中国自然环境系列地图）． -- ISBN 7 -5031 -4285 -7 ：CNY 28.00

卡片式格式

中国生态地理区域图［舆图］ = ecological geographical regions map of China / 廖克，中国科学院地理科学与资源研究所主编． -- 1∶6000000． -- 北京 ：中国地图出版社，2007.5

1 幅 ：彩色 ；69 ×101cm． --（中国自然环境系列地图）

ISBN 7 -5031 -4285 -7 ：CNY 28.00

CNMARC 格式

010##$a7 -5031 -4285 -7$dCNY28.00

2001#$a中国生态地理区域图$b舆图$decological geographical regions map of China$f廖克，中国科学院地理科学与资源研究所主编

206##$a1∶6000000

210##$a北京$c中国地图出版社$d2007.5

215##$a1 幅$c彩色$d69 ×101cm

2252#$a中国自然环境系列地图

5101#$aecological geographical regions map of China$zeng

样例 3

书本式格式

北平市城郊地图［舆图］/ 北平市政府工务局绘制． -- 复制本． --［1∶50000］

. -- 北京 : 中国地图出版社, 民国三十六年四月(1947.4). -- 1 幅 : 彩色 ; 58 × 78cm. -- (京都古地图库). -- 本图根据民国三十六年四月《北平市城郊地图》复制. -- ISBN 7 -5031 -4125 -6 : CNY 13.00

卡片式格式

北平市城郊地图 [舆图] / 北平市政府工务局绘制. -- 复制本. -- [1∶50000]. -- 北京 : 中国地图出版社, 民国三十六年四月(1947.4)

1 幅 : 彩色 ; 58 ×78cm. -- (京都古地图库)

本图根据民国三十六年四月《北平市城郊地图》复制。

ISBN 7 -5031 -4125 -6 : CNY 13.00

CNMARC 格式

010##$a7 -5031 -4125 -6$dCNY13.00

2001#$a北平市城郊地图$b舆图$f北平市政府工务局绘制

205##$a复制本

206##$a[1∶50000]

210##$a北京$c中国地图出版社$d民国三十六年四月(1947.4)

215##$a1 幅$c彩色$d58 ×78cm

2252#$a京都古地图库

300##$a本图根据民国三十六年四月《北平市城郊地图》复制。

样例 4

书本式格式

中国 · 企石 [舆图] = Qishi China : 交通旅游图 / 广东省地图出版社,东莞市国土资源局,企石镇人民政府合编. -- [未注比例]. -- 广州 : 广东省地图出版社, 2007.4. -- 1 幅 : 彩色 ; 66 ×44cm. -- (中国名镇系列地图). -- 附企石镇中心图、东莞市地图、东莞市与周边地图。有说明. -- ISBN 7 -80721 -120 -4 : CNY 6.00

卡片式格式

中国 · 企石[舆图] = Qishi China : 交通旅游图 / 广东省地图出版社, 东莞市国土资源局,企石镇人民政府合编. -- [未注比例]. -- 广州 : 广东省地图出版社, 2007.4

1 幅 : 彩色 ; 66 ×44cm. -- (中国名镇系列地图)

附企石镇中心图、东莞市地图、东莞市与周边地图。有说明。

ISBN 7 -80721 -120 -4 : CNY 6.00

CNMARC 格式

010##$a7 -80721 -120 -4$dCNY6.00

2001#$a中国 · 企石$b舆图$dQishi China$e交通旅游图$f广东省地图出版社,东莞市国土资源局,企石镇人民政府合编

206##$a[未注比例]

210##$a广州$c广东省地图出版社$d2007.4

215##$a1 幅$c彩色$d66 ×44cm

225##$a中国名镇系列地图

300##$a附企石镇中心图、东莞市地图、东莞市与周边地图。有说明。

5101#$aQishi China$zeng

样例 5

书本式格式

中国 · 东莞高埗［舆图］ = Gaobu China / 东莞市国土资源局,高埗镇国土资源分局,广东省地图出版社合编. -- ［未注比例］. -- 广州 : 广东省地图出版社, 2007.6. -- 1 幅 : 彩色 ; 66 ×50cm . -- (中国名镇系列地图). -- 附高埗镇中心图。有说明. -- ISBN 7 -80721 -176 -1 : CNY 6.00

卡片式格式

中国 · 东莞高埗［舆图］ = Gaobu China / 东莞市国土资源局,高埗镇国土资源分局,广东省地图出版社合编. -- ［未注比例］. -- 广州 : 广东省地图出版社, 2007.6

1 幅 : 彩色 ; 66 ×50cm . -- (中国名镇系列地图)

附高埗镇中心图。有说明。

ISBN 7 -80721 -176 -1 : CNY 6.00

CNMARC 格式

010##$a7 -80721 -176 -1$dCNY6.00

2001#$a中国 · 东莞高埗$b舆图$dGaobu China$f东莞市国土资源局,高埗镇国土资源分局,广东省地图出版社合编

206##$a［未注比例］

210##$a广州$c广东省地图出版社$d2007.6

215##$a1幅$c彩色$d66 ×50cm

225##$a中国名镇系列地图

300##$a附高埗镇中心图。有说明。

5101#$aGaobu China$zeng

样例 6

书本式格式

新测北京内外城全图［舆图］/ 苏甲荣编制. -- 复制本. -- ［1∶15000］. -- 北京 : 中国地图出版社, 民国十年十二月(1921.12). -- 1 幅 : 彩色 ; 62 ×82cm . -- (京都古地图库). -- 本图根据民国十年十二月《新北京内外城全图》复制. -- ISBN 7 -5031 -4126 -3 : CNY 13.00

卡片式格式

新测北京内外城全图［舆图］/ 苏甲荣编制. -- 复制本. -- ［1∶15000］. -- 北京 : 中国地图出版社, 民国十年十二月(1921.12)

1 幅 : 彩色 ; 62 ×82cm . -- (京都古地图库)

本图根据民国十年十二月《新北京内外城全图》复制。

ISBN 7 -5031 -4126 -3 : CNY 13.00

CNMARC 格式

010##$a7 -5031 -4126 -3$dCNY13.00

2001#$a新测北京内外城全图$b舆图$f苏甲荣编制

205##$a复制本

206##$a[1:15000]

210##$a北京$c中国地图出版社$d民国十年十二月(1921.12)

215##$a1幅$c彩色$d62 ×82cm

2252#$a京都古地图库

300##$a本图根据民国十年十二月《新北京内外城全图》复制。

样例 7

书本式格式

武汉及邻近地区自驾车旅游图 [舆图] / 地质出版社文化教育编辑室编绘. -- [未注比例]. -- 北京 : 地质出版社, 2006.3 . -- 1 幅 : 彩色 ; 49 ×43cm . -- (车行天下地图系列 ; 166). -- ISBN 7 -116 -04628 -3 : CNY 6.00

卡片式格式

武汉及邻近地区自驾车旅游图 [舆图] / 地质出版社文化教育编辑室编绘. -- [未注比例]. -- 北京 : 地质出版社, 2006.3

1 幅 : 彩色 ; 49 ×43cm . -- (车行天下地图系列 ; 166)

ISBN 7 -116 -04628 -3 : CNY 6.00

CNMARC 格式

010##$a7 -116 -04628 -3$dCNY6.00

2001#$a武汉及邻近地区自驾车旅游图$b舆图$f地质出版社文化教育编辑室编绘

206##$a[未注比例]

210##$a北京$c地质出版社$d2006.3

215##$a1幅$c彩色$d49 ×43cm

2252#$a车行天下地图系列$v166

样例 8

书本式格式

中国 · 东莞寮步 [舆图] = Liaobu China / 东莞市国土资源局,广东省地图出版社合编. -- [未注比例]. -- 广州 : 广东省地图出版社, 2006.12 . -- 1 幅 : 彩色 ; 58 × 44cm . --(中国名镇系列地图). -- 附寮步镇中心图、寮步镇在珠江三角洲的位置图、东莞市地图、寮步周边示意图。有说明. -- ISBN 7 -80721 -072 -9 : CNY 6.00

卡片式格式

中国 · 东莞寮步 [舆图] = Liaobu China / 东莞市国土资源局,广东省地图出版社合编. -- [未注比例]. -- 广州 : 广东省地图出版社, 2006.12

1 幅 : 彩色 ; 58 ×44cm . -- (中国名镇系列地图)

附寮步镇中心图、寮步镇在珠江三角洲的位置图、东莞市地图、寮步周边示意图。有说明。

ISBN 7 -80721 -072 -9 ：CNY 6.00

CNMARC 格式

010##$a7 -80721 -072 -9$dCNY6.00

2001#$a中国・东莞寮步$b舆图$dLiaobu China$f东莞市国土资源局，广东省地图出版社合编

206##$a[未注比例]

210##$a广州$c广东省地图出版社$d2006.12

215##$a1幅$c彩色$d58 ×44cm

225##$a中国名镇系列地图

300##$a附寮步镇中心图、寮步镇在珠江三角洲的位置图、东莞市地图、寮步周边示意图。有说明。

5101#$aLiaobu China$zeng

样例 9

书本式格式

湖北省地图［舆图］／中国地图出版社编制. -- 1:770000. -- 北京：中国地图出版社，2011.1. -- 1 幅：彩色；66 ×100cm. --（中华人民共和国分省系列地图）. -- ISBN 7 -5031 -5823 -0：CNY 6.00

卡片式格式

湖北省地图［舆图］／中国地图出版社编制. -- 1:770000. -- 北京：中国地图出版社，2011.1

1 幅：彩色；66 ×100cm. --（中华人民共和国分省系列地图）

ISBN 7 -5031 -5823 -0：CNY 6.00

CNMARC 格式

010##$a7 -5031 -5823 -0$dCNY6.00

2001#$a湖北省地图$b舆图$f中国地图出版社编制

206##$a1:770000

210##$a北京$c中国地图出版社$d2011.1

215##$a1幅$c彩色$d66 ×100cm

2252#$a中华人民共和国分省系列地图

样例 10

书本式格式

浙江省地图册［舆图］／星球地图出版社编. --［比例不等］. -- 北京：星球地图出版社，2006.4. -- 153 页：彩色；21 ×15cm. --（中国分省系列地图册）. -- 有说明. -- ISBN 7 -80212 -093 -4：CNY 20.00

卡片式格式

浙江省地图册［舆图］／星球地图出版社编. --［比例不等］. -- 北京：星球地图

出版社, 2006.4

153 页 ：彩色 ；21×15cm． —（中国分省系列地图册）

有说明。

ISBN 7-80212-093-4 ：CNY 20.00

CNMARC 格式

010##$a7-80212-093-4$dCNY20.00

2001#$a浙江省地图册$b舆图$f星球地图出版社编

206##$a[比例不等]

210##$a北京$c星球地图出版社$d2006.4

215##$a153 页$c彩色$d21×15cm

2252#$a中国分省系列地图册

300##$a有说明。

样例 11

书本式格式

新疆维吾尔自治区交通图册［舆图］/ 成都地图出版社编著． —［比例不等］． —成都 ：成都地图出版社, 2004.7． — 92 页 ：彩色 ；21×15cm． —（中国分省交通旅游系列丛书）． — 有说明． — ISBN 7-80544-849-3 ：CNY 10.00

卡片式格式

新疆维吾尔自治区交通图册［舆图］/ 成都地图出版社编著． —［比例不等］． —成都 ：成都地图出版社, 2004.7

92 页 ：彩色 ；21×15cm． —（中国分省交通旅游系列丛书）

有说明。

ISBN 7-80544-849-3 ：CNY 10.00

CNMARC 格式

010##$a7-80544-849-3$dCNY10.00

2001#$a新疆维吾尔自治区交通图册$b舆图$f成都地图出版社编著

206##$a[比例不等]

210##$a成都$c成都地图出版社$d2004.7

215##$a92 页$c彩色$d21×15cm

2252#$a中国分省交通旅游系列丛书

300##$a有说明。

样例 12

书本式格式

柳州新图［舆图］/ 广西第二测绘院编制． —［比例不详］． — 长沙 ：湖南地图出版社, 2004.6． — 1 幅 ：彩色 ；62×55cm． —（中国—东盟博览会广西招商指南系列地图 = a series of map of Guangxi trade and investment promotion, China-ASEAN expo）． —附柳州市辖区图、河南、河北中心商业区图，背面为广西交通旅游图。

卡片式格式

柳州新图［舆图］／广西第二测绘院编制．—［比例不详］．—长沙：湖南地图出版社，2004.6

1幅：彩色；62×55cm．—（中国—东盟博览会广西招商指南系列地图 = a series of map of Guangxi trade and investment promotion, China-ASEAN expo）

附柳州市辖区图、河南、河北中心商业区图，背面为广西交通旅游图。

CNMARC 格式

2001#$a柳州新图$b舆图$f广西第二测绘院编制

206##$a[比例不详]

210##$a长沙$c湖南地图出版社$d2004.6

215##$a1幅$c彩色$d62×55cm

2252#$a中国—东盟博览会广西招商指南系列地图$da series of map of Guangxi trade and investment promotion, China-ASEAN expo

300##$a附柳州市辖区图、河南、河北中心商业区图，背面为广西交通旅游图。

样例 13

书本式格式

中国·厚街［舆图］= Houjie China／广东省地图出版社，东莞市国土资源局编．—［比例不详］．—广州：广东省地图出版社，2004.10．—1幅：彩色；50×65cm．—（中国名镇系列地图）．—ISBN 7-80522-992-2：CNY 6.00

卡片式格式

中国·厚街［舆图］= Houjie China／广东省地图出版社，东莞市国土资源局编．—［比例不详］．—广州：广东省地图出版社，2004.10

1幅：彩色；50×65cm．—（中国名镇系列地图）

ISBN 7-80522-992-2：CNY 6.00

CNMARC 格式

010##$a7-80522-992-2$dCNY6.00

2001#$a中国·厚街$b舆图$dHoujie China$f广东省地图出版社，东莞市国土资源局编

206##$a[比例不详]

210##$a广州$c广东省地图出版社$d2004.10

215##$a1幅$c彩色$d50×65cm

225##$a中国名镇系列地图

5101#$aHoujie China$zeng

样例 14

书本式格式

江西省地图［舆图］／王瑞平主编；李宗顺，杨洪泉副主编．—1:770000．—北京：中国地图出版社，2002.1．—1幅：彩色；95×67cm．—（中华人民共和国省级行政单位系列图）．—附南昌城区图．—ISBN 7-5031-2498-9：CNY 6.00

卡片式格式

江西省地图［舆图］／王瑞平主编；李宗顺，杨洪泉副主编．－－1:770000．－－北京：中国地图出版社，2002.1

1幅：彩色；95×67cm．－－（中华人民共和国省级行政单位系列图）

附南昌城区图。

ISBN 7－5031－2498－9：CNY 6.00

CNMARC 格式

010##$a7－5031－2498－9$dCNY6.00

2001#$a江西省地图$b舆图$f王瑞平主编$g李宗顺，杨洪泉副主编

206##$a1:770000

210##$a北京$c中国地图出版社$d2002.1

215##$a1幅$c彩色$d95×67cm

2252#$a中华人民共和国省级行政单位系列图

300##$a附南昌城区图。

410#1$12001#$a中华人民共和国省级行政单位系列图

样例15

书本式格式

安徽省地图［舆图］／王瑞平主编；李宗顺，杨洪泉副主编．－－1:750000．－－北京：中国地图出版社，2002.1．－－1幅：彩色；95×67cm．－－（中华人民共和国省级行政单位系列图）．－－附合肥城区图．－－ISBN 7－5031－2497－0：CNY 6.00

卡片式格式

安徽省地图［舆图］／王瑞平主编；李宗顺，杨洪泉副主编．－－1:750000．－－北京：中国地图出版社，2002.1

1幅：彩色；95×67cm．－－（中华人民共和国省级行政单位系列图）

附合肥城区图。

ISBN 7－5031－2497－0：CNY 6.00

CNMARC 格式

010##$a7－5031－2497－0$dCNY6.00

2001#$a安徽省地图$b舆图$f王瑞平主编$g李宗顺，杨洪泉副主编

206##$a1:750000

210##$a北京$c中国地图出版社$d2002.1

215##$a1幅$c彩色$d95×67cm

2252#$a中华人民共和国省级行政单位系列图

300##$a附合肥城区图。

410#1$12001#$a中华人民共和国省级行政单位系列图

样例 16

书本式格式

云南省地图［舆图］／王瑞平主编 ；李宗顺，杨洪泉副主编． -- 1∶1350000． -- 北京 ：中国地图出版社，2002.1． -- 1 幅 ：彩色 ；65 ×97cm． --（中华人民共和国省级行政单位系列图）． -- 附昆明城区图． -- ISBN 7 -5031 -2507 -1

卡片式格式

云南省地图［舆图］／王瑞平主编 ；李宗顺，杨洪泉副主编． -- 1∶1350000． -- 北京 ：中国地图出版社，2002.1

1 幅 ：彩色 ；65 ×97cm． --（中华人民共和国省级行政单位系列图）

附昆明城区图。

ISBN 7 -5031 -2507 -1

CNMARC 格式

010##$a7 -5031 -2507 -1

2001#$a云南省地图$b舆图$f王瑞平主编$g李宗顺，杨洪泉副主编

206##$a1∶1350000

210##$a北京$c中国地图出版社$d2002.1

215##$a1 幅$c彩色$d65 ×97cm

2252#$a中华人民共和国省级行政单位系列图

300##$a附昆明城区图。

410#1$12001#$a中华人民共和国省级行政单位系列图

样例 17

书本式格式

甘肃省地图［舆图］／王瑞平主编 ；李宗顺，杨洪泉副主编． -- 1∶600000． -- 北京 ：中国地图出版社，2002.1． -- 1 幅 ：彩色 ；65 ×97cm． --（中华人民共和国省级行政单位系列图）． -- 附兰州城区图． -- ISBN 7 -5031 -2510 -1 ：CNY 6.00

卡片式格式

甘肃省地图［舆图］／王瑞平主编 ；李宗顺，杨洪泉副主编． -- 1∶600000． -- 北京 ：中国地图出版社，2002.1

1 幅 ：彩色 ；65 ×97cm． --（中华人民共和国省级行政单位系列图）

附兰州城区图。

ISBN 7 -5031 -2510 -1 ：CNY 6.00

CNMARC 格式

010##$a7 -5031 -2510 -1$dCNY6.00

2001#$a甘肃省地图$b舆图$f王瑞平主编$g李宗顺，杨洪泉副主编

206##$a1∶600000

210##$a北京$c中国地图出版社$d2002.1

215##$a1 幅$c彩色$d65 ×97cm

2252#$a中华人民共和国省级行政单位系列图
300##$a附兰州城区图。
410#1$12001#$a中华人民共和国省级行政单位系列图

样例 18

书本式格式

泰国［舆图］：［地图］/ 邓智英，姚京兰计算机绘图．-- ［未注比例］．-- 广州：广东省地图出版社，1999.6．-- 1 幅：彩色；36×50cm．--（环球旅游系列地图）．-- 内含泰国、曼谷中心、曼谷附近等图。图中地名中英文对照．-- ISBN 7-80522-533-8：CNY 3.00

卡片式格式

泰国［舆图］：［地图］/ 邓智英，姚京兰计算机绘图．-- ［未注比例］．-- 广州：广东省地图出版社，1999.6

1 幅：彩色；36×50cm．--（环球旅游系列地图）

内含泰国、曼谷中心、曼谷附近等图。图中地名中英文对照。

ISBN 7-80522-533-8：CNY 3.00

CNMARC 格式

010##$a7-80522-533-8$dCNY3.00
2001#$a泰国$b舆图$e［地图］$f邓智英，姚京兰计算机绘图
206##$a［未注比例］
210##$a广州$c广东省地图出版社$d1999.6
215##$a1 幅$c彩色$d36×50cm
2252#$a环球旅游系列地图
300##$a内含泰国、曼谷中心、曼谷附近等图。图中地名中英文对照。
410#1$12001#$a环球旅游系列地图

样例 19

书本式格式

湖北省地图［舆图］/ 天域北斗数码测绘科技有限公司编制．-- 3 版．-- 1:760000．-- 北京：中国旅游出版社，2010.1．-- 1 幅：彩色；108×78cm．--（中国分省旅游交通系列图；十七）．-- 附湖北省政区略图．-- ISBN 7-5032-3247-3：CNY 30.00

卡片式格式

湖北省地图［舆图］/ 天域北斗数码测绘科技有限公司编制．-- 3 版．-- 1:760000．-- 北京：中国旅游出版社，2010.1

1 幅：彩色；108×78cm．--（中国分省旅游交通系列图；十七）

附湖北省政区略图。

ISBN 7-5032-3247-3：CNY 30.00

CNMARC 格式

010##$a7 -5032 -3247 -3$dCNY30.00

2001#$a湖北省地图$b舆图$f天域北斗数码测绘科技有限公司编制

205##$a3版

206##$a1∶760000

210##$a北京$c中国旅游出版社$d2010.1

215##$a1幅$c彩色$d108 ×78cm

2252#$a中国分省旅游交通系列图$v十七

300##$a附湖北省政区略图。

十、标准书号及获得方式信息的著录

样例 1

书本式格式

江苏省气候图集［舆图］／江苏省气象局主编. -- ［比例不等］. -- 北京：气象出版社, 2009.1. -- 195 页：彩色；29 ×21cm. -- 本图集是对江苏省多年气象观测站资料进行科学计算和统计整编而成,以江苏省区域的地图形式,直观地展示了江苏省气候的时空分布规律。其内容包括基本气候图、灾害天气气候图、应用气候图、气候变化图等四个图组共 422 幅图。读者可以从该图集系统地了解江苏省的气候状况、气候灾害、气候资源分布以及气候变化的一些基本事实。为了便于读者使用,本图集在序图中还提供了“江苏省行政区划图”、“江苏省地势图”、“江苏省气象观测站分布图”供参考。本图集是一部基础性工具书,把江苏省基本气候状况、气候资源分布以及气候变化情况以图表的形式展示出来,为气象、农林、交通、水利、能源、环保、建筑、工商、旅游、医疗、工程设计和各级防灾抗灾指挥部门及科研教育部门进行管理、决策、教学、科研提供最基本的科学依据,更可为江苏省各级党和政府部门开展应对气候变化工作提供科学决策服务依据,也可供其他与气候关系密切的部门参考使用. -- ISBN 7 -5029 -4667 -8(精装)：CNY 580.00

卡片式格式

江苏省气候图集［舆图］／江苏省气象局主编. -- ［比例不等］. -- 北京：气象出版社, 2009.1

195 页：彩色；29 ×21cm

本图集是对江苏省多年气象观测站资料进行科学计算和统计整编而成,以江苏省区域的地图形式,直观地展示了江苏省气候的时空分布规律。其内容包括基本气候图、灾害天气气候图、应用气候图、气候变化图等四个图组共 422 幅图。读者可以从该图集系统地了解江苏省的气候状况、气候灾害、气候资源分布以及气候变化的一些基本事实。为了便于读者使用,本图集在序图中还提供了“江苏省行政区划图”、“江苏省地势图”、“江苏省气象观测站分布图”供参考。本图集是一部基础性工具书,把江苏省基本气候状况、气候资源分布以及气候变化情况以图表的形式展示出来,为气象、农林、交通、水利、能源、环保、建筑、工商、旅游、医疗、工程设计和各级防灾抗灾指挥部门及科研教育部门进行管理、决策、教学、科研提供最基本的科学依据，更可为江苏省各级党和政府部门开展应对气候变化工作提供科学决策服务依据，也可供其他与气候关系密切的部门参考使用。

ISBN 7 - 5029 - 4667 - 8（精装）：CNY 580.00

CNMARC 格式

010##$a7 - 5029 - 4667 - 8$b精装$dCNY580.00

2001#$a江苏省气候图集$b舆图$f江苏省气象局主编

206##$a[比例不等]

210##$a北京$c气象出版社$d2009.1

215##$a195页$c彩色$d29 ×21cm

300##$a本图集是对江苏省多年气象观测站资料进行科学计算和统计整编而成，以江苏省区域的地图形式，直观地展示了江苏省气候的时空分布规律。其内容包括基本气候图、灾害天气气候图、应用气候图、气候变化图等四个图组共422幅图。读者可以从该图集系统地了解江苏省的气候状况、气候灾害、气候资源分布以及气候变化的一些基本事实。为了便于读者使用，本图集在序图中还提供了"江苏省行政区划图"、"江苏省地势图"、"江苏省气象观测站分布图"供参考。本图集是一部基础性工具书，把江苏省基本气候状况、气候资源分布以及气候变化情况以图表的形式展示出来，为气象、农林、交通、水利、能源、环保、建筑、工商、旅游、医疗、工程设计和各级防灾抗灾指挥部门及科研教育部门进行管理、决策、教学、科研提供最基本的科学依据，更可为江苏省各级党和政府部门开展应对气候变化工作提供科学决策服务依据，也可供其他与气候关系密切的部门参考使用。

样例 2

书本式格式

中华人民共和国分省地图［舆图］/ 国家测绘总局制． -- ［比例不等］． -- 北京：国家测绘局，1969． -- ［54 页］：彩色；51 ×36cm． -- 秘密级图． -- 精装

卡片式格式

中华人民共和国分省地图［舆图］/ 国家测绘总局制． -- ［比例不等］． -- 北京：国家测绘局，1969

［54 页］：彩色；51 ×36cm

秘密级图。

精装

CNMARC 格式

010##$b精装

2001#$a中华人民共和国分省地图$b舆图$f国家测绘总局制

206##$a[比例不等]

210##$a北京$c国家测绘局$d1969

215##$a[54 页]$c彩色$d51 ×36cm

300##$a秘密级图。

样例 3

书本式格式

地理参考图［舆图］／东方舆地学社编制. -- 修订版. --［比例不等］. -- 上海：东方舆地学社，1953.4. -- 12页：彩色；27×19cm. -- 职工业余学校中级班适用. -- CNY 1800.00（旧币）

卡片式格式

地理参考图［舆图］／东方舆地学社编制. -- 修订版. --［比例不等］. -- 上海：东方舆地学社，1953.4

12页：彩色；27×19cm

职工业余学校中级班适用。

CNY 1800.00（旧币）

CNMARC格式

010##$dCNY1800.00（旧币）

2001#$a地理参考图$b舆图$f东方舆地学社编制

205##$a修订版

206##$a［比例不等］

210##$a上海$c东方舆地学社$d1953.4

215##$a12页$c彩色$d27×19cm

300##$a职工业余学校中级班适用。

样例 4

书本式格式

中华人民共和国分省地图［舆图］／金擎宇［等］编纂；黄镜湖［等］绘. --［比例不等］. -- 上海：亚光舆地学社，1951.4. --［208页］：彩色；27×19cm. -- 图52幅，均附说明. -- 精装

卡片式格式

中华人民共和国分省地图［舆图］／金擎宇［等］编纂；黄镜湖［等］绘. --［比例不等］. -- 上海：亚光舆地学社，1951.4

［208页］：彩色；27×19cm

图52幅，均附说明。

精装

CNMARC格式

010##$b精装

2001#$a中华人民共和国分省地图$b舆图$f金擎宇［等］编纂$g黄镜湖［等］绘

206##$a［比例不等］

210##$a上海$c亚光舆地学社$d1951.4

215##$a［208页］$c彩色$d27×19cm

300##$a图52幅，均附说明。

样例 5

书本式格式

中华人民共和国分省地图［舆图］/ 金擎宇编 ；黄镜湖［等］绘． -- ［比例不等］． -- 上海 ：亚光舆地学社，1950. 9． -- ［208 页］：彩色 ；26 ×19cm． -- CNY 32. 00

卡片式格式

中华人民共和国分省地图［舆图］/ 金擎宇编 ；黄镜湖［等］绘． -- ［比例不等］． -- 上海 ：亚光舆地学社，1950. 9

［208 页］：彩色 ；26 ×19cm

CNY 32. 00

CNMARC 格式

010##$dCNY32. 00

2001#$a中华人民共和国分省地图$b舆图$f金擎宇编$g黄镜湖［等］绘

206##$a［比例不等］

210##$a上海$c亚光舆地学社$d1950. 9

215##$a［208 页］$c彩色$d26 ×19cm

样例 6

书本式格式

新编武汉实用地图册［舆图］/ 武汉市勘测设计研究院编著． -- ［比例不等］． -- 北京 ：中国地图出版社，2006. 6． -- 153 页 ：彩色 ；21 ×15cm． -- 有说明． -- ISBN 7 -5031 -4185 -9 ：CNY 22. 00

卡片式格式

新编武汉实用地图册［舆图］/ 武汉市勘测设计研究院编著． -- ［比例不等］． -- 北京 ：中国地图出版社，2006. 6

153 页 ：彩色 ；21 ×15cm

有说明。

ISBN 7 -5031 -4185 -9 ：CNY 22. 00

CNMARC 格式

010##$a7 -5031 -4185 -9$dCNY22. 00

2001#$a新编武汉实用地图册$b舆图$f武汉市勘测设计研究院编著

206##$a［比例不等］

210##$a北京$c中国地图出版社$d2006. 6

215##$a153 页$c彩色$d21 ×15cm

300##$a有说明。

样例 7

书本式格式

实用广东省地图册［舆图］/ 广东省地图出版社编制． -- 2 版． -- ［比例不详］

. -- 广州 : 广东省地图出版社, 2003.4 . -- 247 页 : 彩色 ; 14 ×10cm . -- 内含序图、市县图、城市图及附录等. -- ISBN 7 -80522 -616 -4 : CNY 15.00

卡片式格式

实用广东省地图册 [舆图] / 广东省地图出版社编制. -- 2 版. -- [比例不详] . -- 广州 : 广东省地图出版社, 2003.4

247 页 : 彩色 ; 14 ×10cm

内含序图、市县图、城市图及附录等。

ISBN 7 -80522 -616 -4 : CNY 15.00

CNMARC 格式

010##$a7 -80522 -616 -4$dCNY15.00

2001#$a实用广东省地图册$b舆图$f广东省地图出版社编制

205##$a2版

206##$a[比例不详]

210##$a广州$c广东省地图出版社$d2003.4

215##$a247页$c彩色$d14 ×10cm

300##$a内含序图、市县图、城市图及附录等。

样例 8

书本式格式

中国文物地图集. 内蒙古自治区分册 [舆图] / 国家文物局主编. -- [比例不详] . -- 北京 : 国家文物局, 2003.11 . -- 2 册(1083 页) : 彩色 ; 每册 27 ×20cm . -- 本图集由专题文物图、区县文物图、重点文物图以及文物单位简介和索引组成. -- ISBN 7 -80670 -430 -2 : CNY 660.00

卡片式格式

中国文物地图集. 内蒙古自治区分册 [舆图] / 国家文物局主编. -- [比例不详] . -- 北京 : 国家文物局, 2003.11

2 册(1083 页) : 彩色 ; 每册 27 ×20cm

本图集由专题文物图、区县文物图、重点文物图以及文物单位简介和索引组成。

ISBN 7 -80670 -430 -2 : CNY 660.00

CNMARC 格式

010##$a7 -80670 -430 -2$dCNY660.00

2001#$a中国文物地图集$i内蒙古自治区分册$b舆图$f国家文物局主编

206##$a[比例不详]

210##$a北京$c国家文物局$d2003.11

215##$a2册(1083 页)$c彩色$d每册 27 ×20cm

300##$a本图集由专题文物图、区县文物图、重点文物图以及文物单位简介和索引组成。

样例 9

书本式格式

中华人民共和国省级行政单位系列图［舆图］／王瑞平主编．—［比例不等］．—北京：中国地图出版社，2002.1．— 34 幅：彩色；图廓不等．— 内含各省、自治区、直辖市交通图，共计 34 幅．— ISBN 7－5031－2625－6：CNY 306.00

卡片式格式

中华人民共和国省级行政单位系列图［舆图］／王瑞平主编．—［比例不等］．—北京：中国地图出版社，2002.1

34 幅：彩色；图廓不等

内含各省、自治区、直辖市交通图，共计 34 幅。

ISBN 7－5031－2625－6：CNY 306.00

CNMARC 格式

010##$a7－5031－2625－6$dCNY306.00

2001#$a中华人民共和国省级行政单位系列图$b舆图$f王瑞平主编

206##$a［比例不等］

210##$a北京$c中国地图出版社$d2002.1

215##$a34幅$c彩色$d图廓不等

300##$a内含各省、自治区、直辖市交通图，共计 34 幅。

样例 10

书本式格式

中华人民共和国分省地图集［舆图］／成都地图出版社编．—［比例不等］．— 成都：成都地图出版社，2001.2．— 146 页：彩色；30×22cm．— 本图集由总图和分省图两部分组成。含城区图。图文并茂．— ISBN 7－80544－619－9（精装）：CNY 45.00

卡片式格式

中华人民共和国分省地图集［舆图］／成都地图出版社编．—［比例不等］．— 成都：成都地图出版社，2001.2

146 页：彩色；30×22cm

本图集由总图和分省图两部分组成。含城区图。图文并茂。

ISBN 7－80544－619－9（精装）：CNY 45.00

CNMARC 格式

010##$a7－80544－619－9$b精装$dCNY45.00

2001#$a中华人民共和国分省地图集$b舆图$f成都地图出版社编

206##$a［比例不等］

210##$a成都$c成都地图出版社$d2001.2

215##$a146页$c彩色$d30×22cm

300##$a本图集由总图和分省图两部分组成。含城区图。图文并茂。

样例 11

书本式格式

深圳市城区图［舆图］/ 深圳市易图资讯有限公司，深圳市测绘学会编制. -- 1:25000. -- 北京：测绘出版社，2010.4. -- 1 幅：彩色；83×116cm. -- 有说明，有深圳市各区地图，深圳市与周边地区图等，附赠深圳市实用信息速查手册. -- ISBN 7-5031-5324-2：CNY 15.00

卡片式格式

深圳市城区图［舆图］/ 深圳市易图资讯有限公司，深圳市测绘学会编制. -- 1:25000. -- 北京：测绘出版社，2010.4

1 幅：彩色；83×116cm

有说明，有深圳市各区地图，深圳市与周边地区图等，附赠深圳市实用信息速查手册。

ISBN 7-5031-5324-2：CNY 15.00

CNMARC 格式

010##$a7-5031-5324-2$dCNY15.00

2001#$a深圳市城区图$b舆图$f深圳市易图资讯有限公司，深圳市测绘学会编制

206##$a1:25000

210##$a北京$c测绘出版社$d2010.4

215##$a1 幅$c彩色$d83×116cm

300##$a有说明，有深圳市各区地图，深圳市与周边地区图等，附赠深圳市实用信息速查手册。

样例 12

书本式格式

中华人民共和国人口环境与可持续发展地图集［舆图］/ 中国科学院地理研究所，中国社会学会人口与环境专业委员会，中国环境监测总站主编；刘岳，万本太主编. -- ［比例不等］. -- 北京：科学出版社，2000.5. -- 251 页：彩色；41×28cm. -- 本图集含：序图组；人口与健康图组；人口居住与消费水平图组；土地、固体废物和噪声图组；森林、草地与生物多样性图组；淡水、海洋和水污染图组；大气与空气污染图组；妇女和发展图组；区域可持续发展图组. -- ISBN 7-03-007861-6（精装）：CNY 600.00

卡片式格式

中华人民共和国人口环境与可持续发展地图集［舆图］/ 刘岳，万本太主编. -- ［比例不等］. -- 北京：科学出版社，2000.5

251 页：彩色；41×28cm

本图集含：序图组；人口与健康图组；人口居住与消费水平图组；土地、固体废物和噪声图组；森林、草地与生物多样性图组；淡水、海洋和水污染图组；大气与空气污染图组；妇女和发展图组；区域可持续发展图组。

ISBN 7-03-007861-6（精装）：CNY 600.00

CNMARC 格式

010##$a7 -03 -007861 -6$b精装$dCNY 600.00

2001#$a中华人民共和国人口环境与可持续发展地图集$b舆图$f刘岳,万本太主编

206##$a[比例不等]

210##$a北京$c科学出版社$d2000.5

215##$a251页$c彩色$d41×28cm

300##$a本图集含:序图组;人口与健康图组;人口居住与消费水平图组;土地、固体废物和噪声图组;森林、草地与生物多样性图组;淡水、海洋和水污染图组;大气与空气污染图组;妇女和发展图组;区域可持续发展图组。

样例 13

书本式格式

十万分之一台湾地图全集［舆图］/ 大舆出版有限公司制. -- 1∶100000. -- 台北：大舆出版有限公司，1999.6. -- 398 页：彩色；27×20cm. -- 本图集由十万分之一台湾公路图重要市镇地图、各县观光里程图、旅游信息、街道索引、公路观光索引等组成. -- NT 1200.00

卡片式格式

十万分之一台湾地图全集［舆图］/ 大舆出版有限公司制. -- 1∶100000. -- 台北：大舆出版有限公司，1999.6

398 页：彩色；27×20cm

本图集由十万分之一台湾公路图重要市镇地图、各县观光里程图、旅游信息、街道索引、公路观光索引等组成。

NT 1200.00

CNMARC 格式

010##$dNT1200.00

2001#$a十万分之一台湾地图全集$b舆图$f大舆出版有限公司制

206##$a1∶100000

210##$a台北$c大舆出版有限公司$d1999.6

215##$a398页$c彩色$d27×20cm

300##$a本图集由十万分之一台湾公路图重要市镇地图、各县观光里程图、旅游信息、街道索引、公路观光索引等组成。

样例 14

书本式格式

最新实用中国地图册［舆图］/ 沈桂娣编辑；周北燕［等］编绘；张伟群审校. -- ［比例不等］. -- 北京：中国地图出版社，1991.6. -- 104 页：彩色；17×12cm. -- ISBN 7 -5031 -0771 -5：CNY 6.00

卡片式格式

最新实用中国地图册［舆图］/ 沈桂娣编辑；周北燕［等］编绘；张伟群审校. --

[比例不等]. -- 北京 : 中国地图出版社, 1991.6

104 页 : 彩色 ; 17×12cm

ISBN 7-5031-0771-5 : CNY 6.00

CNMARC 格式

010##$a7-5031-0771-5$dCNY6.00

2001#$a最新实用中国地图册$b舆图$f沈桂娣编辑$g周北燕[等]编绘$g张伟群审校

206##$a[比例不等]

210##$a北京$c中国地图出版社$d1991.6

215##$a104页$c彩色$d17×12cm

样例 15

书本式格式

浙江省城市地图册[舆图]/周方根主编. -- [未注比例]. -- 上海 : 中华地图学社, 1990.12. -- 72 面 : 彩色 ; 19×14cm. -- ISBN 7-80031-030-2 : CNY 4.80

卡片式格式

浙江省城市地图册[舆图]/周方根主编. -- [未注比例]. -- 上海 : 中华地图学社, 1990.12

72 面 : 彩色 ; 19×14cm

ISBN 7-80031-030-2 : CNY 4.80

CNMARC 格式

010##$a7-80031-030-2$dCNY4.80

2001#$a浙江省城市地图册$b舆图$f周方根主编

206##$a[未注比例]

210##$a上海$c中华地图学社$d1990.12

215##$a72面$c彩色$d19×14cm

样例 16

书本式格式

中国地理图集[舆图]/王静爱,左伟,中国地理图集编纂委员会编制. -- [比例不等]. -- 北京 : 中国地图出版社, 2009.11. -- 362 页 : 彩色 ; 30×21cm. -- 有说明. -- ISBN 7-5031-5233-7(精装) : CNY 118.00

卡片式格式

中国地理图集[舆图]/王静爱,左伟,中国地理图集编纂委员会编制. -- [比例不等]. -- 北京 : 中国地图出版社, 2009.11

362 页 : 彩色 ; 30×21cm

有说明。

ISBN 7-5031-5233-7(精装) : CNY 118.00

CNMARC 格式

010##$a7-5031-5233-7$b精装$dCNY118.00

2001#$a中国地理图集$b舆图$f王静爱,左伟,中国地理图集编纂委员会编制

206##$a[比例不等]

210##$a北京$c中国地图出版社$d2009.11

215##$a362页$c彩色$d30×21cm

300##$a有说明。

样例 17

书本式格式

中华人民共和国分省地图集［舆图］／赵西林[等]编辑；吴贵清[等]编绘；金符撰文；张武冰,刘毅修订. -- 4 版，修订本. -- ［比例不等］. -- 北京：中国地图出版社，1990.3. -- 252 页：彩色；27×19cm. -- 附地名索引. -- ISBN 7-5031-0747-2(精装)：CNY 18.20

卡片式格式

中华人民共和国分省地图集［舆图］／赵西林[等]编辑；吴贵清[等]编绘；金符撰文；张武冰,刘毅修订. -- 4 版，修订本. -- ［比例不等］. -- 北京：中国地图出版社，1990.3

252 页：彩色；27×19cm

附地名索引。

ISBN 7-5031-0747-2(精装)：CNY 18.20

CNMARC 格式

010##$a7-5031-0747-2$b精装$dCNY18.20

2001#$a中华人民共和国分省地图集$b舆图$f赵西林[等]编辑$g吴贵清[等]编绘$g金符撰文$g张武冰,刘毅修订

205##$a4版,修订本

206##$a[比例不等]

210##$a北京$c中国地图出版社$d 1990.3

215##$a252页$c彩色$d 27×19cm

300##$a附地名索引。

样例 18

书本式格式

上海市实用交通游览图［舆图］／余嘉伟,倪晨文编绘. -- ［未注比例］. -- 上海：上海文化出版社，1988.4. -- 1 幅：彩色；52×75cm. -- ISBN 号与《五子棋制胜妙谱》相同. -- ISBN 7-80511-203-7：CNY 0.60

卡片式格式

上海市实用交通游览图［舆图］／余嘉伟,倪晨文编绘. -- ［未注比例］. -- 上海：上海文化出版社，1988.4

1 幅：彩色；52×75cm

ISBN 号与《五子棋制胜妙谱》相同。

ISBN 7 -80511 -203 -7 ：CNY 0.60

CNMARC 格式

010##$a7 -80511 -203 -7$dCNY0.60

2001#$a上海市实用交通游览图$b舆图$f余嘉伟,倪晨文编绘

206##$a[未注比例]

210##$a上海$c上海文化出版社$d1988.4

215##$a1幅$c彩色$d52 ×75cm

300##$aISBN号与《五子棋制胜妙谱》相同。

十一、多卷册分散著录

样例 1

书本式格式

中国历史地图集．第一册，原始社会·商·西周·春秋战国时期［舆图］／谭其骧主编．--［比例不等］．-- 北京 ：地图出版社，1982.10 ．-- 63 页 ：彩色 ；27 ×19cm ．-- 本图册是从原始社会到战国时期的历史地图集,共24 幅,图册后附有地名索引,文字说明均用中、英文两种文字。

卡片式格式

中国历史地图集．第一册，原始社会·商·西周·春秋战国时期［舆图］／谭其骧主编．--［比例不等］．-- 北京 ：地图出版社，1982.10

63 页 ：彩色 ；27 ×19cm

本图册是从原始社会到战国时期的历史地图集,共24 幅,图册后附有地名索引,文字说明均用中、英文两种文字。

CNMARC 格式

2001#$a中国历史地图集$h第一册$i原始社会·商·西周·春秋战国时期$b舆图$f谭其骧主编

206##$a[比例不等]

210##$a北京$c地图出版社$d1982.10

215##$a63页$c彩色$d27 ×19cm

300##$a本图册是从原始社会到战国时期的历史地图集,共24 幅,图册后附有地名索引,文字说明均用中、英文两种文字。

样例 2

书本式格式

中国历史地图集．第二册，秦·西汉·东汉时期［舆图］／谭其骧主编．--［比例不等］．-- 北京 ：地图出版社，1982.10 ．-- 88 页 ：彩色 ；27 ×19cm ．-- 本图册是秦汉时期的图集,共36 幅,其后附有地名索引,文字说明中英文对照。

卡片式格式

中国历史地图集．第二册，秦·西汉·东汉时期［舆图］／谭其骧主编．--［比例不等］．-- 北京：地图出版社，1982. 10

88 页：彩色；27 ×19cm

本图册是秦汉时期的图集，共 36 幅，其后附有地名索引，文字说明中英文对照。

CNMARC 格式

2001#$a中国历史地图集$h第二册$i秦·西汉·东汉时期$b舆图$f谭其骧主编

206##$a[比例不等]

210##$a北京$c地图出版社$d1982. 10

215##$a88页$c彩色$d27 ×19cm

300##$a本图册是秦汉时期的图集，共 36 幅，其后附有地名索引，文字说明中英文对照。

样例 3

书本式格式

中国历史地图集．第三册，三国西晋时期［舆图］／谭其骧主编．--［比例不等］．-- 北京：地图出版社，1982. 10．-- 79 页：彩色；27 ×19cm．-- 书后附有地名索引、地名首字笔画检字表和汉字简、繁体字对照表。

卡片式格式

中国历史地图集．第三册，三国西晋时期［舆图］／谭其骧主编．--［比例不等］．-- 北京：地图出版社，1982. 10

79 页：彩色；27 ×19cm

书后附有地名索引、地名首字笔画检字表和汉字简、繁体字对照表。

CNMARC 格式

2001#$a中国历史地图集$h第三册$i三国西晋时期$b舆图$f谭其骧主编

206##$a[比例不等]

210##$a北京$c地图出版社$d1982. 10

215##$a79 页$c彩色$d27 ×19cm

300##$a书后附有地名索引、地名首字笔画检字表和汉字简、繁体字对照表。

样例 4

书本式格式

中国历史地图集．第四册，东晋十六国南北朝时期［舆图］／谭其骧主编．—［比例不等］．— 北京：地图出版社，1982. 10．— 97 页：彩色；27 ×19cm．— 本图册是东晋十六国、南北朝时期的图集，共 38 幅．— ISBN 7 -5031 -0559 -3(精装)：CNY 12. 50

卡片式格式

中国历史地图集．第四册，东晋十六国南北朝时期［舆图］／谭其骧主编．--［比例不等］．-- 北京：地图出版社，1982. 10

97 页：彩色；27 ×19cm

本图册是东晋十六国、南北朝时期的图集，共 38 幅。

ISBN 7 -5031 -0559 -3(精装) : CNY 12. 50

CNMARC 格式

010##$a7 -5031 -0559 -3$b精装$dCNY12. 50

2001#$a中国历史地图集$h第四册$i东晋十六国南北朝时期$b舆图$f谭其骧主编

206##$a[比例不等]

210##$a北京$c地图出版社$d1982. 10

215##$a97页$c彩色$d27 ×19cm

300##$a本图册是东晋十六国、南北朝时期的图集,共38幅。

样例 5

书本式格式

中国历史地图集. 第五册, 隋·唐·五代十国时期 [舆图] / 谭其骧主编. -- [比例不等]. -- 北京 : 地图出版社, 1982. 10. -- 132 页 : 彩色 ; 27 ×19cm. -- 附地名索引及检字表。

卡片式格式

中国历史地图集. 第五册, 隋·唐·五代十国时期 [舆图] / 谭其骧主编. -- [比例不等]. -- 北京 : 地图出版社, 1982. 10

132 页 : 彩色 ; 27 ×19cm

附地名索引及检字表。

CNMARC 格式

2001#$a中国历史地图集$h第五册$i隋·唐·五代十国时期$b舆图$f谭其骧主编

206##$a[比例不等]

210##$a北京$c地图出版社$d1982. 10

215##$a132页$c彩色$d27 ×19cm

300##$a附地名索引及检字表。

样例 6

书本式格式

中国历史地图集. 第六册, 宋·辽·金时期 [舆图] / 谭其骧主编. -- [比例不等]. -- 北京 : 地图出版社, 1982. 10. -- 115 页 : 彩色 ; 27 ×19cm. -- 本册是宋、辽、金时期的一组地图,共有45幅。图册后有地史索引。

卡片式格式

中国历史地图集. 第六册, 宋·辽·金时期 [舆图] / 谭其骧主编. -- [比例不等]. -- 北京 : 地图出版社, 1982. 10

115 页 : 彩色 ; 27 ×19cm

本册是宋、辽、金时期的一组地图,共有45幅。图册后有地史索引。

CNMARC 格式

2001#$a中国历史地图集$h第六册$i宋·辽·金时期$b舆图$f谭其骧主编

206##$a[比例不等]

210##$a北京$c地图出版社$d1982. 10

215##$a115 页$c彩色$d27 ×19cm

300##$a本册是宋、辽、金时期的一组地图，共有 45 幅。图册后有地史索引。

样例 7

书本式格式

中国历史地图集．第七册，元・明时期［舆图］／谭其骧主编．—［比例不等］．—北京：地图出版社，1982. 10．— 144 页：彩色；27 ×19cm．— 附地名索引及检字表。

卡片式格式

中国历史地图集．第七册，元・明时期［舆图］／谭其骧主编．--［比例不等］．-- 北京：地图出版社，1982. 10

144 页：彩色；27 ×19cm

附地名索引及检字表。

CNMARC 格式

2001#$a中国历史地图集$h第七册$i元・明时期$b舆图$f谭其骧主编

206##$a［比例不等］

210##$a北京$c地图出版社$d1982. 10

215##$a144页$c彩色$d27 ×19cm

300##$a附地名索引及检字表。

样例 8

书本式格式

中国历史地图集．第八册，清时期［舆图］／谭其骧主编．--［比例不等］．-- 北京：地图出版社，1982. 10．-- 120 页：彩色；27 ×19cm．-- 附地名索引及检字表。

卡片式格式

中国历史地图集．第八册，清时期［舆图］／谭其骧主编．--［比例不等］．-- 北京：地图出版社，1982. 10

120 页：彩色；27 ×19cm

附地名索引及检字表。

CNMARC 格式

2001#$a中国历史地图集$h第八册$i清时期$b舆图$f谭其骧主编

206##$a［比例不等］

210##$a北京$c地图出版社$d1982. 10

215##$a120页$c彩色$d27 ×19cm

300##$a附地名索引及检字表。

样例 9

书本式格式

中学教师地图集：教师必备．世界地图分册［舆图］／中国地图出版社编制．--

[比例不等]. -- 北京 : 中国地图出版社, 2001. 8. -- 135 页 : 彩色 ; 26 × 19cm. -- ISBN 7 - 5031 - 1752 - 4 : CNY 25. 00

卡片式格式

中学教师地图集: 教师必备. 世界地图分册 [舆图] / 中国地图出版社编制. -- [比例不等]. -- 北京 : 中国地图出版社, 2001. 8

135 页 : 彩色 ; 26 × 19cm

ISBN 7 - 5031 - 1752 - 4 : CNY 25. 00

CNMARC 格式

010##$a7 - 5031 - 1752 - 4$dCNY25. 00

2001#$a中学教师地图集$e教师必备$i世界地图分册$b舆图$f中国地图出版社编制

206##$a[比例不等]

210##$a北京$c中国地图出版社$d2001. 8

215##$a135页$c彩色$d26 × 19cm

样例 10

书本式格式

世界历史地图册: 沿海版. 第一册 [舆图] / 陈周棠主编 ; 黄英贤, 张桂枢编辑 ; 周湛[等]制图. -- [比例不等]. -- 北京 : 中国地图出版社, 1992. 6. -- 1 幅 : 彩色 ; 18 × 13cm. -- ISBN 7 - 5031 - 1028 - 0 : CNY 0. 80

卡片式格式

世界历史地图册: 沿海版. 第一册 [舆图] / 陈周棠主编 ; 黄英贤, 张桂枢编辑 ; 周湛[等]制图. -- [比例不等]. -- 北京 : 中国地图出版社, 1992. 6

1 幅 : 彩色 ; 18 × 13cm

ISBN 7 - 5031 - 1028 - 0 : CNY 0. 80

CNMARC 格式

010##$a7 - 5031 - 1028 - 0$dCNY0. 80

2001#$a世界历史地图册$c沿海版$h第一册$b舆图$f陈周棠主编$g黄英贤, 张桂枢编辑 $g周湛[等]制图

206##$a[比例不等]

210##$a北京$c中国地图出版社$d1992. 6

215##$a1幅$c彩色$d18 × 13cm

十二、多卷册综合著录(多层次著录)

样例 1

书本式格式

[奉天省舆地图] [舆图] / (清)裕寿山[等]制. -- 刻本. -- 画方不计里. -- [出版地不详] : [出版者不详], [清光绪年间]. -- 31 幅 : 单色 ; 图廓不等. -- 各图

均据清会典馆颁布之图式绘制,省图画方与经纬网并存。厅、州、县图仅有画方。各图附说。为清末官绘地图的代表作。

子目:

义州舆地图. -- 1 幅 : 单色 ; 34 ×51cm

海城县舆地图. -- 1 幅 : 单色 ; 37 ×58cm

…

卡片式格式

[奉天省舆地图][舆图] / (清)裕寿山[等]制. -- 刻本. -- 画方不计里. -- [出版地不详] : [出版者不详], [清光绪年间]

31 幅 : 单色 ; 图廓不等

各图均据清会典馆颁布之图式绘制,省图画方与经纬网并存。厅、州、县图仅有画方。各图附说。为清末官绘地图的代表作。

子目:

义州舆地图

1 幅 : 单色 ; 34 ×51cm

海城县舆地图

1 幅 : 单色 ; 37 ×58cm

…

CNMARC 格式

2001#$a[奉天省舆地图]$b舆图$f(清)裕寿山[等]制

205##$a刻本

206##$a画方不计里

210##$a[出版地不详]$c[出版者不详]$d[清光绪年间]

215##$a31幅$c单色$d图廓不等

300##$a各图均据清会典馆颁布之图式绘制,省图画方与经纬网并存。厅、州、县图仅有画方。各图附说。为清末官绘地图的代表作。

463#1$12001#$a义州舆地图

463#1$12001#$a海城县舆地图

463#1$12001#$a安东县舆地图

463#1$12001#$a宁远州舆地图

463#1$12001#$a盖平县舆地图

463#1$12001#$a岫岩州舆地图

463#1$12001#$a昌图府属三县全图

463#1$12001#$a复州舆地图

463#1$12001#$a兴京厅二属州县全图

463#1$12001#$a昌图府舆地图

463#1$12001#$a金州厅舆地图

463#1$12001#$a兴京厅舆地图

463#1$12001#$a康平县舆地图

463#1$12001#$a铁岭县舆地图
463#1$12001#$a奉天全省总图
463#1$12001#$a怀仁县舆地图
463#1$12001#$a奉化县舆地图
463#1$12001#$a开原县舆地图
463#1$12001#$a奉天府属九厅州县全图
463#1$12001#$a通化县舆地图
463#1$12001#$a怀德县舆地图
463#1$12001#$a锦州府属四厅州县全图
463#1$12001#$a承德京县舆地图
463#1$12001#$a海龙厅舆地图
463#1$12001#$a凤凰厅属三州县全图
463#1$12001#$a锦县舆地图
463#1$12001#$a新民厅舆地图
463#1$12001#$a凤凰厅舆地图
463#1$12001#$a广宁县舆地图
463#1$12001#$a辽阳州舆地图
463#1$12001#$a宽甸县舆地图
子目记录1
2001#$a义州舆地图$b舆图$f(清)裕寿山[等]制
205##$a刻本
206##$a画方不计里
210##$a[出版地不详]$c[出版者不详]$d[清光绪年间]
215##$a1幅$c单色$d34×51cm
461#1$12001#$a[奉天省舆地图]
子目记录2
2001#$a海城县舆地图$b舆图$f(清)裕寿山[等]制
205##$a刻本
206##$a画方不计里
210##$a[出版地不详]$c[出版者不详]$d[清光绪年间]
215##$a1幅$c单色$d37×58cm
461#1$12001#$a[奉天省舆地图]

样例2

书本式格式

[山东各府县河道城池地舆图][舆图]. -- 刻本暨绘本. -- [未注比例]. -- [出版地不详]:[出版者不详],[清末期]. -- 25幅:单色;图廓不等. -- 各图均为府县呈送本。

子目:

青州府乐安县造送舆图. -- 1幅：单色；52×93cm

调署青州府博山县呈送境内各社庄村暨铁路支路里数地舆全图. -- 绘本. -- 画方不计里. -- 1幅：彩色；51×80cm

…

卡片式格式

[山东各府县河道城池地舆图][舆图]. -- 刻本暨绘本. -- [未注比例]. -- [出版地不详]：[出版者不详]，[清末期]

25幅：单色；图廓不等

各图均为府县呈送本。

子目：

青州府乐安县造送舆图

1幅：单色；52×93cm

调署青州府博山县呈送境内各社庄村暨铁路支路里数地舆全图. -- 绘本. -- 画方不计里

1幅：彩色；51×80cm

…

CNMARC格式

2001#$a[山东各府县河道城池地舆图]$b舆图

205##$a刻本暨绘本

206##$a[未注比例]

210##$a[出版地不详]$c[出版者不详]$d[清末期]

215##$a25幅$c单色$d图廓不等

300##$a各图均为府县呈送本。

463#1$12001#$a青州府乐安县造送舆图

463#1$12001#$a调署青州府博山县呈送境内各社庄村暨铁路支路里数地舆全图

463#1$12001#$a署理青州府博兴县呈送城图

463#1$12001#$a鱼台县舆图

463#1$12001#$a博平县城图

463#1$12001#$a泰安府平阴县黄河堤埝图

463#1$12001#$a清平县城图

463#1$12001#$a武定府乐陵县呈送河图

463#1$12001#$a清平县地舆全图

463#1$12001#$a德平县地理情形全舆图

463#1$12001#$a清平县河图

463#1$12001#$a武定府乐陵县呈送城图

463#1$12001#$a武定府蒲台县舆图

463#1$12001#$a鱼台县河图

463#1$12001#$a金乡县城图

463#1$12001#$a泰安府平阴县呈四至八道地舆图

463#1$12001#$a青州府地舆全图
463#1$12001#$a金乡县河图
463#1$12001#$a青州府博兴县造送地舆图
463#1$12001#$a泰安县全图
463#1$12001#$a金乡县地舆全图
463#1$12001#$a东昌府博平县地舆全图
463#1$12001#$a署理青州府博兴县呈送河图
463#1$12001#$a兖州府谨呈所属城垣舆图
463#1$12001#$a兖州府谨呈所属城垣舆图
子目记录1
2001#$a青州府乐安县造送舆图$b舆图
205##$a刻本
206##$a[未注比例]
210##$a[出版地不详]$c[出版者不详]$d[清末期]
215##$a1幅$c单色$d52 ×93cm
461#1$12001#$a[山东各府县河道城池地舆图]
子目记录2
2001#$a调署青州府博山县呈送境内各社庄村暨铁路支路里数地舆全图$b舆图
205##$a绘本
206##$a画方不计里
210##$a[出版地不详]$c[出版者不详]$d[清末期]
215##$a1幅$c彩色$d51 ×80cm
461#1$12001#$a[山东各府县河道城池地舆图]

样例3

书本式格式

马王堆汉墓帛书古地图 [舆图] / 马王堆汉墓帛书整理小组编. -- 影印本. -- [未注比例]. -- 北京 : 文物出版社, [1977. 3]. -- 4 幅 : 单色 ; 图廓不等 + 古地图论文集1册. -- 本图根据1973年发掘长沙马王堆三号汉墓出土的公元前168年前绘制的地图残片整理影印而成。图中翔实地反映了西汉初期长沙国南部的山川地理形势和兵力部署情况,为研究当时的政治、军事和历史地理等方面提供了重要的实物资料。

子目:

马王堆三号汉墓出土地形图. -- 1 幅 : 单色 ; 96 ×96cm

马王堆三号汉墓出土地形图复原图. -- 1 幅 : 单色 ; 96 ×96cm

马王堆三号汉墓出土驻军图. -- 1 幅 : 单色 ; 98 ×78cm

马王堆三号汉墓出土驻军图复原图. -- 1 幅 : 单色 ; 98 ×78cm

卡片式格式

马王堆汉墓帛书古地图 [舆图] / 马王堆汉墓帛书整理小组编. -- 影印本. -- [未注比例]. -- 北京 : 文物出版社, [1977. 3]

4 幅 : 单色 ; 图廓不等 + 古地图论文集 1 册

本图根据 1973 年发掘长沙马王堆三号汉墓出土的公元前 168 年前绘制的地图残片整理影印而成。图中翔实地反映了西汉初期长沙国南部的山川地理形势和兵力部署情况,为研究当时的政治、军事和历史地理等方面提供了重要的实物资料。

子目:

马王堆三号汉墓出土地形图

1 幅 : 单色 ; 96 ×96cm

马王堆三号汉墓出土地形图复原图

1 幅 : 单色 ; 96 ×96cm

马王堆三号汉墓出土驻军图

1 幅 : 单色 ; 98 ×78cm

马王堆三号汉墓出土驻军图复原图

1 幅 : 单色 ; 98 ×78cm

CNMARC 格式

2001#$a马王堆汉墓帛书古地图$b舆图$f马王堆汉墓帛书整理小组编

205##$a影印本

206##$a[未注比例]

210##$a北京$c文物出版社$d[1977. 3]

215##$a4 幅$c单色$d图廓不等$e古地图论文集 1 册

300##$a本图根据 1973 年发掘长沙马王堆三号汉墓出土的公元前 168 年前绘制的地图残片整理影印而成。图中翔实地反映了西汉初期长沙国南部的山川地理形势和兵力部署情况,为研究当时的政治、军事和历史地理等方面提供了重要的实物资料。

463#1$12001#$a马王堆三号汉墓出土地形图

463#1$12001#$a马王堆三号汉墓出土地形图复原图

463#1$12001#$a马王堆三号汉墓出土驻军图

463#1$12001#$a马王堆三号汉墓出土驻军图复原图

子目记录 1

2001#$a马王堆三号汉墓出土地形图$b舆图$f马王堆汉墓帛书整理小组编

205##$a影印本

206##$a[未注比例]

210##$a北京$c文物出版社$d[1977. 3]

215##$a1 幅$c单色$d96 ×96cm

461#1$12001#$a马王堆汉墓帛书古地图

子目记录 2

2001#$a马王堆三号汉墓出土地形图复原图$b舆图$f马王堆汉墓帛书整理小组编

205##$a影印本

206##$a[未注比例]

210##$a北京$c文物出版社$d[1977. 3]

215##$a1 幅$c单色$d96 ×96cm

461#1$12001#$a马王堆汉墓帛书古地图

子目记录 3

2001#$a马王堆三号汉墓出土驻军图$b舆图$f马王堆汉墓帛书整理小组编

205##$a影印本

206##$a[未注比例]

210##$a北京$c文物出版社$d[1977.3]

215##$a1 幅$c单色$d98 ×78cm

461#1$12001#$a马王堆汉墓帛书古地图

子目记录 4

2001#$a马王堆三号汉墓出土驻军图复原图$b舆图$f马王堆汉墓帛书整理小组编

205##$a影印本

206##$a[未注比例]

210##$a北京$c文物出版社$d[1977.3]

215##$a1 幅$c单色$d98 ×78cm

461#1$12001#$a马王堆汉墓帛书古地图

样例 4

书本式格式

渤海、黄海、东海海洋图集[舆图]/李全兴,张金标,王玉衡主编. -- [比例不等]. -- 北京:海洋出版社, 1990 - 1991. -- 3 册:彩色;38 ×26cm. -- 精装

子目:

生物[舆图]:[图集]/张金标主编;王秀琴,张秀良制图编辑. -- 北京:海洋出版社, 1991.4. -- 250, 4 页:彩色;38 ×26cm. -- ISBN 7 -5027 -0905 -3(精装):CNY 120.00

化学[舆图]:[图集]/王玉衡主编;王泽民,周满昌制图编辑. -- 北京:海洋出版社, 1991.4. -- 257, 7 页:彩色;38 ×26cm. -- ISBN 7 -5027 -0906 -1(精装)

地质地球物理[舆图]:[图集]/李全兴主编;刘天华,郭永林制图编辑. -- 北京:海洋出版社, 1990.6. -- [164],16:彩色;38 ×26cm. -- ISBN 7 -5027 -0904 -5(精装):CNY 85.00

卡片式格式

渤海、黄海、东海海洋图集[舆图]/李全兴,张金标,王玉衡主编. -- [比例不等]. -- 北京:海洋出版社, 1990 - 1991

3 册:彩色;38 ×26cm

精装

子目:

生物[舆图]:[图集]/张金标主编;王秀琴,张秀良制图编辑. -- 北京:海洋出版社, 1991.4

250, 4 页:彩色;38 ×26cm

ISBN 7 -5027 -0905 -3(精装):CNY 120.00

化学［舆图］：［图集］/ 王玉衡主编 ；王泽民，周满昌制图编辑. -- 北京 ：海洋出版社，1991.4

257，7 页 ：彩色 ；38 ×26cm

ISBN 7 -5027 -0906 -1（精装）

地质地球物理［舆图］：［图集］/ 李全兴主编 ；刘天华，郭永林制图编辑. -- 北京 ：海洋出版社，1990.6

［164］，16 ：彩色 ；38 ×26cm

ISBN 7 -5027 -0904 -5（精装）：CNY 85.00

CNMARC 格式

综合记录

010##$b精装

2001#$a渤海、黄海、东海海洋图集$b舆图$f李全兴，张金标，王玉衡主编

206##$a［比例不等］

210##$a北京$c海洋出版社$d1990 - 1991

215##$a3册$c彩色$d38 ×26cm

463#1$12001#$a地质地球物理

463#1$12001#$a生物

463#1$12001#$a化学

子目记录 1

010##$a7 -5027 -0904 -5$b精装$dCNY 85.00

2001#$a地质地球物理$b舆图$e［图集］$f李全兴主编$g刘天华，郭永林制图编辑

206##$a［比例不等］

210##$a北京$c海洋出版社$d1990.6

215##$a［164］，16$c彩色$d38 ×26cm

461#1$12001#$a渤海、黄海、东海海洋图集

子目记录 2

010##$a7 -5027 -0905 -3$b精装$dCNY 120.00

2001#$a生物$b舆图$e［图集］$f张金标主编$g王秀琴，张秀良制图编辑

206##$a［比例不等］

210##$a北京$c海洋出版社$d1991.4

215##$a250，4页$c彩色$d38 ×26cm

461#1$12001#$a渤海、黄海、东海海洋图集

子目记录 3

010##$a7 -5027 -0906 -1$b精装

2001#$a化学$b舆图$e［图集］$f王玉衡主编$g王泽民，周满昌制图编辑

206##$a［比例不等］

210##$a北京$c海洋出版社$d1991.4

215##$a257，7页$c彩色$d 38 ×26cm

461#1$12001#$a渤海、黄海、东海海洋图集

附录二 GB/T 3792.6—2005
《测绘制图资料著录规则》(正文部分)

1 范围

本标准规定了测绘制图资料著录项目及其排列顺序、著录用标识符、著录用文字、著录信息源、著录项目细则等。

本标准是著录测绘制图资料的依据。

本标准适用于编制国家书目及各类型目录。

本标准不涉及测绘制图资料目录组织规则。

2 规范性引用文件

下列文件中的条款通过本标准的引用而成为本标准的条款。凡是注日期的引用文件,其随后所有的修改单(不包括勘误的内容)或修订版均不适用于本标准,然而,鼓励根据本标准达成协议的各方研究是否可使用这些文件的最新版本。凡是不注日期的引用文件,其最新版本适用于本标准。

GB/T 3469—1983 文献类型与文献载体代码

GB/T 12406—1996 表示货币和资金的代码(idt ISO 4217:1990)

3 术语和定义

本标准采用下列定义。

3.1 测绘制图资料 cartographic materials

按照一定的数学原理,用形象化的符号(或影像),经过科学综合,显示地球(或其他星球)表面现象的信息载体。它反映各种自然和社会现象的空间分布、组合、联系及其在时间中的变化和发展。测绘制图资料包括平面图和地形图;航空图、海图、星空图和行星图;航空、卫星或空间影像图;鸟瞰图;地(天)球仪;剖面图、地形模型;地图集等等(“测绘制图资料”以下简称“制图资料”)。

3.2 正图名 title proper

制图资料的主要图名,即主要信息源所载的图名。正图名包括交替图名,但不包括并列图名和其他图名信息。

3.3 共同图名 common title

一组相关制图资料各分辑图名之外的共有图名。它用于表示这些制图资料之间的关系,并与分辑图名一起识别该制图资料。

3.4 交替图名 alternative title

由各具有一个图名形式的两部分组成的正图名的后一部分。两部分之间常用“或”、“又名”等词连接。

3.5 无总图名制图资料 no common title for an item

由多部作品合订出版，主要信息源出现多个图名而无总图名的制图资料。

3.6 并列图名 parallel title

对应正图名的其他文种图名。与汉字对照的汉语拼音图名不视为并列图名。

3.7 其他图名信息 other title information

与正图名、并列图名、丛编图名相连，限定、解释、补充或说明这些相关图名的副图名及图名信息。

3.8 制图资料丛编 map series

按照一定的主题范围，汇集多种可独立的单图成为一套，冠有一个共同图名，以编号或不编号的方式出版的制图资料。

3.9 丛编编号 numbering within series

丛编连续出版的各期的识别标识。可以是数字、字母、其他符号或它们的组合形式。

3.10 多层次著录 multi-level description

文献著录的一种方法。它将著录信息分成两个或多个层次，第一著录层次包括整部出版物共有的信息，第二或其余层次只包括各组成部分所独有的信息。

3.11 分辑图名 section title

连续出版的制图资料的分卷、分册、分幅、补编或分丛编的专有图名。

3.12 责任说明 statement of responsibility

对制图资料的知识性或艺术性内容的创造或完成负有责任或作出贡献的个人或团体及其责任方式。

3.13 第一责任说明 first statement

一图具有几个不同责任说明时，其列居首位的责任说明。

3.14 其他责任说明 subsequent statement

一图具有几个不同责任说明时，除第一责任说明以外的其他责任说明。

3.15 与本版有关的责任说明 statement of responsibility relating to the edition

与被著录制图资料本版次（不含初版）工作相关的个人或团体及其责任方式，不是指与该图所有版次相关的个人或团体及其责任方式。

3.16 比例 scale

制图资料上的距离与它们所代表的实际距离之比。

3.17 投影 projection

运用数学原理，将弧形的球体表面相应地转换到平面上的一种方法。

3.18 图名页 title page

图集中载有详细图名的一页，通常还载有责任者、比例、出版等事项。图名页被视为主要信息源。

3.19 图廓 outline of map

制图区域四周所加的范围线。不仅是艺术装饰，更主要是为了注明经纬度或坐标数值，以便在制图资料上决定点的地理位置。一般分为外廓、分廓（经纬廓）和内廓。除图形外，图廓内外通常还载有图例、比例尺、投影法、补充性质的剖面图，以及图名、责任者、出版事项等，亦被视为主要信息源。

3.20　幅 map

完整制图资料的计量单位。

3.21　张 sheet

在其一面或两面绘有或印有制图资料的单张纸、帛或兽皮等。

3.22　分切图 cuted map

受纸张大小限定，要求印制者化整为零分若干张印刷的制图资料。

3.23　二分点 equinox

黄道和天[球]赤道相交的两个点。每年有两个分点，一个在 3 月 21 号左右，视为春分(Spring equinox)，一个在 9 月 22 号左右，视为秋分(Autumn equinox)。

4　著录项目

4.1　图名与责任说明项

4.1.1　正图名

4.1.2　一般文献类型标识(选用)

4.1.3　并列图名

4.1.4　其他图名信息

4.1.5　第一责任说明

4.1.6　其他责任说明

4.2　版本项

4.2.1　版本说明

4.2.2　并列版本说明(选用)

4.2.3　与本版有关的责任说明

4.2.4　附加版本说明

4.2.5　附加版本说明的责任说明

4.3　数学数据项

4.3.1　比例

4.3.2　投影

4.3.3　图廓坐标(选用)

4.3.4　二分点和年份

4.4　出版发行项

4.4.1　出版地或发行地

4.4.2　出版者或发行者

4.4.3　发行者职能说明(选用)

4.4.4　出版年或发行年

4.4.5　印制地、印制者、印制年(选用)

4.5　载体形态项

4.5.1　数量和制图资料类型标识

4.5.2　其他形态细节

4.5.3　尺寸

4.5.4　附件
4.6　丛编项
4.6.1　丛编正图名
4.6.2　丛编并列图名
4.6.3　丛编其他图名信息(选用)
4.6.4　丛编第一责任说明
4.6.5　丛编其他责任说明
4.6.6　国际标准连续出版物号(ISSN)
4.6.7　丛编编号
4.6.8　附属丛编图名
4.7　附注项(选用)
4.8　标准书号及获得方式项
4.8.1　国际标准书号(ISBN)
4.8.2　装帧(选用)
4.8.3　获得方式和/或价格(选用)
4.8.4　限定说明(选用)

5　著录用标识符

5.1　著录项目、著录单元与著录用标识符一览表

表 1　著录项目、著录单元、著录标识符

项目	标识符	单元
1　图名与责任说明项		1.1　正图名
	[ ]	1.2　一般文献类型标识(选用)
	=	1.3　并列图名
	:	1.4　其他图名信息
	/	1.5　第一责任说明
	;	1.6　其他责任说明
2　版本项	. --	2.1　版本说明
	=	2.2　并列版本说明(选用)
	/	2.3　与本版有关的责任说明
	,	2.4　附加版本说明
	/	2.5　附加版本说明的责任说明
3　数学数据项	. --	3.1　比例
	;	3.2　投影
	(	3.3　图廓坐标(选用)
	;)	3.4　二分点和年份
4　出版发行项	. --	4.1　出版地或发行地
	:	4.1　出版者或发行者

续表

项目	标识符	单元
	[ ] , (: ,)	4.2　发行者职能说明(选用) 4.3　出版年或发行年 4.5　印制地、印制者、印制年(选用)
5　载体形态项	. -- : ; +	5.1　数量和制图资料类型标识 5.1　其他形态细节 5.2　尺寸 5.4　附件
6　丛编项	(. -- = : / ; , ; .)	6.1　丛编正图名 6.2　丛编并列图名 6.3　丛编其他图名信息(选用) 6.4　丛编第一责任说明 6.5　丛编其他责任说明 6.6　国际标准连续出版物号(ISSN) 6.7　丛编编号 6.8　附属丛编图名
7　附注项(选用)	. --	
8　标准书号及获得方式项	. -- ( ) : ( )	8.1　国际标准书号(ISBN) 8.2　装帧(选用) 8.3　获得方式或价格(选用) 8.4　限定说明(选用)

5.2　根据 GB/T 3792.1 的规定，本标准各著录项目和著录单元采用如下规范的前置标识符和/或外括标识符：

a). --　置于首项以外的各著录项目之前。

b) =　置于并列图名、并列责任说明、并列版本说明之前。

c) :　置于其他图名信息、出版者或发行者、印制者、其他形态细节、获得方式或价格之前。

d) /　置于第一责任说明之前。

e) ,　置于有分辑标识的分辑图名、相同责任方式的其他责任说明、附加版本说明，出版年或发行年、印制年、分段页码、ISSN 之前。

f) ;　置于不同责任方式的其他责任说明、投影、二分点和年份、第二出版地或发行地、尺寸、丛编编号之前，或相同责任说明的无总图名的各个图名之间。

g).　置于分辑标识、无分辑标识的分辑图名、附属丛编图名之前，或不同责任说明的无总图名的各个图名之间。

h) +　置于附件之前。

i) [ ]　括于一般文献类型标识、规定信息源以外的著录信息、自拟著录内容之外。

j) ( )　括于中国责任者时代、外籍责任者国别及姓名原文、图廓坐标、二分点和年份、印制事项，附件的附加说明、丛编项、装帧和/或限定说明之外。

5.3　根据 GB/T 3792.1 的规定，本标准采用如下著录内容识别符：

a)?　用于推测附注、不能确定的年代或地点。

b)-　用于起讫时间、起讫经纬度、起讫页码等。

c)·　用于表示省略的著录内容。

5.4　著录用标识符使用说明

5.4.1　各著录项目及单元所使用的标识符中，除逗号“，”和句点“.”只在后面空一个字符位以外，其他标识符前后均需各空一个字符位。

5.4.2　除“图名与责任说明项”以外，各项连续著录时均需冠以句点、空格、短横、短横、空格“. --”。换项移行时，可省略“. --”，或在前项结尾加“.”。各项另起段落著录时可省略该标识符。

5.4.3　其他标识符用于区分各著录单元，著录单元移行时，标识符不得省略，但可视情况，或赘于前项之尾，或置于后项之首。

5.4.4　凡重复著录一个项目或单元，都需重复其标识符。

5.4.5　如某项缺少第一著录单元时，应将处于首位的著录单元原规定的标识符改为“. --”。

5.4.6　不著录的项目或单元，其标识符随同该项目或单元一并省略。

5.4.7　当一个著录项目或单元末尾是一个句点，而下一个项目或单元的规定标识符也以句点开始时，两个句点只著录一个。

5.4.8　前后均需空格的标识符连续著录时，其间只空一格。

6　著录用文字

6.1　图名与责任说明项、版本项、数学数据项、出版发行项和丛编项一般用被著录制图资料本身的文字著录，其书写应遵循该文字的习惯和规则。现有设备无法转录的图形及符号等可由编目人员改用其他形式表示，但需用方括号“[ ]”括起。

6.2　一般文献类型标识、发行者职能说明、载体形态项、附注项、标准书号与获得方式项可采取编目机构所选定的文字著录（引文除外）。

6.3　各著录项目中选录的数字，除另有规定者外，一律用阿拉伯数字著录。

6.4　著录源中的文字如有错漏，仍须照录，但应将考证所得的正确文字著录于后，外加“[ ]”；如确知有误，又难以考证者，可在其后注记“[原文如此]”。此外也可在附注项内说明。

7　著录信息源

7.1　制图资料著录的信息来源是著录对象本身，如本身信息不足时可参考其他有关材料。但取自著录对象本身之外的著录信息，应置于“[ ]”内或著录于附注项。

7.2　图名与责任说明项、版本项、数学数据项、出版发行项、丛编项的主要信息源为图廓内外、图名页、版权页、封面、书脊、序言、题跋、出版说明等。

7.3　载体形态项的信息源为包括附件在内的整部制图资料。

7.4　附注项、标准书号与获得方式项可取自任何信息源。

7.5　信息源有多处并出现差异时，应在附注项内说明。

8 著录项目细则

8.1 图名与责任说明项

结构形式：

正图名[一般文献类型标识]

正图名[一般文献类型标识]/责任说明

正图名[一般文献类型标识]/第一责任说明;其他责任说明

正图名[一般文献类型标识]/第一责任说明;其他责任说明

正图名[一般文献类型标识]:其他图名信息/责任说明

正图名[一般文献类型标识]=并列图名/责任说明

正图名[一般文献类型标识]=并列图名:其他图名信息/责任说明

正图名[一般文献类型标识]:其他图名信息=并列图名:并列其他图名信息/责任说明

正图名[一般文献类型标识]/责任说明=并列图名/并列责任说明

无总图名制图资料的第一图名[一般文献类型标识];第二图名/责任说明

无总图名制图资料的第一图名[一般文献类型标识]/责任说明. 第二图名/责任说明

共同图名. 分辑标识,分辑图名[一般文献类型标识]/责任说明

共同图名. 分辑图名[一般文献类型标识]/责任说明

8.1.1 正图名

8.1.1.1 正图名是第一著录单元。即使主要信息源中责任说明、版本说明、丛编说明、出版事项或其他非题名信息位于正图名之前,正图名仍然是第一著录单元。

8.1.1.2 图名一般反映制图资料的地域范围及学科属性。图上题图名的地方很多,幅图以图廓内、外所题图名为准;地图集以图名页上所题为准。其他题名处出现的有异于主要题名处的图名,可在附注项内注明。

8.1.1.3 折叠式幅图的图廓内、外不反映图名时,可根据折叠封面所题图名著录;地图集无图名页时,可依据封面、书脊、版权页、序言、题跋、正文卷端、出版说明等处所题著录。

8.1.1.4 正图名原则上应按主要信息源上的文字转录,但大写不一定照录。

8.1.1.5 图名中的标点、符号、数字、比例、外文字母等一律照录。书写时起语法标点作用的空格应予保留。

示例1:水乡古城——绍兴

示例2:隋、唐、宋三代汴河河道图

示例3:渤海海峡△T磁力异常图

示例4:北半球500毫巴平均图

示例5:直隶省十万分一图

8.1.1.6 凡图名前冠有责任者或出版发行者名称时,无论字体大小,均视为正图名的组成部分一并照录。

示例1:东方中华新地图

示例2:泰唔士世界历史地图集

8.1.1.7 凡图名前冠有"实测"、"新编"、"新撰"、"最新"、"袖珍"、"甲乙种"、"两用"、"修订"、"钦订"、"笺注"、"精密"、"详校"、"实用"等字样时,一律依原题著录。

示例1:实测北京内外城地图

示例2:新撰朝鲜地舆全图

示例3:甲种中华析类分省地图

示例4:详校首善全图

8.1.1.8　图名用多种文字对照,正文使用一种文字时,应选取与正文文种相一致的图名为正图名;图名与正文均用多种文字对照时,一般可根据版式或顺序选取最突出或第一个图名为正图名;其余图名作并列图名处理。

8.1.1.9　交替图名依原题顺序著录,中间用",又名,"连接,总体构成正图名。

示例:最新世界现势地图,又名,世界平方图

8.1.1.10　无总图名制图资料按下述情况著录:

——责任者相同时,依次著录各作品图名,图名间用" ; "隔开。

——责任者不同时,将图名与对应的责任者归纳著录,第二个及其以后的图名前用". "标识。

——无总图名制图资料由三个以上作品组成时,可只著录前三个作品的图名与责任者,其后用"…";或自拟一个可概括整部制图资料内容的图名著录,外加"[ ]"。未著录的图名和责任者著录于附注项。

8.1.1.11　当正图名由共同图名与分辑标识和(或)分辑图名构成时,应先著录共同图名,再著录分辑标识和(或)分辑图名,分辑标识前用". ",分辑图名前用", ";若只有分辑图名时,其前则用". "。

示例1:历代舆地沿革险要图.第四册,嬴秦郡县图

示例2:马王堆汉墓帛书古地图.第一幅,马王堆三号汉墓出土地形图

8.1.1.12　如分辑图名能与共同图名分开独立,正图名可只取分辑图名,而将共同图名著录于丛编项。

8.1.1.13　图名冗长,著录时可作节略,但不能改变图名含义或造成语法错误。节略部分由"…"取代。

注:图名起首文字段不得删节。

8.1.1.14　著录无图名的制图资料时,可自拟简明并能概括其内容的图名,外用"[ ]"括起。自拟图名应采用与制图资料正文一致的语言文字。

示例:[江西省府、县分图]

8.1.2　一般文献类型标识

8.1.2.1　一般文献类型标识在于用概括性术语先行说明文献所属的资料类型,在综合性目录中十分有用。

8.1.2.2　若使用本项,凡依本标准著录的制图资料其"一般文献类型标识"均为"[测绘制图资料]",并总是著录于首图名之后。

示例1:苏州市区经济地图[测绘制图资料]

示例2:泰晤士历史地图集[测绘制图资料] = The Times Atlas of World History

8.1.3　并列图名

8.1.3.1　依次著录主要题名处对照正图名的并列图名,并列图名前用" = "。

示例:中国旅行略图 = Sketch Tourist Map of China

8.1.3.2　并列图名原则上应按规定信息源上的文字转录，但大写不一定照录。

8.1.3.3　与汉字对照的汉语拼音图名，不属并列图名，不予著录。

8.1.3.4　主要图名页以外出现的对应正图名的其他文种图名（多见于翻译作品）应著录于附注项。

8.1.4　其他图名信息

8.1.4.1　其他图名信息著录于与其关联的正图名或并列图名之后，其前用“ ：”标识；若有多个其他图名信息，其前均用“ ：”标识。

示例1：中国近代工业分布图 ：十九世纪六十年代——九十年代

示例2：东北区 ：地形

示例3：济南向导图 ：衣、食、住、行、游、娱乐、服务指南

8.1.4.2　其他图名信息原则上应按信息源上的文字转录，但大写不一定照录。

8.1.4.3　综合说明制图资料的卷（册、幅）总数的信息应作为其他图名信息著录。

示例1：今古舆地图 ：三卷

示例2：海国图志 ：六十卷

8.1.4.4　正图名含义不清时，可根据被著录制图资料的内容自拟简括字句对正图名作必要的解释或说明，并用“[ ]”括起。

示例1：市区公共汽车路线图 ：[北京]

示例2：承德 ：[旅游交通图]

8.1.4.5　若主要信息源中有多语种并列图名及其他图名信息，各个语种的其他图名信息应著录于相应语种的并列图名之后；只有一语种的其他图名信息时，应将其著录于全部并列图名之后。

8.1.5　责任说明

8.1.5.1　责任说明包括制图资料的责任者名称及责任方式（如：制、编、绘、著、辑、译、编制、编绘、编著、编辑、编纂、编译、绘制、辑制、主编、校订、修订、增订、摹绘、雕刻、摄等），除另有规定者外，均依原题顺序著录。责任者前用“/”标识。

8.1.5.2　相同责任方式的责任者之间用“，”分隔。不同责任方式之间用“ ；”分隔。

示例1：二十世纪中外大地图 /（清）周世棠，（清）孙海环编辑

示例2：世界形势一览图 / 童世亨编制 ；陈镐基修订

8.1.5.3　相同责任方式的责任者在三个及三个以上者，只著录第一个，其后用“[…等]”字；不同责任方式的责任者，著录时，一般不宜超过四种。

示例1：中华人民共和国分省地图 / 金擎宇[…等]编

示例2：第二次世界大战史图解 /（美）鲁道夫马德利原著；詹宣国，丁会恒编译；张隆治，蒋兆龙绘图

8.1.5.4　责任者作为正图名的组成部分，已在正图名项中反映，责任者项可以省去。

8.1.5.5　责任者的学位、职位、头衔等，如果不是识别该责任者所必需，则均不著录。

8.1.5.6　中国清代以前的责任者姓名前应加著朝代名称，并用“（ ）”括起。

示例：海国图志六十卷 /（清）魏源著

8.1.5.7　责任者系外籍人员时，除著录中译姓名外，若载明国籍，其前尚须著录国籍；若题有姓名原文，其后还应著出原文。国籍与姓名原文均用“（ ）”括起。

示例:坤舆万国全图 / (意)利玛窦(Matteo Ricei)

8.1.5.8　凡制图资料上同时题有主编者和编辑者时,只著录主编者。

示例:新世界列国地图 / 欧阳缨主编

8.1.5.9　凡重绘、摹制、改编、修订、汇编的制图资料,首先著录原责任者,再著录重绘者、摹制者、改编者等。

示例:万国舆图 / (清)陈兆桐原本 ; 李节斋重绘

8.1.5.10　凡译著,首先著录原责任者,再著录译者。

示例:世界政区:蒙文 / 地图出版社编制 ; 内蒙古教育出版社翻译

8.1.5.11　被著录制图资料带有并列图名,但责任者只使用与正图名一致的一种语言文字时,责任者著录于所有并列图名之后;带有并列图名,而责任者也使用相应的几种语言文字时,责任者应分别著录在文种相一致的图名之后。

示例1:山东省人口经济地图集 = Atlas of Population and Economy of Shangdong Province / 周文昌,翟焕波主编

示例2:加拿大地图册 / 中国地图出版社编制 = Canada Atlas / Compiled by China Cartographic Publishing House

8.1.5.12　图中未载明责任者时,应尽量考证著录,考证责任者用"[ ]"括起。当责任者无从考证时,可不著录,但原题"佚名"者,仍须照录。

8.1.5.13　原题责任者属于使用别名、非全称、汉语拼音、夫姓、传说名称、误名或非规范译名者,除照录外,一般还应将考证所得名称著录于附注项。

8.1.5.14　若被著录制图资料上载有关于附录、补编等的责任说明,可将其作为责任说明的一部分著录,亦可著录于附注项。

8.1.5.15　题词、献言、赞助、获奖等一类的说明原则上不视为责任说明,如认为必要,可著录于附注项。

8.1.5.16　丛编的单独作品作分散著录时,整套丛编的主编者不著录于此,应著录于丛编项。

8.2　版本项

结构形式:

. -- 版本说明

. -- 版本说明 = 并列版本说明

. -- 版本说明 / 与本版有关的责任说明

. -- 版本说明 / 与本版有关的第一责任说明;与本版有关的其他责任说明

. -- 版本说明 , 附加版本说明 / 与本版有关的第一责任说明 ; 与本版有关的其他说明

. -- 版本说明 / 与本版有关的责任说明,附加版本说明 / 责任说明

8.2.1　版本说明

8.2.1.1　初版免著,以后版次照录,但可省略"第"字,版次数一律使用阿拉伯数字,即"2版"、"3版"…其前用". -- "标识。

8.2.1.2　表示被著录制图资料内容特征的通俗本、节(译)本、校点本、初级本、甲种本、乙种本、工商版、工交版、沿海版、综合版等说明性文字,均视为版本说明,著录于版本项。

示例1:最新世界大地图 / 马宗尧编制;金擎宇校订. -- 甲种本

示例 2:无锡工商交通经纬图 / 王惠东等编辑. -- 综合版

示例 3:世界历史地图册. 第一册 / 陈周裳主编. -- 沿海版

8.2.1.3 图上载有版次,又载有补充解释版次的附加版本说明,这类说明应著录于版次之后,其前用“, ”分隔。

示例 1:. -- 2 版,修订本

示例 2:. -- 5 版,增订本

8.2.1.4 除铅印或胶印本外,其他制版类型(如石印本、油印本、晒蓝本、绢绘本、绘本、刻本、拓印本、影印本、静电本、照相本等)无论图中载明与否,均应如实著录。

示例 1:. -- 石印本

示例 2:. -- 绢绘本

8.2.1.5 一图包括多种制版类型时,可选其中主要的两种著录。

示例 1:. -- 刻印与抄配本

示例 2:. -- 影印与晒印本

8.2.2 并列版本说明

并列版本说明著录于版本说明之后,其前冠以空格、等号、空格“ = ”。

8.2.3 与本版有关的责任说明

著录原则和标识符用 8.1.5。

8.3 数学数据

项结构形式:

. -- 比例

. -- 比例 ; 投影

. -- 比例 ; 投影(图廓坐标)

. -- 比例(图廓坐标)

. -- 比例(图廓坐标 ; 二分点和年份)

. -- 比例 ; 投影(图廓坐标 ; 二分点和年份)

8.3.1 比例

8.3.1.1 比例是制图资料著录中十分重要的项目,不得省略。即使正图名中已含比例,亦要重录于此。其前用“. -- ”标识。

示例:山东五万分一胶济、津浦两路地形图 / 山东省陆地测量局制. -- 1∶50000

8.3.1.2 应尽量采用分数式比例著录制图资料比例。如:原题 1 厘米代表 1 公里、1 厘米 =1 公里,均应著录成 1∶100000,外用“[ ]”括起。

8.3.1.3 若图上仅提供线段式比例时,应推算成分数式比例,并将其著录于“[ ]”内。此外考证所得的比例,亦著录在“[ ]”中。

8.3.1.4 若比例仅与图中特定部位相关时,应予以说明。

示例:赤道处比例 1∶3982200

8.3.1.5 中国古地图资料用计里画方的方法表示比例时,一律照录。

示例 1:山东全图 / (清)叶圭绶制. -- 刻本. -- 五里方

示例 2:禹迹图. -- 墨拓本. -- 百里方

8.3.1.6 一种制图资料采用两种比例时,应照录。之间用“ ; ”隔开。

8.3.1.7　凡制图资料上未注比例，或比例不等时，应著“[未注比例]”或“[比例不等]”字样。

示例1：山东省黄河全图. -- 清绘本. -- [未注比例]

示例2：参谋旅行记事附图 / 陆军大学校制. -- [比例不等]

8.3.1.8　地形模型、断面图等除具有水平比例外，还具有垂直比例，著录时一律首先著录水平比例，再著录垂直比例，之间用“，”隔开。

示例：. -- 1:744080，垂直比例1:96000

8.3.1.9　星空图的比例，以毫米度形成的角比例表示。

8.3.2　投影

图上载明投影法时，应予著录，其前用“ ; ”标识。一些辅助说明投影法的文字，如经纬网、军事坐标网等，实属必要时，可加著于后。

示例：. -- 1:500000 ; 双标准纬线等角圆锥投影

8.3.3　图廓坐标

8.3.3.1　图廓坐标著录于“（ ）”中。

8.3.3.2　著录图廓坐标是为了明确依如下顺序规范的制图资料的最大区域限度。

图最西边—最东边的限度（以经度表示）

图最北边—最南边的限度（以纬度表示）

经纬度以六十进制体系（周圈360度）的度（°）、分（′）、秒（″）来表示。著录时在度、秒前加上代表北（N）、南（S）、东（E）、西（W）的英文大写字母。两组经纬度彼此用斜线符号隔开。每边的经度或纬度与其相对应边的经度或纬度用起讫符隔开。

示例1：（E79° - E86° / N20° - N12°）

示例2：（W74°50′ - W74°40′ / N45°05′ - N45°00′）

示例3：（E15°00′00″ - 17°30′45″ / N1°30′12″ - S2°30′35″）

8.3.3.3　对于星空图来说，将东西赤经范围和南北赤纬范围作为坐标著录。赤经用“RA”表示，其后以24小时时钟的时（hr）、分（min）、秒（sec）标识。赤纬用“Decl”表示，其后以六十进制体系（周圈360度）的度（°）、分（′）、秒（″）标记。北天球用正号（+），南天球用负号（-）；赤经之间或赤纬之间用“to”相连；赤经与赤纬之间用“/”隔开。

示例1：（RA 16 hr. 30 min. to 19 hr. 30 min / Decl. -16° to -49°；eq. 1950，epoch 1948）

示例2：（RA 2 hr / Decl. +30°；eq. 1950）

8.3.4　二分点和年份

8.3.4.1　二分点和年份著录在图廓坐标之后，之间用“ ; ”隔开，外用“（ ）”括起。二分点（eq.）应著录在年份之前。

示例：（RA 2 hr. 00 min. to 2 hr. 30min / Decl. -30°to 45°；eq. 1950）

8.4　出版发行项

标识符及结构形式：

. -- 出版地 : 出版者, 出版年

. -- 出版地 ; 出版地 : 出版者, 出版年

. -- 出版地 : 出版者 : 出版者, 出版年

. -- 出版地 : 出版者 ; 出版地 : 出版者, 出版年

. -- 发行地 : 发行者[发行者职能说明], 发行年

. -- 出版地 : 出版者, 出版年(印制地 : 印制者, 印制年)

8.4.1 出版发行地

8.4.1.1 一般以出版者所在城镇名称著录,前置". -- "。如图上只提供非城镇政区名称时,亦可将其作为出版地著录。

8.4.1.2 如有识别需要,可将国名、省(州)名等限定词加注于出版地之后,如限定词取自规定信息源时,可用"( )"括起,如取自其他信息源时,则用"[ ]"括起。

示例1:. -- 剑桥(马萨诸塞州)

示例2:. -- 剑桥[英格兰]

8.4.1.3 原题出版地为旧称,除照录外,还应在其后加著现称,并用"[ ]"括起。

示例1:. -- 奉天府[沈阳]

示例2:. -- 列宁格勒[圣彼得堡]

8.4.1.4 信息源中一家出版社有两个出版地时,应一并著录,中间用" ; "隔开;有三个及三个以上出版地时,只选择最突出或排列最前的出版地著录,余者用"[等]"字取代。

示例1:. -- 北京 ; 香港

示例2:. -- 伦敦[等]

8.4.1.5 一种制图资料由多家出版社出版,出版地相同时,应将出版地著录在所有出版者之前;出版地不同时,应将出版地著录在相应的出版者之前,出版者前用" : "标识,而各组出版事项之间用" ; "隔开。

示例1:. -- 北京 : 测绘出版社 : 人民教育出版社

示例2:. -- 北京 : 中国旅游出版社 ; 南宁 : 广西地图出版社

8.4.1.6 无出版地而有发行事项时,应著录发行地;既无出版地,又无发行地时,应考证著录,将考证所得出版地置于"[ ]"中;如考证存疑,可在存疑地名后加"?",一并著录于"[ ]"中;出版地无从考证时,则著录"[出版地不详]"。

示例1:. -- [美国]

示例2:. -- [武汉?]

示例3:. -- [出版地不详]

8.4.1.7 出版者名称中已含有出版地名称时,出版地单元仍需著录。

示例1:. -- 重庆 : 重庆建筑工程学院

示例2:. -- 成都 : 成都地图出版社

8.4.1.8 影印本、复制本制图资料,应著录影印或复制出版地(出版者、出版年)。原出版地(出版者、出版年)著录于附注项。

8.4.2 出版发行者

8.4.2.1 一般只著录出版机构,与出版机构同时出现的代理人不予著录。除国内外知名而又易于识别的出版机构可简称著录外,其他均以全称著录,表示其职能的"出版"等字样可以省略。出版发行者前用" : "标识。

8.4.2.2 出版者即责任者时,可用责任方式加"者"字替代著录。

示例:隋朝运河图 / 地图出版社编绘. -- 1:1500000 . -- 北京 : 编绘者

8.4.2.3 同时载有两个出版者时,应依次著录,并重复使用相同的标识符。载有三个及

三个以上出版者时,只著录最突出或排列于前的出版者,后加“[等]”字。

示例1:. -- 北京 : 测绘出版社 : 人民教育出版社

示例2:. -- 广州 : 广东省地图出版社 ; 北京 : 中国地图出版社

示例3:. -- 北京 : 地图出版社[等]

8.4.2.4 图上未载明出版者时,可用发行者或经销者替代,但应在其后注明“[发行]”、“[经销]”字样。

8.4.2.5 出版发行者不明,又无从考证时,以“[出版者不详]”字样著录。

示例:. -- 武昌 : [出版者不详]

8.4.3 出版发行年

8.4.3.1 一般以公元纪年著录,其前用“, ”标识。“年”可省略。公元纪年一律使用阿拉伯数字。

示例:. -- 北京 : 中国地图出版社, 1995

8.4.3.2 连续出版的制图资料,凡卷(册、幅)已出版齐全,须著录出版起讫年,中间用“ - ”衔接;若卷(册、幅)尚未出版齐全,一般著录整部文献中最先出版的卷(册、幅)的出版年,后跟“ - ”,并留出适当空格,待著最终出版年。

示例1:,1968 - 1982

示例2:,1979 -

8.4.3.3 原题为非公元纪年者,照录,但需在其后加著公元纪年,外用“[ ]”括起。

示例1:,光绪三十年[1904]

示例2:,民国十八年[1929]

8.4.3.4 原题出版年有误,亦照录,但应将正确年代加著于后,并用“[ ]”括起。

示例:,1697[1967]

8.4.3.5 无出版发行年时,可著录版权年、序言年等,但需将说明年份性质的文字著录于前。(版权年可用“c”表示)

示例:,版权年 1971(c1997)

8.4.3.6 既无出版发行年,又无版权年、序言年等,应考证著录。可以确定者,著录于“[ ]”之中,难于确定者,可取一大致年代,后加问号(?),一并著录于“[ ]”中。

示例1:,[1936]

示例2:,[1981?]

示例3:,[192?]

8.4.3.7 绘本制图资料以成图年代作为出版年著录

8.4.4 印制地、印制者、印制年

8.4.4.1 图上未题载出版发行事项或出版发行事项不全时,可在与出版发行事项相对应的位置上著录印制地、印制者及印制年,并使用对应的标识符,外用“( )”括起。

示例:. -- 太原:山西人民出版社(1958 印)

8.4.4.2 出版发行事项齐全,又另有印制事项,如属必要,可将印制事项著录于出版发行年之后,外用“( )”括起。

示例:. -- 北京:地图出版社,1980(西安 : 陕西人民印刷厂印刷,1981)

8.5　载体形态项

标识符及结构形式：

. -- 数量和制图资料类型标识 : 尺寸

. -- 数量和制图资料类型标识 : 其他形态细节 ; 尺寸

. -- 数量和制图资料类型标识 : 尺寸或开本 + 附件

. -- 数量和制图资料类型标识 : 其他形态细节 ; 尺寸 + 附件

8.5.1　数量和制图资料类型标识

8.5.1.1　资料的数量用阿拉伯数字著录，其单位应视制图资料类型而定。

8.5.1.2　幅图按实际幅数著录。一幅分切数张者，加著分切张数。

示例 1:. -- 8 幅

示例 2:. -- 1 幅分切 4 张

8.5.1.3　单本图集按图集最后标记页码著录。正文与正文前后其他材料的页数各自编码时，凡正文前后材料的内容不甚重要，或页数甚少者，可略而不著；反之，则分段依次著录，之间用"，"分隔。

示例 1:180 页

示例 2:25, 279, 60 页

8.5.1.4　综合著录的多卷（册）地图集，各卷（册）连续编码时，先著录卷（册）数，再著录总页数，页数用"（ ）"括起；各卷（册）单独编码时，则只著录总卷（册）数。

示例 1:4 册(2360 页)

示例 2:6 册

8.5.1.5　作分散著录的多卷（册）地图集，如分卷（册）具有单独页码，则著录单独页码；如系连续编码的一段，则著录本段起讫页码。

示例 1:682 页

示例 2:4560 - 5062 页

8.5.1.6　图集的页数只标在单面上时，应著录版面数。

示例:78 面

8.5.1.7　未装订的散页（或叶）制图资料，除著录页（或叶）数外，还应将函数注明于后，用"[ ]"括起。

示例 1:89 页(1 函)

示例 2:77 叶(1 函)

8.5.1.8　图集中未标明页数者，一般点清著录，外加"[ ]"。难以统计页数者，可只著录册数。

8.5.1.9　图集页数标注有误，应著录更正后的页数，并用"[ ]"括起。

8.5.1.10　当图名不能反映测绘制图资料类型时，根据需要，可将制图资料类型标识，诸如地图、地图集、平面图、图表、鸟瞰图、横（纵）断面图、遥感影像图、地（天）球仪、模型等，著录于数量之后。

示例 1:1 架天球仪

示例 2:1 件模型

8.5.2　其他形态细节

其他形态细节系指制图资料的成图形态、色彩、制图材料等，其前用" : "标识，各项细节之间用“，”隔开。

示例1:2 幅 ：彩色，折叠加面

示例2:1 幅 ：彩色，的确良

示例3:1 件地形模型 ：石膏

示例4:1 架地球仪 ：木制

示例5:1 幅 ：双面彩色

示例6:3 幅 ：晒兰着色

8.5.3 尺寸

8.5.3.1 制图资料的尺寸用进位后的整厘米(cm)数表示，其前用“；”标识，数字一律使用阿拉伯数字。

8.5.3.2 幅图以内廓尺寸计量，纵×横；立体模型著录纵×横×高；二维圆面资料或地(天)球仪著录直径；地图集则著录开本的纵×横尺寸。

示例1:1 幅 ；彩色 ；65×40cm

示例2:4 册(2607 页) ：彩色 ；39×27cm

示例3:1 架地球仪 ：塑料 ；28cm

示例4:1 件地形模型 ：石膏 ；45×35×2cm

8.5.3.3 一图多幅图廓相同时，应在尺寸前加注“每幅”字样；一图多幅图廓不同时，应著录为“图廓不等”。

示例1:4 幅 ：彩色 ；每幅 86×138cm

示例2:6 幅 ：彩色，图廓不等

8.5.3.4 一图分切数张者，应著录为“拼成若干×若干 cm”。

示例:. -- 1 幅分切 2 张 ：彩色 ；拼成 131×98cm

8.5.4 附件

8.5.4.1 是指与制图资料主体一同发表或增补发表，并结合主体使用的附加材料。如制图资料所附带的索引册、说明书等。附件一律著录于载体形态项末尾，其前用“+”标识。如认为必要，可将有关附件的附加说明著录在附件后的圆括号“( )”内。

示例:16 幅 ：彩色，每幅 60×52cm + 说明书 1 册

8.5.4.2 附件自身具有题名，并能脱离主体单独使用时，亦可自行单独著录，但须在各自的附注项内作相应说明。

8.5.4.3 附件自身具有题名，又连续出版发行者，可连同主体一起作综合著录。连续出版的附件若能脱离主体单独使用时，也可按 8.5.4.2 规定著录

8.6 从编项

标识符及结构形式：

. --（从编正图名）

. --（从编正图名 = 从编并列图名）

. --（从编正图名 ：从编其它图名信息 / 从编责任说明 ；从编编号）

. --（从编正图名，ISSN ；从编编号）

. --（从编共同图名. 分从编图名）

. --（从编共同图名. 分从编编号，分从编图名）

. —（丛编共同图名. 分丛编图名，分丛编的 ISSN）

. —（共同图名. 附属图名 = 并列共同图名. 并列附属图名）

8.6.1 正丛编图名

依 8.1.1 有关条款规定著录；当正图名是由共同图名、分辑标识（包括分辑图名）构成的，共同图名不应在本项重复著录。

8.6.2 并列丛编图名

依 8.1.2 有关条款规定著录。

8.6.3 丛编其他图名信息/或限定说明

一般可略而不著。必要时，依 8.1.3 有关条款规定著录。

8.6.4 丛编责任说明

一般可略而不著。必要时，依 8.1.5 有关条款规定著录。

8.6.5 国际标准连续出版物编号

8.6.5.1 丛编或附属丛编上载有国际标准连续出版物编号（ISSN）时，应予著录，其前用“，”标识。

8.6.5.2 当丛编正图名由一个共同图名和一个附属图名构成时，主丛编的国际标准连续出版物号（ISSN）应著录于附注项。

8.6.5.3 当丛编的正图名由一个可独立识别的附属图名构成时，应将主丛编的图名和国际标准连续出版物号（ISSN）一并著录于附注项。

8.6.6 丛编编号

亦称丛编标识。指丛编图中所载的表示序次的编码。无论编码形式是文字叙述式的、符号式的、数字式的或混合式的，一律照图著录，其前用“；”标识。

8.7 附注项

附注项补充或说明以上著录正文中不宜安排的某些情况，一般可按 8.1—8.6 项内容归纳，依次作出关于“图名与责任说明项”、“版本项”、“数学数据项”、“出版发行项”、“载体形态项”及“丛编项”等的附注。每项附注前均用“. — ”标识。如每项附注都分段著录时，可省略这些标识符。

8.7.1 关于图名与责任说明项的附注

主要附注内容有：

a）有异于制图资料主要题名处图名的其他地方所题图名。如封面（套）图名、书脊图名、书口图名和版权页图名等。

b）制图资料别名。

c）易名图原图名。

d）译制图的外文原图名。

e）编图材料来源及依据（包括各种复制本或节本图所依根据）。

f）改编图的原图名与责任者。

g）考证图名或考证责任者的依据。

h）对制图资料用途、读者对象和拼音图名等的说明。

i）以别名、帝王庙号或年号作著录正文责任者的真实责任者的姓名。

j）未以全称著录或姓名有误的责任者的全称或确切姓名。

k）与被著录制图资料本版有关，但在著录正文中省略的其他责任者。

8.7.2　关于版本项的附注

附注内容包括被著录制图资料与本资料其他版本之间关系的细节说明，以及版次正误等。主要反映制图资料版本的沿革情况。

8.7.3　关于数学数据项的附注

主要附注内容有：

a）星空图中对于星光度的说明性文字，用“星等”及其随后的数字来表示。

示例：. -- 星等3.5

b）遥感图中有关数据的注释。

c）其他有关情况。

8.7.4　关于出版发行项的附注

主要附注内容有：

a）著录正文中省略著录的其他出版地和出版者。

b）有关出版、印制的各种细节说明（包括有限版本说明）

8.7.5　关于载体形态项的附注

载体形态项中不宜容纳的有关制图资料形态特征的其他说明可作为附注。

8.7.6　关于丛编项的附注

丛编项中不宜容纳的有关说明可作为附注。

8.7.7　其他附注

a）有关作品内容、目次方面的说明。

b）有关索引、图表、参考资料、解说性文章等附录或附件的说明。

c）有关制图资料特定部位内容的说明。

d）地形表示方法的说明。

e）有关用语的说明。

f）有关制图资料密级的说明。

8.8　标准书号及获得方式项

标识符及结构形式：

. -- ISBN ：获得方式和 / 或价格（限定说明）

. -- ISBN（装帧和 / 或限定说明）：获得方式和 / 或价格（限定说明）

. -- ISBN（装帧 / 或限定说明）：获得方式和 / 或价格. -- ISBN（装帧 / 或限定说明）：获得方式和 / 或价格（限定说明）

. -- 装帧 ：获得方式和 / 或价格

8.8.1　国际标准书号

8.8.1.1　制图资料上载有国际标准书号（ISBN）时，应予以著录，其前用“. -- ”标识。

示例：. -- ISBN 0-7230-0161-8（精装）

8.8.1.2　凡同时载有整部及分卷（册、幅）标准书号，一律先著录整部的标准书号，再著录分卷（册、幅）的标准书号。分卷（册、幅）的标准书号前亦用“. -- ”。

8.8.1.3　同时载有国际标准书号（ISBN）和其他附加书号（如国内标准书号）时，附加书号不应著录于本项；如认为必要，可著录于附注项。

8.8.1.4　原题国际标准书号有误,可将所知的正确书号著录于前,而将误号著录于后,同时注“无效”字样;若已知有误,却不知正确书号时,可照录错号,但需在其后加注“(原文如此)”。

8.8.2　装帧

8.8.1　平装略而不著,其他装订形式均依实著录于国际标准书号之后,外用“( )”括起。无标准书号时,可直接著录于项目首位,并省去“( )”。

示例1:. -- ISBN 7-5031-1817-2(精装) : CNY 57.60

示例2:. -- 精装 : CNY 17.00

8.8.3　获得方式和/或价格

8.8.3.1　制图资料系非卖品、缴送品、捐赠品,或由交换得来时,可注明获得方式。

8.8.3.2　有标价的制图资料一律采用带有官方标准货币符号的阿拉伯数码著录,其前用“ : ”标识。

8.8.4　限定说明

著录于限定对象ISBN和价格之后,旨在强调ISBN的特指性和明确所著录的价格是单价还是全价,外用“( )”括起。

示例1:. -- ISBN 7-5031-0104-0 : CNY 5.50(全套)

示例2:. -- ISBN 7-5031-0672-0(上册). -- ISBN 7-5031-0829-0(下册) : CNY 1.60(上、下)